ファラオの生活文化図鑑

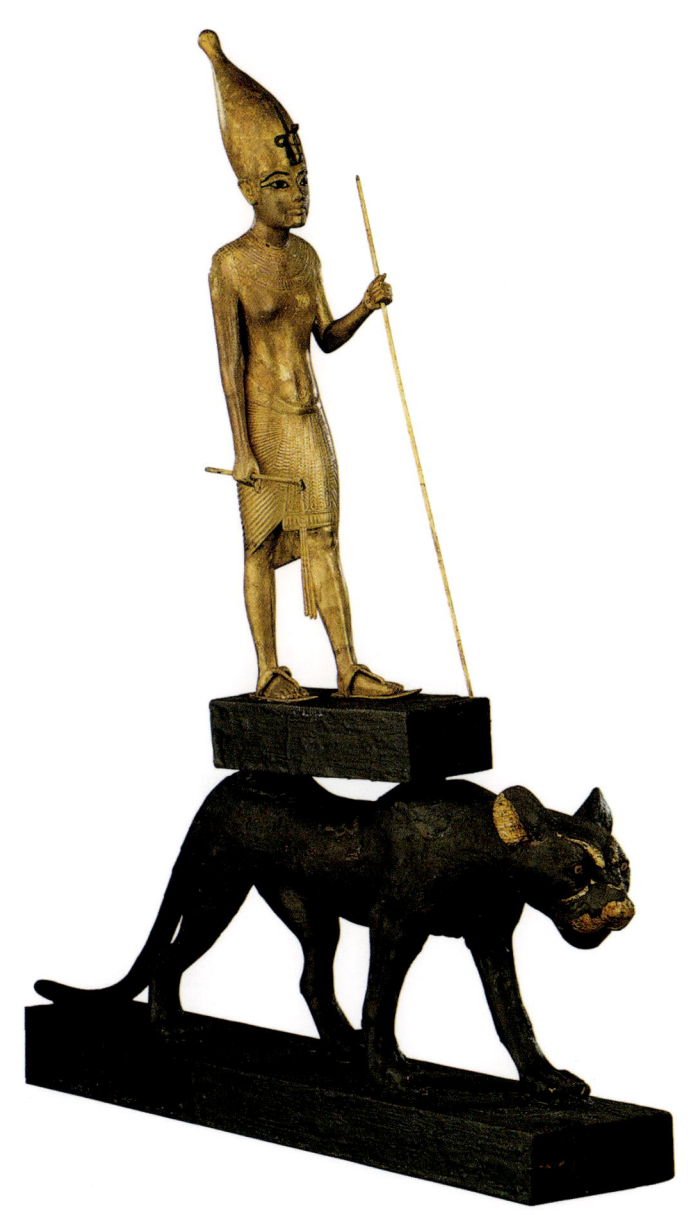

ファラオの生活文化図鑑

ギャリー・J・ショー　近藤二郎 訳
Garry J. Shaw　Jiro Kondo

妻ジュリーに捧げる

THE PHARAOH
by Garry J. Shaw
Published by arrangement
with Thames and Hudson, London.
Copyright © 2012 Thames & Hudson Ltd, London
This edition first published in Japan
in 2014 by Hara Shobo, Tokyo
through Tuttle-Mori Agency, Inc., Tokyo
Japanese edition © Hara Shobo

ファラオの生活文化図鑑

●

2014年2月15日 第1刷

著者………ギャリー・J・ショー
訳者………近藤二郎
装幀………川島進（スタジオ・ギブ）
本文組版………株式会社ディグ
発行者………成瀬雅人
発行所………株式会社原書房
〒160-0022 東京都新宿区新宿1-25-13
電話・代表 03（3354）0685
http://www.harashobo.co.jp
振替・00150-6-151594
ISBN978-4-562-04971-4

©2014, Printed in China

扉：ツタンカーメンの金箔と彩色を施した木製の小像。ヒョウの上に立つツタンカーメン。王家の谷のツタンカーメン王墓より出土。王は襞のある腰布をまとい、肩を隠す幅広の胸飾りを身につけ、上エジプトの高い白冠をかぶっている。王の敵に炎を吐いて攻撃しようと、ウラエウスとして知られる鎌首を擡げたコブラが額についている。王は左手に王笏、右手に殻竿を持っている。大股で歩く黒豹は夜の空を表わし、金箔を施した王の像は、太陽神を表わしているとも考えられる。

タイトル頁：テーベのメルエンプタハの葬祭殿のレリーフは、アメンヘテプ3世の図の鏡像となっている。青冠をかぶり、戦車を走らせ、弓を握っている。ファラオはハゲワシの女神ネクベトに守られている。

上：初期のプトレマイオス朝の王を描いたガラスの象嵌。

目次

序章　ファラオの生活　6
　メネスからローマ皇帝まで　6

第1章　ファラオの王権：進化とイデオロギー　12
　神話　12
　先王朝時代を起源とする王権：ナカダ時代　15
　王権の概念と象徴　19
　王の神性　22

第2章　二国の物語　24
　初期王朝時代（前3100〜前2584年頃）　24
　ピラミッド時代：古王国時代（前2584〜前2117年頃）　27
　第1中間期（前2117〜前2066年頃）　29
　中王国時代（前2066〜前1781年頃）　30
　第2中間期（前1781〜前1549年頃）　32
　新王国時代の黄金期：第18王朝（前1549〜前1298年頃）　33
　太陽の王たち？　アマルナ時代　36
　ラメセス朝（前1298〜前1069年頃）　37
　小王国とクシュ：第3中間期（前1069〜前664年）　40
　末期王朝時代（前664〜前332年）　43

第3章　ファラオへの道　48
　王家の血筋　48
　王子の誕生　48
　乳母　51
　王の養育係　51
　王の育児所の子どもたち　53
　ファラオにふさわしい教育　54
　王子の生活　57
　簒奪と暗殺　60
　王位に就くこと　63
　戴冠の儀式　64

第4章　ファラオであること　70
　王宮での目覚め　70
　朝の洗面　73
　王の衣装箪笥　75
　朝食と朝のつとめ　78
　ファラオにお目見えすること：謁見の間と玉座の間　79
　謁見の時　83
　法の制定者、そして裁判官としての王　85
　国家の運営　87
　王家の女性とハーレム　91
　儀礼と祝祭　94
　神との交信　99

　王の食事：経済と食物　101
　王の晩餐会：「食べて、飲んで、休んで祝う」　103
　語り　109
　スポーツとゲーム　111

第5章　遠征におけるファラオ　116
　初期の戦争　116
　戦いの準備　119
　軍の召集と軍備　122
　王と彼の軍隊　126
　遠征における作戦会議　128
　軍のキャンプ　128
　戦闘　130
　ファラオは戦ったのか？　132
　戦いの後　136

第6章　王の町　138
　神殿、王宮、そして宇宙　138
　メンフィス　144
　テーベ：ルクソール　147
　アケト・アテン：テル・アル＝アマルナ　150
　ピ・ラメセス：カンティール　153
　旅する王　154
　ファラオと人民　159

第7章　死におけるファラオ　162
　最初の王墓　162
　ピラミッド時代　165
　中王国時代　170
　変革期：第2中間期　171
　王家の谷　172
　新王国時代以降　176
　ミイラ製作と王の葬儀　180

第8章　最後のファラオたち　188
　アレクサンドロス大王と最初のプトレマイオス　188
　プトレマイオスの滅亡　195
　ローマ支配下のエジプト　199
　ディオクレティアヌス：最後のファラオ？　202

ファラオ王名リスト　204
参考文献　212
引用文献　216
図版出典　218
索引　220

序章

ファラオの生活

　青色と黄色のネメス頭巾をかぶり、額にはコブラ、顎の下には長い付け髭をつけ、膝丈の腰布を纏い、王笏と殻竿を手に握ったファラオは、古代エジプトを象徴する存在である。古典古代以来、ファラオは多くの文学作品、宗教、そして歴史の題材であり、現在では映画、ドキュメンタリー、そしてテレビの連続番組の中に登場する。しかし、驚くことにまったく個性が見えない。玉座に座って命令を下し、力に満ちて、厳しい顔の王、権威の象徴そのものという完全にステレオタイプと化したイメージしか存在しない。自分の仕事をまっとうした個人、仕事と願望、家族と友だち、ペットと趣味をもつ人間としてのファラオを描いた作品を見ることはまず皆無である。そこで、この本においては、エジプトの王座についた男性（そしてまれに女性）の人生をとおして、古代世界において最も力をもっていた個人の人生の経験を内側から明らかにしたい。どのようにして彼らはファラオになったのか？　彼らは毎日何をしていたのか？　彼らは、どんなささいなことも命令することのできる専制君主であったのか？　それともたんなる象徴的存在であったのか？　王たちは実際に軍隊を引きつれて戦場に行ったのか？　彼らはどのような教育を受けたのか？　どのような儀式を彼らはとりおこなったのか？　人々は王に対してどのように向かったのか？　エジプト王国の神話上の創設者であるメネスから占領地を支配したローマの皇帝まで、個々の王は、彼らに象徴される、何千年という年月も続いた政治機構の代表であり、彼らをとおして、われわれは夢のような失われた世界をかいま見ることができるはずである。

メネスからローマ皇帝まで

　エジプト人にとって、王は、神々が世界を支配した時から、とぎれることなく続く鎖の輪の一環である。それに対して、考古学があたえてくれる姿は異なる。エジプト中の異なる文化が長い時間をかけて少しずつ1つにまとまっていった過程を示してくれる。先王朝時代、ついにエジプトは1つになり、1人の個人によって統一された。第1章「ファラオの王権：進化とイデオロギー」は、

ツタンカーメン王墓の4つの小型棺のひとつ。王の内臓を納めていた。王はネメス頭巾を被り、反り返ったウラエウスと偽の髭を付けている。手には王権を象徴する王笏と殻竿を握っている。

神話上、そして考古学上の王権の歴史を提示する。そして王の人物像の周辺にある権力の象徴や概念を紹介する。ファラオはどのようにファラオと定義できたのか？　王冠や笏など、王の象徴はどのようなものだったのか？　王は神？　半神？　あるいはただの人であったのか？

　ひとたび統一されたエジプトは、31の王朝の王たちによって支配された。その期間は約3000年間におよぶ。これらファラオによって目撃され、見守られた劇的な出来事が第2章「二国の物語」のテーマである。それぞれの王朝は、時の王の政府に独特の個性をもたらし、変わりゆく世界に対応しなければならなかった。古王国時代の偉大な王たちは、最初のピラミッドを造営した。しかし時代が経ち、地域の州侯たちの力が増すにつれて、彼らの権威はかげり、時代の変化を見守るしかなかった。第1中間期に栄光の歴史がとぎれた後に、中王国時代の王たちは、芸術的実験と領土拡大の時を迎えた。中央政権はふたたび失われ、デルタ地域は、ヒクソスとよばれる外国からの植民者に支配され、第2中間期が訪れる。新王国時代は、偉大な繁栄と帝国の時代であった。トトメス3世やラメセス2世など、有名な人物が権力の廊下を力強い足音を立てて歩んだ時代である。第3中間期の王たちは、分断された国を前に、領地を激しく争った。結果、ふたたび外国の支配に屈することになる。この時代から、エジプトは外部の支配からの独立を獲得するために闘い続けなければならなかった。高度に成長した文化的ルネサンスと内乱の時代であった。そしてアレクサンドロス大王がギリシア・マケドニアの支配を確立し、ついには帝国を拡大するローマ支配のなかにエジプトは吸収される。

　新しいファラオは、亡くなった前任者の息子であるのが理想としては望ましい。しかし、つねにそういう訳にはいかなかった。「ファラオへの道」（第3章）は、玉座へのさまざまな道筋を紹介する。中王国時代のアメンエムハト1世のように権力の地位を強奪した者もいる。また、後継ぎのいない、死んで行く王から王冠を継いだ一般の人々もいる。しかし王子の多くは、父親から王位を継承している。贅沢と遊びを楽しむだけでなく、王子たちは王となるにふさわしい教育を受けていた。神官や軍の司令官として政府の仕事をになっていた者もいる。共同統治を任命されていた者もいる。父が死ぬと翌日から、王位継承権をもつ王子は、王として目覚めた。そして葬送の準備が進むあいだの70日間喪に服した。前任者が埋葬され、新しい始まりが宣

アメンエムハト3世の銅製の彫像の上半身。この王の時代、多くのめずらしい王像が製作された。

言される日、盛大な祝祭の厳かな雰囲気のなか、新しい王は戴冠の儀礼を迎えた。

「ファラオであること」（第4章）という経験は、ファラオが支配していた時代によって大きく内容が変わった。しかし、また個人の資質によっても大きく異なった。なかには王権を負担と感じる者もいた（センウセレト3世、アメンエムハト3世）。その贅沢な日々のなかで夢を見ていた者もいた（アメンヘテプ3世）。王宮から王宮へと旅し、神のように扱われ、王たちは臣下の者には想像もおよばないほどの贅沢を経験していた。王とは、神の報復を恐れて、触れることさえできない存在であった。しかし、また集まった聴衆の前で法令を布告する王はまた、舞台裏では、真摯に政治を論じることのできる人物でもあった。最高裁判官でもある王の言葉は法律であった。論争は奨励されたかもしれないが、王の決断は最終的なものであった。政治的な会議がない時は、華麗な祭礼をとりおこない、神と人間の仲介者として、神々を喜ばせ、エジプトに恩恵をもたらした。しかし、行政と荘厳な儀礼だけが王の生活を彩っていたわけではない。娯楽や楽しみも重要な生活の一部であった。時に、王はくつろいで、昔の支配者たちの物語に耳を傾け、音楽劇を楽しんだ。あるいは狩りや乗馬などのスポーツを楽しむこともあった。

エジプトはその自然の地形によって、他とは分断されていた。東と西には砂漠があり、南には危険なナイル急湍、北には地中海があった。しかし、外部からの侵攻に対する報復や、貿易ルートの確保、贅沢品の獲得のために、戦争は頻繁に起こった。時代が経つにつれ、拡大主義と支配力は、王のイメージに欠かせないものとなった。そしてファラオたちは、戦士としてのファラオの肖像を大切にした。軍隊を引きつれて闘いにおもむき、その勝利に酔う王。しかしこのイメージは実際に正確な事実なのであろうか？「軍事遠征におけるファラオ」（第5章）の役割は正確にはどのようなものだったのだろうか？ 彼らは実際に軍隊とともに闘ったのか？ 軍のなかでどのような役割を果たしていたのか？ 軍はどのように構成されていたのか？ 行軍における生活とはどのようなものであったのか？

遠征以外でも、ファラオは多く旅をした。国中をめぐり、祭りに参加し、その間、州侯と呼ばれる地方の州知事の世話になった。「王家の町」（第6章）のなかには、つねに王の故郷と考えられるものもあった。ナイル渓谷がデルタ地帯へと広がる上下エジプト、二国の間にあるメンフィスは、エジプトの歴史の初めに創設され、王が国を治めるのに完璧な立地を誇っていた。その重要性はローマ支配時代まで続いた。王は、またイチ・タウイ（アメンエムハト1世）、現在テル・アル＝アマルナとして知られるアケト・アテン（アクエンアテン）、ピ・ラメセス（ラメセス2世）など、新しく王家の町を建設し、その主要な住居とした。その間、テーベは、国の神であるアメン神の宗教中心地として、新

ハゲワシの姿のネクベト女神の守護の下、敵を打ち砕くアメンエムハト3世を描いたペクトラル（胸飾り）。色彩豊かなペクトラルは、父センウセレト3世のピラミッド複合体の内部に埋葬されていたメレレト王女の墓から出土した。現在はカイロ・エジプト博物館に所蔵されている。

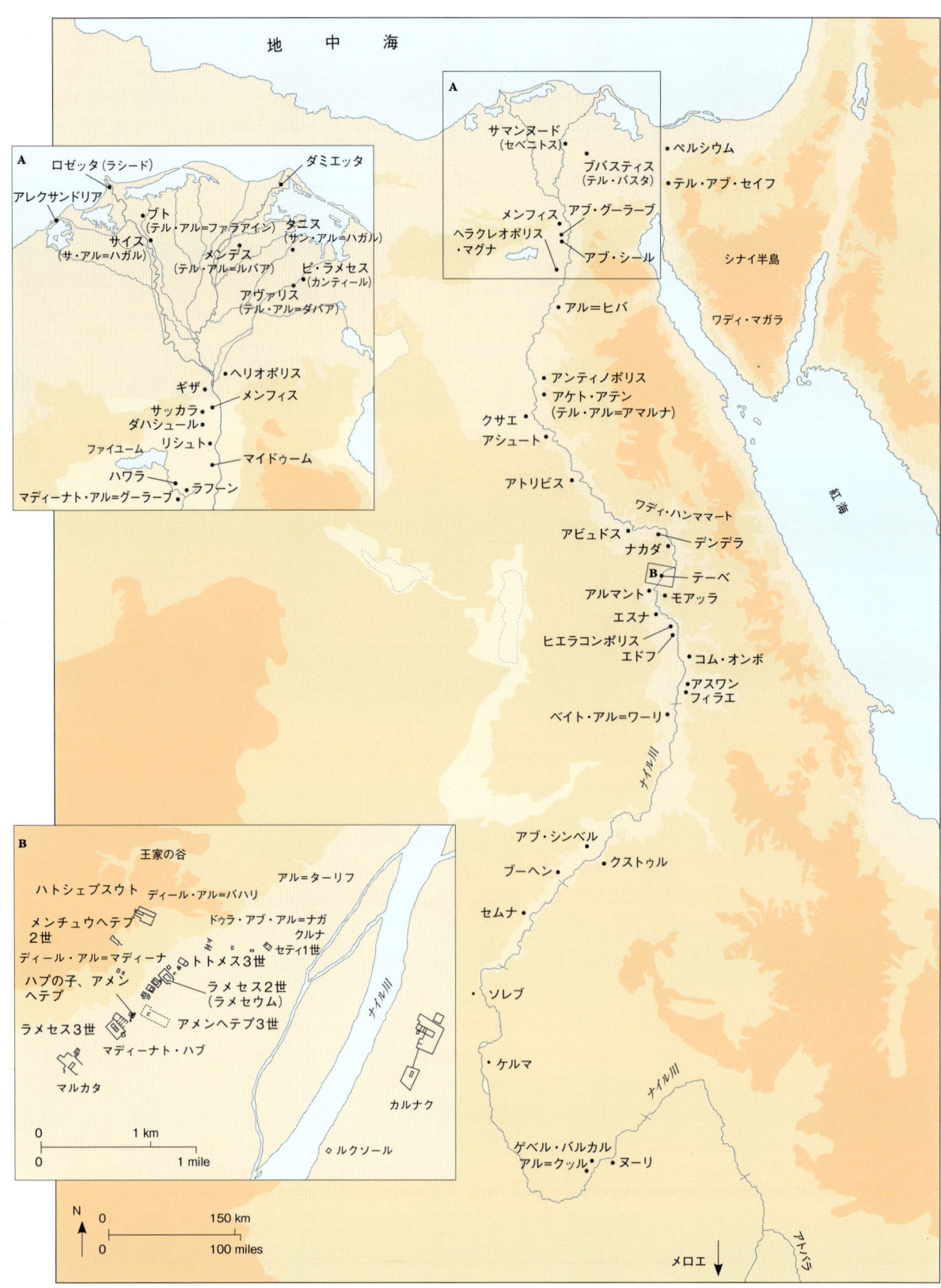

王国時代に重要な町となり、それ以降繁栄を続けた。しかし、スラム街、神殿、市場などをもつ巨大な町には、どのような公共施設があったのだろう？　町の生活はどのようなものであったのだろう？

死を迎えてもファラオは、戴冠の時と同じように、多くの儀式や栄光に包まれていた。初期王朝時代の白くプラスターを塗った塚の下に隠れた、重臣の犠牲を伴う埋葬から、巨大な記念碑であるピラミッド、王家の谷の地下深く降りて行く通路のある暗い墓、そして後の時代の神殿域のなかに造営された埋葬室まで、王家の葬送の建築の歴史は、ファラオ時代を通じて発展した。第7「章死におけるファラオ」は、これら埋葬の慣習の変化を明らかにし、洗練された葬送の儀礼と見事な道具、そして王の来世に対する思想を通して、古王国時代と新王国時代の王の葬送を再現している。

「最後のファラオたち」（第8章）は、ギリシア・マケドニア、そしてローマ起源の王であった。アレクサンドロス大王の死後、権力の地位に就いたプトレマイオス王朝は、地中海沿岸のアレクサンドリアを支配していた。この時代は波乱に満ちた時代であった。エジプトは短命な帝国を何とかふたたび維持し、王たちは豪華な宮殿で贅沢三昧な暮らしを楽しみ、反抗的な地元の人民を支配し、家族内で起きる紛争をおさめようと努力していた。クレオパトラ7世の自殺の後、エジプトは、ローマ皇帝であるファラオの支配の下、ローマの一地域となった。彼らの多くは一度もエジプトの地を踏むことがなかった。しかしながら、彼らの名前はカルトゥーシュのなかに彫られ、その姿は神殿の壁に刻まれ、神々に対する伝統的な供物の奉納の儀式を執り行なった。しかし、これらのローマ皇帝のなかで、真の意味で最後のファラオはいったい誰であったのだろう？

上：王（もともとはハトシェプスウトであったが、トトメス3世によって簒奪されている）がホルスに供物を捧げている図。ディール・アル＝バハリのハトシェプスウト神殿のアヌビスの礼拝所。王は人間と神の仲介者であった。

前頁：本文で紹介されている地名を載せたエジプトの地図。

第1章

ファラオの王権：進化とイデオロギー

　エジプト人は、王の系譜を神話時代にまでさかのぼっていった。最初は神々によって国が支配され、つぎに半神、そして死者の精霊、そしてついに「生きている人間」によって支配が行なわれた。最初のファラオは、メネスであった。これら人間の神々は、人間と神の仲介の役割を果たし、その聖なるつとめは、毎年繰り返されるナイルの氾濫や太陽が天に昇る営みと同様に、宇宙の秩序にとって中心的な役割をになっていた。王権の始まりは、神話と同様にわれわれの心をつかんで離さない。約200年のあいだ、考古学者たちは、エジプトの最も古い歴史を再現しようと努力してきた。これは、まだ文字による記録のない、偉大な記念碑が王の偉業を讃える以前の時代である。国の文明は発展の途上にあった。先王朝時代として知られるこの時代、支配の概念と図像が1人の男の人物像のなかに凝縮された。そしてエジプト独特の王権の概念が誕生したのである。

神話

　新王国時代の王家の埋葬と結びついた冥界の書、『天の牛の書』は、エジプト最初のファラオの神話的な起源を明らかにし、宇宙における彼の役割を語っている。この頃、年老いた太陽神ラーは、みずから地上の領土を支配していた。豊かで完璧な世界に住んでいたにもかかわらず、人間は神の権威に対して反乱を起こした。ラー神は怒り、復讐として彼らを撲滅しようとした。しかし、全人類を滅ぼす前に、疲れていた太陽神は、彼が創造した人間を哀れに思い、虐殺を思いとどまった。ラーは地上を離れ、牛の姿となったヌウト女神の背中に昇った。地上を離れたラーは、宇宙を新しく3つに分けた——ヌウト女神が形作る）天、地、そして（ドゥアトと呼ばれた）冥界。地上は不完全な場所となり、ラーを具現化した代理人としてのファラオが太陽神に代わって支配をするようになった。ファラオの役割は、天の支柱をささえ、つねに存在する、混沌としたカオスの脅威に対して、秩序と安寧を約束することであった。
　エジプトの王権を理解する上で、もうひとつの重要な神話はオシリス神話で

ギザの河岸神殿にあった第4王朝のカフラー王の像。王は、イシス女神を表わすヒエログリフの玉座に座っている。ホルスが翼で王の頭を包むように保護している。すべての王は死後オシリスになるため、この像はオシリス、イシス、そしてホルスの3柱神を示している。

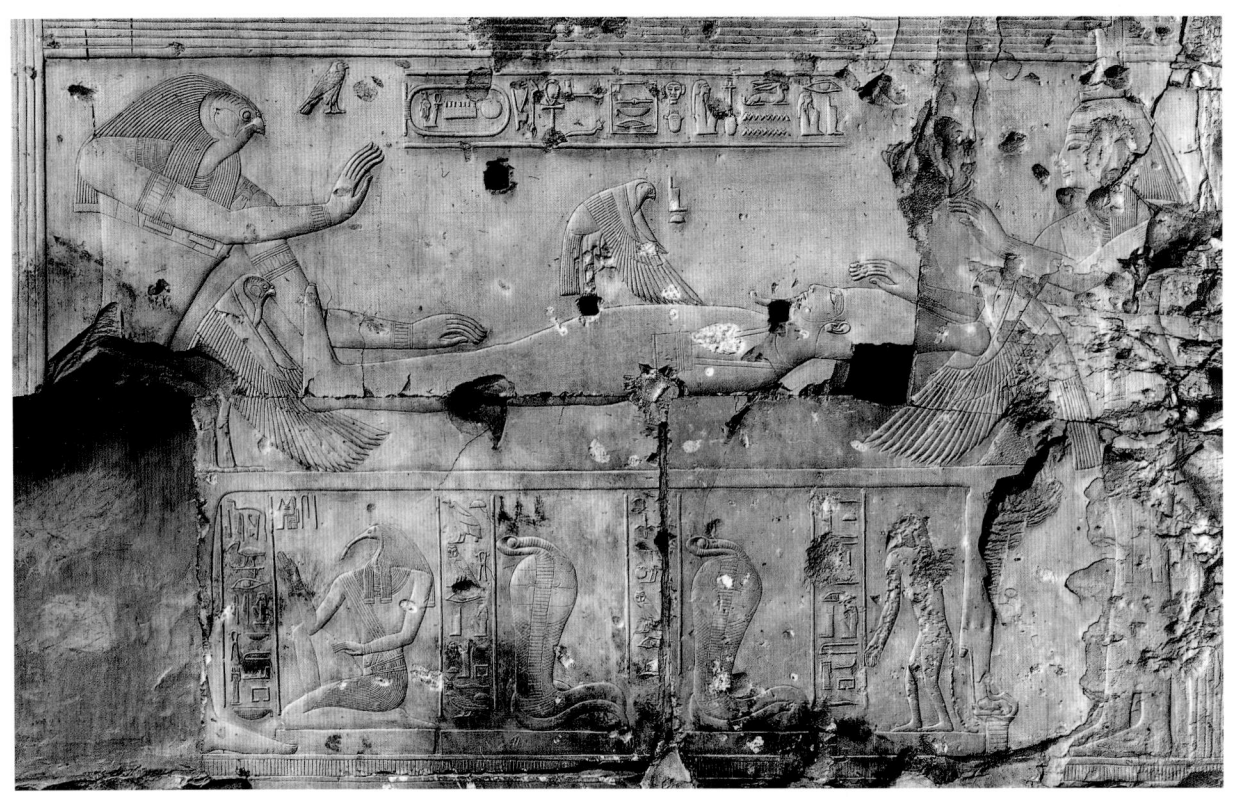

（ハヤブサの姿の）イシスは、セトによってエジプト中にばらまかれた夫オシリスの遺体を集め再生し、懐妊する。彼女が身ごもった子どもは図の左に立っている。右にはイシスとオシリスの姉妹であるネフティスが立っている。エジプト人は、生前の王がホルスであったように、死者となった王をオシリスであると考えた。アビュドスのセティ１世墓のレリーフ。

ある。エジプトの人々の信仰によると、かつてオシリスが賢く優しい神王として、地上を支配していた。しかし、みずから王となりたかった嫉妬深い弟のセトが、オシリスを殺害し、王座を奪う功名な計画を立てた。ある夜、セトは宴会を開き、オシリスを含む多くの客を招いた。余興として、セトは豪華な棺を作り、ぴったりとあう者にこの棺をあたえると言った。もちろん、棺はオシリスに完璧にあうようにあつらえられている。そこでなかに横たわったオシリスは、ぴったりと納まる。セトは乱暴に棺の蓋をすると、溶融鉛で封をしてナイル川に投げ捨ててしまう。川をゆったりと流されて、やがて棺は地中海に到着し、レバノンのビブロスに向かう。オシリスの妹で王妃であるイシスは、棺を探す旅に出る。そして杉の木に引っかかっている棺を見つける。なかには夫の遺体が入っている。イシスは遺体をエジプトにもち帰るが、セトによって14の肉片に切り刻まれ、エジプト国中にばらまかれてしまう。イシスは再び、夫の遺体をひとつずつ探しいていく。しかし、夫の男根がナイルの魚に喰われてしまっていることに気づく。オシリスを完全に再生するために、イシスは黄金の男根を作り、ホルスを懐妊する。

　イシスは、セトから守るために子どもを隠す。しかし成長したホルスは、父の敵をうち王座をとり戻すための冒険に出る。新王国時代の物語である『ホルスとセトの争い』によると、この２人のライバルの争いは一連の裁判の形式をとっている。どちらが支配者としてふさわしいかを公平に決めることができるように、裁判官である神々がさまざまな課題を２人にあたえる。その結果、多

くの課題において、若くて賢いホルスが、力は強いが頭の回転が遅いセトをうち負かす。最終的には、ホルスがエジプトの玉座を勝ちとり、父親のオシリスは冥界の王となる。そしてセトは混沌の神として砂漠に追放される。この時から、すべての命ある王はホルスとなり、死後にオシリスとなる。この神話は、戴冠式と葬式において永遠に繰り返されることになる。この物語がエジプトの王権の背柱となり、たとえ亡き王の兄弟が国を支配するにふさわしい立場にあったとしても、王冠は父から子へと引き継がれなければいけない、という原則をうちたてた。

先王朝時代を起源とする王権：ナカダ時代

考古学の資料は、神話とは異なるファラオの誕生の図をわれわれにあたえてくれる。統一されたエジプトの王権は、ナカダⅢ期（前3150〜前3000年頃）として知られる前3100年頃に初めて生まれた。それ以前のナカダⅠ期（前4000〜前3500年頃）とナカダⅡ期（前3500〜前3000年頃）のあいだ、エジプトは、いくつかの小さな中心地に分断されていたが、次第に（南の）上エジプト、中エジプト、そして（北の）下エジプトという大きな領域にまとまっていった。この長い期間をとおして、社会は階層化していった。特に南ではそれぞれの領土を支配する、力のある首長が率いるエリート階級が台頭してきた。重要な中心地はナカダⅠ期にナカダのティニスやヒエラコンポリスで発展した。いずれも上エジプトにある。それに対して、北ではナカダⅡ期になってやっと南に相当するエリート階級が出現した。サイスやブトを中心とする支配者たちは、上エジプトの王の図像（標章）を使って自分たちの身分を明らかとした。ナカダⅢ期になると、上エジプトの主要な地域は統一され、その物質文化はゆっくりと北へ広がり、下エジプト元来の物質文化にとってかわった。戦乱が広がった強い証拠はないが、ナカダⅢ期の重要な品々には、戦闘、捕虜、征服された地域の場面がしばしば装飾として描かれている。おそらく、下エジプトの人々は単に南の支配を受け入れたのではなく、何らかの反乱があったと考えられる。

いずれにしても、反乱は成功せず、ナカダⅢ期になると、エジプト全土が同じ物質文化を共有する。そして北起源の文化は完全に消え去っていた。そしてただひとりの男が地中海からアスワンまでを支配することとなる。

ナカダⅡ期後期とナカダⅢ期になると、王に属すると思われる埋葬が発見される。ナカダのT墓にあるいくつかの墓は、レンガ積みをされており、その大きさで他の墓とは異なる。初期の首長に属したものと考えられる。同様にヒエラコンポリスでも第100墓は、泥レ

戦場のパレット。王を象徴すると思われるライオンが敵をうち負かしている。鳥が死者の遺体にたかっている。この場面は、エジプトの北と南が最終的に統一される以前の戦乱の記念碑かもしれない。

ンガが積まれており、彩色を施された場面で装飾されている。そのなかに、棍棒で敵をうち砕く人物の像がある。これは王朝時代を通じて見られた伝統的な王の肖像である。この場面が描かれた最初の遺物は、アビュドスで出土したナカダI期の彩色を施された土器である。

0（ゼロ）王朝の王たち、すなわち、伝統的な第1王朝に先立って存在した、ナカダIII期の互いに関連のない一連の王たちは、アビュドスのU墓とB墓に埋葬されている。U-j墓の埋葬品のなかには、ファラオの支配の象徴である小型の象牙製の笏があった。また、宮殿の正面と思われる装飾をもつ象牙のラベルも出土した。これはエリート階級と結びついた象徴であり、当時すでに、先王たちの名前の下に、大掛かりな造営が行なわれていたことを示唆している。2つの墓群のなかで、後の時代に属するアビュドスのB墓には、カー、イリ・ホル、ナルメルなどの0王朝時代の最後の王たちが埋葬されている。

このように初期の時代から、王権の概念や象徴は徐々に形をとり始めていたことが見てとれる。後に下エジプトを象徴する赤冠の最初の例が、ナカダから出土しており、ナカダI期に属することがわかっている。その他の王権の印はナカダIII期の層から出土している。ファラオ時代上エジプトを象徴した白冠の最初の図が、下ヌビアのクストゥル出土の香炉を飾っている。権威の象徴であ

アビュドスのU-j墓から出土した2つの象牙のラベル。鳥が周壁に囲まれた建物に止まっている。これは初期のセレク、すなわち、王宮を表わす四角い図と考えられる。しかし、厨子の上に止まるサギと考えれば、ブトの近隣のジェバウトを指している可能性もある。先王朝時代の原始王に属する同じ墓（下）から出土した他のラベルには初期のヒエログリフのサインが見られる。

第1章　ファラオの王権：進化とイデオロギー

ヒエラコンポリス出土のサソリ王の棍棒の頭（メイス・ヘッド）。この後に続く3000年のあいだ定着したエジプト美術の様式をすでに見ることができる。

る殻竿をもつ王の最初の図は、現在、ニューヨークのメトロポリタン美術館に所蔵されている出土地不明のナイフのもち手に彫られている。2番目の例は、ヒエラコンポリスで発見されたナルメル王の時代の棍棒の頭の部分に彫られている。

　ナカダⅢ期の末期になると、後のエジプト史を通じて親しまれた様式を使用した王の図像を見ることができる。ヒエラコンポリスで出土したサソリ王の棍棒（メイス）の頭には、上エジプトの白冠を被ったサソリ王が、運河の横で鍬をもつ姿で描かれている。王は牛の尻尾をつけており、小さく描かれた2人の扇持ちにかしずかれている。王は明らかにこの図のなかで中心的な人物であり、構図を決めるベースラインの上に描かれている。目と上半身は正面から見た姿で描かれているが、その他の全体は横から描かれている。腕と足はきちんと輪郭をとるために分けて描かれている。

　ヒエラコンポリスで発見されたナルメルのパレットには、片面に上エジプトの白冠を被ったナルメル王が描かれ、もう一方の面には下エジプトの赤冠を被った姿で描かれており、エジプトが統一されたことを示唆している。片面には、敵の髪の毛を片手でつかみ、もう一方の手で敵の頭をうたんと棍棒を高く振り上げているナルメルが描かれている（117頁参照）。王の前には、下エジプトの象徴であるパピルスの花の上に止まるハヤブサの神ホルスが描かれている。ホルスの爪には捕虜の頭に繋がれた綱が握られている。王のうしろ、同じ

この土器片はナカダ1期に属する。現在オックスフォードのアシュモレアン博物館に所蔵されている。ここに最古の赤冠の図を見ることができる。赤冠は王朝時代の下エジプトを象徴する冠であった。

ファラオの歴史の記録

ファラオの活動に関する文献記録や芸術的証拠を目にする時、これらの証拠が、特別な目的をもって製作されていたことを理解していなければならない。王はつねに儀礼にとり巻かれていた。現実の世界で王に近づくために規制があったばかりでなく、多様なコンテキストのなかで王を描写したり描いたりする場合にも、特別な規則があったのである。神のマアト（聖なる秩序）を守る王は、神のために行動していた。最後の戦士として、王は軍隊を守る勇敢な戦士でなければならなかった。

マアトは画一性に依存していた。すなわち、正しい方法で伝統的な行動を繰り返すこと。「出来事」と描写される非日常的なことは、混乱を招かないようにしっかりと管理されなければならなかった。そこで王のための公式な文章を用意する場合、書記は、勅令や行政書類などの書類の基本情報を装飾された理想的な形式に構成した。すべての人は、物事の正しい進行のために、それぞれの分担を寸分違わず成し遂げなければならなかった。貴族にも同じ法則が当てはまった。公式に定められた方法に則り、最も適切な表現を使って王との関係を示さなければならなかった。たとえば、建築計画の指揮にあたっている宮廷人は、実際に責任をもって事業を行なっているのは、彼ら自身であるが、

プトレマイオス王朝のペトシリスの棺に残る縦書きのヒエログリフの碑文。明るい彩りのガラスで象嵌されている。現在、カイロ・エジプト博物館所蔵。古代エジプトにおいては、公式の文章を提示するための厳しい法則があった。

「王が記念碑を造営しているのを私は目撃している」という湾曲的な表現を使って話さなければならなかった。また、「私は戦場で敵を殺した」と兵士が言うことは禁じられていた。王だけがエジプトの敵を討ち、国を守ることができたからである。以上のような表現上の規則を理解することは、エジプトの歴史を知る上で重要である。特にファラオの行動の歴史を知るためには充分な理解が必要である。

段には、サンダル持ちの小さな図が描かれている。その下の段には、2人のうち負かされた、あるいは逃走している敵が描かれている。パレットのもう一方の面には行列が描かれている。再び王が一番大きな姿で描かれている。貴族と

ナルメルのパレットの王の行列の図の詳細。前には頭を切りとられた敵が並んでいる。エジプトの美術様式に則って、王は場面のなかで一番大きく描かれている。117頁参照。

第1章　ファラオの王権：進化とイデオロギー

　4人の旗持ちが王の前を歩み、うしろにはサンダル持ちがいる。彼らの前には、10人の敵が死んで横たわっている。切りとられた頭は足のあいだに置かれている。その下の段には、2つの神話上の動物が、頭を絡ませた形で描かれている。おそらく統一を象徴しているものと思われる。最後の段には、王と思われる牡牛が描かれている。雄牛は敵を踏みつけ、町を襲っている。
　ファラオ時代の夜明けに作られたこの2つの図によって、エジプト美術の伝統様式、なかでも、王の描写は決定され、その後の3000年のあいだ、変わることがなかった。王はつねに特定の冠を被り、神々のために、敵を討つ、あるいは供物を捧げるなど、「良い行為」を行なっている。そして最も大きな存在として描かれ、人間社会において第一番の地位にいることを顕示している。場面はいくつかの段に分かれ、描かれたすべての人間は完璧な姿をしている。完成度と秩序のために努力することは、エジプト社会の鍵となる概念であり、王はこれらの概念を保護する立場にある。

王権の概念と象徴

　エジプト人が見ていた宇宙は、神、王、死者の霊、そして人間の世界に分かれていた。そしてファラオが神の世界と人間の世界の仲介をしていた。この役割をもつ王がいなければ、神々はエジプトを置き去りにし、国は朽ち果てることになる。すべての神々の大神官である王は、神殿を造営し、飾り、神殿の運営のために寄贈することを期待されていた。王は神殿の壁に供物を捧げる姿で描かれている。これは王が神殿の最大の寄贈者であり、神々の心を宥める者であることを象徴している。すべての人々の上に立つ王は、神々に仕える者であった。その見返りに神々はエジプトに繁栄と平和をもたらした。
　王の主要なつとめは、マアトを約束することであった。マアトは聖なる秩序と正義を意味し、その反対語はイセフェト、すなわち混沌であった。王の存在そのものがマアトの確立に欠かせなかった。しかしマアトを維持し、均衡を保つためには、正しい行為が必要であった。この目的のために、王は神殿を造営し、供物を捧げ、エジプトの国境を護衛し、国の法律を守らなければならなかった。王を助けるものとして、王には聖なる言葉と知識であるフウとシア、さらに聖なる魔法であるヘカがいると考えられていた。王はまた、エジプト政府で重要な地位にある教養のあるエリートたちに助けられていた。行政組織のなかで、それぞれが自分の役割を担っていたが、最終的にすべての役人は、神々

金箔を施した銀製のファラオの小像。おそらくセティ1世と思われる。正義と秩序の象徴であるマアトを捧げている場面。

「ラーは、N王を生きている者たちの世に、すべての時である永遠をとおしてもたらした。人間を裁き、神々を幸福にし、真実を創造し、悪を滅ぼすために。王は、神々に供物を捧げ、神々の祝福に満ちた霊に対して祈りを捧げた。」

太陽としての神官王

カルトゥーシュに囲まれたトトメス４世（メンケペルウラー）のネスウ・ビティ名（即位名、あるいはプレノメン）が彫られた銀製の指輪

からの命令を下す王に対して責任をもっていた。この行政組織の長として、王は勅令を下すために人々の前に現われ、法律の作成と維持に対する責任を負っていた。王はまた最高裁判官であり（現実には宰相がこの役割を担っていた）、死刑などの極刑を執行できる唯一の人物であった。また民衆の「羊飼い」として、ファラオは、エジプトの民の福利を考え彼らを導いた。エジプトの国土はファラオ１人に属するものであり、国土で生産された作物は、王によってとり上げられ、王の考えに従って再分配された。

社会における王の特別な地位の印として、王には特別な称号、服装、そして他の人々から王を区別するための象徴があたえられた。王には５つの名前があった。オシリスの息子、ハヤブサの神であるホルスと結びついたホルス名、上下エジプトの称号の女神ネクベトとウアジェトと結びついた２人の婦人の名前（ネブティ名）、おそらく黄金のもつ永遠性との関連で王権を象徴すると思われる黄金のホルス名、太陽神との結びつきを表わし、ラーの息子の称号で始まる誕生名、そして文字どおり「スゲとミツバチの者」を意味するネスウ・ビティ名。この最後の名前は、一般的に上下エジプトの王と訳されるが、実際には王の神へのつとめ（ネスウ）と生きている人間である支配者（ビティ）を示す２つの語を組み合わせた言葉である。最後の２つの名前は、カルトゥーシュ、すなわち、「永遠」を意味するヒエログリフを細長くした楕円形のモチーフのなかに記される。新王国時代以降、王はペル・アア「偉大なる家」あるいは「宮殿」と呼ばれることもある。これが現在のファラオの語源となっている。伝統的な北と南の分割と王がその２つの土地を支配する事実を反映して、王は「二国の主人」と呼ばれることもある。

王墓における記念の碑文においては、宮廷の人々は王のことを「彼のヘム（下僕）」と呼ぶことが多い。この言葉の訳にエジプト学者は苦労する。多くの者は英語の「His Majesty」すなわち「陛下」と訳するが、これは便宜上である。実際には、ヘムとは、触れることの

センウセレト１世の２つの木製の小像。上は、現在カイロ・エジプト博物館にあり、下エジプトの赤冠を被っている。下は、現在ニューヨークのメトロポリタン美術館にあり、上エジプトの白冠を被っている。

第1章　ファラオの王権：進化とイデオロギー

できない抽象的な概念である聖なる王権と、地上とを結び、そしてとりもつ「代理人」のような役割を意味する。この意味から多様な翻訳が生まれ、「彼の人、彼の出現、彼の代理人、彼の化身」などと訳される。

王が人々の前に姿を表わす時、王は特別な衣装をまとっていた。残された図像から多様な王冠を見ることができる。しかし、いくつかのダイアデム（帯状冠）や頭巾などを除いて考古学的に発見されたものはない。そのため、材質や大きさにかんしては、はっきりとわからない。それぞれの冠は、神の特定の側面と力を直接、王と結びつけていた。神々から地上の王に権威が移行されるのを象徴していたと考えられる。いずれも最終的には太陽神ラーと結びついていた。ラーがその代理である王に王冠をあたえ、神として登場することによって、王は神々と自分を結びつけていた。

赤冠（デシェレトあるいはウレト）は、下エジプトの象徴であり、太陽が再生復活する夜明けの朝の光と結びついていた。その台の部分はうしろで頂点へと伸び、おそらく葦の束か革で作られていたと思われる。前の部分には巻いた「針金状」のコイルが出ていた。白冠（ヘジェトあるいはウレレト）は、上エジプトを象徴し、台の部分から上に行くほど細くなり、円い玉のような頂点で終わっている。赤冠と同様に革で形作られていた可能性がある。二重冠（パ・セケムティ）、「2つの力強いもの」は、白冠と赤冠が融合したものであり、統一した二国の支配者としての王を示している。オシリスと結びつき、宗教的な役割を果たす時に王が被った王冠は、アテフ冠であった。アテフ冠は白冠に似ているが、横に2枚のダチョウの羽根が飾られている（23頁参照）。植物の茎を編んで、黄金の帯で巻いて作られていた可能性がある。青冠（ケペレシュ）は、しばしば戦場の王の頭を飾っており、ヘルメットのような形をしている。革製と考えられる。その表面にファイアンスの円盤が巧みに飾られているのが特徴である。ネメス頭巾は、第3王朝のジェセル王の像に見ることができる。鬘の上に被る。これは黄と青の縞模様の布でできており、後になると、肩に柔らかくかかるように、単独で頭を飾ることもあった。日常的な頭飾りとして、ネメス頭巾は太陽が若返る再生と結びついていた。鎌首を擡げたコブラであるウラエウスを額の部分と耳の横に垂れ下がるようにつけたダイアデム（セシェド）は、王によって日常的に身につけられていたものと思われる。そのようなダイアデムの例は、有名な黄金のマスクの下のツタンカーメン王の頭を飾っていた（77頁参照）。ライデン博物館にあるもっとシンプルなダイアデムは、第17王朝のアンテフ6世のものであったと考えられている。

王は手に曲がった笏（ヘカ）と殻竿（ネケク）を握っていた。それぞれ、守護と最高権威を象徴している。王笏の一種であるヘカ笏は、おそらく羊飼いがもつ先端の曲がった杖に由来している。そして後者は、蠅追いを美しく様式化したものと思われる。耳にかけて顎につけたつけ髭は、王を神々と結

鎌首をもたげたコブラ、ウラエウス（上）。王権の象徴のひとつ。下はウラエウスをつけたダイアデム（帯状冠）。アンテフ6世のものと思われる。ライデン博物館所蔵。

びつけた。そして額を巻く細い黄金のバンドにはウラエウスがついており、ちょうど額の真ん中で鎌首を擡げるようにデザインされている。宗教書によると、ウラエウスは、王の聖なる守護者である。コブラが毒を吐くように、王の敵に炎を吐き撃退する。王はその男性の能力を誇示し、その延長で豊穣、そして腰布から垂らした牡牛の尻尾で家畜の繁殖を象徴した。

王の神性

　王の神性がどこまで達していたかは、多くの論争の題材である。ファラオのことを純粋に地上の神であるとエジプト人は考えていた、というイメージが、昔は一般的であった。不思議な儀式を執り行なってその人生を過ごす超人間的存在としての王のイメージである。今でも同じような見解はあるが、これは不正確な認識である。初期の学者は宗教文書の分析だけで彼らの意見をまとめており、関連する他のデータを見逃していた。1960年にフランスのエジプト学者ジョルジュ・ポズナーの研究が発表されて初めて、そのような見解が見直されるようになった。ポズナーは、もし王が神であるならば、それは死ぬことのできる神であり、その聖なる能力には限界があると論じた。さらに、神と人間の母親のあいだに生まれた息子として半神であると論じた。事実、エジプト人は王のことを「神」と訳すことのできるネチェルと呼んだが、王は「ネチェル・ネフェル（良き神）」であり、オシリスのような神の形容辞である「ネチェル・アア（偉大なる神）」ではなかった。そこには明らかに違いが意図されていた。

　初期の時代から、王はホルス名によって、ホルス神と直接結びついていた。そして第4王朝になると、ラーの息子と呼ばれるようになる。これは太陽信仰が次第に重要性を増していった状況を示していると同時に、王が完全なる神の世界から徐々に外されている事実も示唆している。王は神の息子であり、父なる神に依存する存在となったのである。中王国時代以降に書かれた文学作品には、王は全能ではなく、怒りや泥酔など、しばしば人間的な過ちを犯す。王は、他の普通の人間のように欠点をもっていた。そして神とは異なり、その力を再生するために毎年祭礼を行なわなければならなかった。また、死後にはその遺体を納める墓を必要とした。しかし王は、公式なイデオロギーのなかで最高位にあり、どんなに小さな出会いであったとしても、王に直接謁見できたという事実は、個人の輝かしい経歴の一瞬として、葬送の履歴を鮮やかに彩る出来事であった。どのように人間的弱点をもっていたとしても、王は宮廷の人々にとって、「生命をあたえる息であり、王が輝きをあたえる時、すべての人間

カルナク出土のアクエンアテンの巨像の上の部分。アクエンアテンの宗教と芸術の改革の下でも、王権の象徴が変わることはなかった。王はネメス頭巾の上に二重冠を被り、額にはコブラが飾られている。顎にはつけ髭をつけ、手には王笏と殻竿を握っている。

第1章　ファラオの王権:進化とイデオロギー

は命をあたえられる」のである。

　過ちを免れない人間のイメージをどのように神、あるいは半神の姿と妥協すればよいのだろう？　王は完全に人間として見られていたが、儀式を執り行なうあいだ、神の役割を果たしていたと考えることも可能である。この場合、王は神に近い存在であるが、本来は神ではないということになる。また、儀式を執り行なうことによって神性が王にあたえられると解釈することも可能である。この解釈によると、王は日常的な職務を行なう場合は、単に人間であることになる。しかし王権を象徴する姿で儀式を行なう時は、神々のための行為を行なっており、神の力が王に移行し、その神性が王に宿ると考えることもできる。明らかに言えることは、戴冠の儀式のあいだ、つぎつぎにたくさんの王冠を被り、笏と殻竿を受けとるあいだ、王の性格が変わる。死を免れない人間であった王は、聖なるエネルギー、王のカーである精霊、に満たされる。そして永遠の職務に就く（ネスウ）。人間であった王は死に、他の者にとって代わられる。しかし、王権は1人の男からつぎの男へと引き継がれる。

　このように、聖なる王権は、その超自然的な力とともに、人間の肉体的な要素に限界をあたえられている。同様に、神々は祭礼のあいだ、神殿の像のなかに宿ると考えられていた。しかし彫像自体は超自然な行為を行なうことはできなかった。彫像は人間の体と同様に、神の自由を拘束していた。しかし定義することのできない力として人間と交信することを可能としていた。

　王はまた、地上における太陽神の代理人と見られていた。王は、朝の星と結びついていた。朝の星は、太陽が昇る直前に天に現われるため、エジプト人は太陽神が発するものと考えていたのである。太陽と星は異なるものであったが、同時に深く結びついたものであった。一方が必ず他方の前に出現する。ドイツ人エジプト学者ロルフ・グンドラフによると、王権は3つの部分に分けて考えることができる。人間、そして支配者である王の王権、最後に、天高く存在する、本来の太陽神、究極の王ホルス。この理論によると、王であるホルスは地上で活動することができない。そのためその力を代理人である王に移行する。明らかに、王の神性にかんする問題は、解決を見ておらず、今後何年も続くであろう。

アメンヘテプ3世がアメン・ラー神の前にひざまずいている。神は、ネメス頭巾を被った王の頭に、豪華なアテフ冠を載せている。ルクソール神殿のレリーフ。この瞬間に、王は王権の聖なるエネルギーで満たされる。

23

第2章

二国の物語

　前3世紀、アレクサンドロス大王の死後まもなく、マネトンという名の神官がアレクサンドリアの宮廷に呼ばれ、プトレマイオス1世と2世によって、時の始まりにさかのぼって、ファラオのリストを作るようにと命じられた。マネトンは、勤勉に、王のリストを30の王朝（第31王朝は後の時代の作家によってくわえられた）に分けた。彼は、王朝を分ける基準として、ひとつの家系が絶え、つぎの家系が始まる時を選んだ。しかし、最初のピラミッドの造営や王宮の移転など、大きな出来事を重要視して、さらに細かく王朝を分断することもあった。また、マネトンは、2人の王が同時に支配していた共同統治の時代を無視した。正式な概念上、ひとつの時には、1人のファラオしか存在しえなかったためである。このような問題点はあるものの、マネトンの王朝リストは、今でも時代順に王を配置する有効な枠組みとなっている。ただし、エジプト史の絶対年代を決定するには、まだまだ時間がかかるであろう。

　マネトンの偉業は、後の時代の作家による部分的な引用として現在に残されているが、エジプト史のいくつかの時代の王名表によって補うことができる。最も初期の王名表は、第5王朝のパレルモ・ストーン（158頁参照）に刻まれたものである。王の名前、統治年、王の治世に起こった主な出来事を記録したものである。その後のリストは、より詳細なデータをあたえてくれるが、それぞれに偏見が見られる。たとえば、無能と考えられた王の名前が削られていたり、マネトンのように共同統治が無視されていたりする。現代の学者は、これらのリストを使って、マネトンのリストをより詳細なものとし、誤りを正している。また、王朝をより長いいくつかの時期へと分類している。エジプトが政治的に統一されていた時代を「王国」と呼び、国が中央政権を失って分断されていた時代を「中間期」と呼んでいる。これらの大項目のなかの最初の時代が初期王朝時代である。

初期王朝時代（前3100～前2584年頃）

　前3100年頃になると、タウイ「二国」、あるいは豊かな土壌をもつケメト「黒い土地」として知られるエジプトは、1人の王の下に統一される。伝統的

アビュドスのジェト王の墓から出土したステラ。王のホルス名が記されている。ハヤブサの神ホルスは、セレクと呼ばれる王宮を象徴する長方形の図の上に止まっている。上部に王の名前が、単純化した王宮の平面図のなかに刻まれている。下の半分には、波状に凹みのある王宮の外壁の表面が描かれている。これは権威の象徴となっている。

にメネス王として知られているが、おそらく歴史上のナルメル、あるいは、ホル・アハであると思われる。いずれにしても第一王朝の最初の王であり、デルタ地帯の河口から南のアスワンまでを支配していた。その政治的な中心地は上下エジプトが接するメンフィスにあった。初期の支配者たちに関する情報は少ないが、第1章に記したように、この時期の緩やかな流れのなかで、王権をめぐる装飾、象徴、建築などは卓越したものへと発展していく。アビュドスに建造された壮大な王墓、豪華な副葬品、王権をめぐる複雑な儀礼の数々など、王の存在は、宮廷人のそれとは遠くかけ離れたものとなっていく。儀礼のなかに治世30年を越えた時に行なわれるセド祭と呼ばれる王位更新祭がある。第1王朝の4人目の王であるデン王の墓から出土した黒檀のラベルに、この祭礼のことが描写されている。デン王の治世は、革新の時であったようだ。アビュドス出土の象牙製ラベルには、初めてウラエウスを飾っている王として描かれているほか、ネスウ・ビティ名が初めて使われている（20頁と68頁参照）。

革新の時は、この後に続く王たちの時代に続いていった。第1王朝の6代目の王セメルケトは、ネブティ名（二女神名）を最初に使った王である。また、第1王朝3代目のジェト王の治世に属する、西の砂漠の岩に刻まれた碑文には、初めてハヤブサのホルスが被る二重冠が見られる（王が二重冠を被っている図は、そのつぎの治世のデン王の時に初めて見られる）。国政、そして外交にも発展が見られる。第1王朝には国税の制度が生まれていたようである。また、シナイ、あるいはパレスティナに軍事遠征が行なわれていた。南パレスティナと下ヌビアの地域は、初期王朝時代の大半の時期、占領地となっており、エジプトにはたやすく贅沢品が流入した。しかし時代が下るとパレスティナに対するエジプトの関心は衰え、内陸をとおる貿易のルートよりも、レバノンまでの海の交易路が好まれるようになる。

第2王朝のあいだ、政府は発展を続けた。この時代、国は、エジプト語でセパト（複数はセパトゥウ）と呼ばれる一連の地域に分割されていた。慣例的にエジプト学者はギリシア語のノモスという言葉を使用する。第2王朝の王に関してはあまり知られていない。少なくとも2人の王の墓がサッカラで発見されているが、この王朝最後の2人の王ペルイブセンとカセケムイはアビュド

上：アビュドス出土の小さな象牙製ラベルの右上の角には、セド祭を行なうデン王の小さな姿が彫られている。ヒエログリフのなかには、ネスウ・ビティ（即位）名の最初の例が見られる。

下：デン王の別の象牙製ラベルには、敵をうちのめす、ウラエウスを飾った王の最古の例を見ることができる。「東をうちのめした最初の出来事」と碑文には記されている。

左：第2王朝のカセケムイ王の彫像。上エジプトの白冠を被り、セド祭のぴったりとした衣を身にまとっている。オックスフォードのアシュモレアン博物館にある彫像には、彼の治世に殺された北部の敵の数が刻まれており、エジプト国内で混乱があったことを示唆している。

スに埋葬されている。このように王墓が移ったのは、政治的な変化があったためと思われる。カセケムイが、「闘う北の民」の話をしており、この王朝の最後に、南北のあいだに内乱が起こった可能性がある。

　政治的な問題があった可能性は否めないものの、この王朝を通じて、王権は発展した。王朝3代目の王であるニネチェルの小像は、羊飼いの杖（ヘカ笏）をもっている。王権の象徴が公式に使用された最初の例である。また、カセケムイの彫像群は、王の工房の職人たちの技術の向上を明らかにしている。

ピラミッド時代：古王国時代（前2584～前2117年頃）

　第3王朝から第6王朝までの王朝で構成される古王国時代は、現在ジェセル王として知られているネチェリケト王の即位で始まった。ジェセル王は、第2王朝のカセケムイと血縁で繋がっていたが、エジプト史のなかで、マネトンは、王朝をここで区切っている。ジェセル王は、ピラミッドを建造した最初の王であり、サッカラに有名な階段ピラミッドを造営している。この出来事は大変な偉業であり、新しい王朝の始まりにふさわしいものであった。そして古王国のピラミッド時代が訪れる。当時の行政機構には、ピラミッド、および、その関連施設を造営するために、必要な資材を集める力があった。そして政府はより複雑な組織へと発展していった。外部からの攻撃がなかったことや、資材の自給率が高かったことも発展を促す要因となった。

　ジェセル王の後継者たちに関してはあまり知られていない。いずれもピラミッドを完成することもなく、歴史に重要な足跡を残すこともなかった。そしてカフラー王の時代になると、ギザの3基のピラミッドをふくむ、壮大な葬送複合体や多くの彫像を残したが、第4王朝の王に関しても、情報は少ない。この王朝の最初の王であるスネフェルは、レバノンとの交易を行ない、ヌビアとリビアに遠征を行なった。また、階段状ではない、直線的な側面をもつ最初の真正ピラミッドをダハシュールに建造した王でもある。そして「良き神」と呼ばれた最初の王である。スネフェルの治世、および、その後継者の時代、国家の資材は王のピラミッド複合体の造営につぎ込まれた。ピラミッド造営は、神なる王のための国家プロジェクトであり、ピラミッドは宮廷人の墓でとり囲まれた。第4王朝を通じて、王の家族が政府の中心的な地位を独占していた。例をとれば、宰相の地位は、王子たちによってつぎつぎに独占された。台頭してきた貴族にとって出世の道は王の心ひとつにゆだねられていた。この時代の終わりになると、宗教的な闘争が起きていた可能性がある。シェプセスカフ王は、ピラミッドではなく、壮大なマスタバ墳をサッカラに立てた。おそらくピラミッドの形に象徴された太陽信仰の重要性から距離を置くためであったと考えられる。第4王朝の系譜はシェプセスカフで終わる。摂政として実権を握った王の母ケントカウエスが、つぎに権力の座に就いた。彼女の王子が誰であったかは明らかではないが、おそらく第5王朝の最初の王であるウセルカフではない

かと思われる。

　第5王朝になると、王家のメンバーは国の行政において大きな役割をになわなくなる。ジェドカラー・イセシ王は、貴族の階級制度を改め、上エジプトを担当する第2宰相を設けた。そして地方の行政官は、各ノモスに配置され、その地に永住するようになった。これは、宮廷と地方を直接結びつけ、中央政権をささえて元気づけるための政策であったが、実際にはこれを機に古王国時代の終焉が始まる。この間、地方州知事らは、宮廷から派遣された職人によって、地元の資源を使用して、王のピラミッドから遠く離れた地に墓を作るようになっていた。次第にエジプトの田園地帯に彼らの小さな宮廷が作られ、その役職は世襲性になっていった。そして重要な役職を決定する王の任命権を彼らはたくみに制限していった。中央政権は分裂の危機に面していた。

　さらなる問題が第6王朝を直面していた。マネトンによると、最初の王テティは、護衛によって暗殺された。そしておそらく王座を簒奪したと思われる後継者のウセルカラーが短い期間王位に就いた。ウセルカラーの座は息子のペピ1世によって継承されたが、ハーレム内の策略と、力を増していった州知事らによって対立が生じた。ウセルカラーの後には、メルエンラーとペピ2世が続いた。すべてのファラオのなかで、94年という信じがたい最長の治世を誇ったペピ2世も古王国時代を崩壊から救うことはできなかった。国の財政は破綻し、地方の勢力が増すなか、弱体化した中央政権はついに第1中間期へと向かい、エジプトは分裂した。

　古王国時代を通して、王は遠い存在であった。この時代、王は偉大なる業績を碑文によって宣伝する必要をまったく感じていなかった。王の人間的な側面は度外視されていた時代である。巨大なピラミッドや厳格な彫像が、王と臣民のあいだに深い距離を自然に生み出していた。私人の墓に王の姿が描かれることはなかった。それに対して、王との接触は、たとえ、それが1通の手紙であろうとも墓のなかに記録されていた。王からのメッセージを受けとることのできた幸運な貴族は、誇らしげにその事実を自分の墓の壁に記し、後世に伝えようとした。王族でない者にとって、彼らの成功や彼らを突き動かす動機は、ファラオの支援や力に直接結びついていた。しかしながら、第1中間期以降、このファラオの像は明らかに変化した。ファラオは遠い存在の神ではなくなり、戦争や政治という人間臭いゴタゴタに巻き込まれて行く。

ヒエラコンポリス出土の銅製の彫像に描かれたペピ1世。2つの彫像のうちの大きい方のもの。ペピ1世はハーレム内の陰謀を無事にくぐり抜け生き延びた。

第1中間期（前2117〜前2066年頃）

　はかなく、つかの間の第7と第8王朝に続いて、エジプトの北部の権力は、中部エジプト北部にあるヘラクレオポリス・マグナの支配者らによって握られた。この2つの王朝は、マネトンの分類では、第9と第10王朝に相当する。この時代の王たちに関しては、ほとんど何も知られていない。多くの場合、名前や治世の年月さえわからない。ただ、マネトンの描写によれば、「今までの王たちのなかで最も残忍であった」アクトイ（1世）という名前の王によって王朝は始まった。この時代の王のなかには、栄光に満ちた過去と自分たちを結びつけようと、古王朝時代の王の名前を模す者もいたが、彼らは規模の大きい記念碑を残すことも、また、強い中央政権をうちたてることも叶わなかった。しかし、分裂した国家の状態にもかかわらず、アビュドスの北という立地にも恵まれた、ヘラクレオポリスの支配下にあったノモスは、王家への忠誠を明確にし、古王国時代と同じように、すべての出来事を王との関係のなかで語った。

　しかし、南の状況はまったく異なった。多くの州侯たちは、領土と資源を競って互いに争っていた。ただ、テーベに中心を置く、アンテフの強力な家族に対しては、名目上の忠誠を誓っていた。地方の州侯は、自分の家族を守る父親の役割を果たしていた。彼らは、自分の地域の人々に衣食をあたえ、民を助けていることを自負していた。そして執拗に自分たちの地位を拡大していった。ノモスは独自の軍隊をもつようになり、モアッラのアンクティフィなど、地方の首長は、自分たちが率いる軍隊について語る時に、後の王たちが使用したのと同じ用語を使っている。彼らは、自分たちの目的のために活動し、王の権威の下に働く必要を感じなかった。

　テーベは、イクの息子、テーベ州の長、神官の監督官であるアンテフの下に重要な地域へと成長していった。アンテフは、第11王朝の祖先にあたり、メンチュヘテプ1世とその後継者であるアンテフ1世と血縁にあった。この2人は、アビュドスの南の王として一時代を築いた。アンテフ1世の後継者であるアンテフ2世は50年の治世を誇った。彼はみずからを上下エジプトの王、太陽神ラーの息子と名乗った。しかし、エジプトの王たちが伝統的に使用した5つの称号を使用することはなかった。また、伝統的な王冠を身につけた姿でみずからを描くこともなかった。しかし、その支配の下、王の神殿の造営計画を立案し、後の時代の王たちの先例を作った。また、南の州侯たちの忠誠を得て、ノモスを1人の支配者の下に統合した。王族であることを誇示しようとしたアンテフであったが、その平民であるルーツは、墓のなかに自伝ステラを納めたことで明らかになってしまう。この慣習は、王でない私人に限られたものであった。

　第1中間期は北と南の闘いで幕を閉じる。アンテフ2世は、軍隊を率いてティニス・ノモスへ攻め入り、ヘラクレオポリスに忠誠を尽くすアシュートの州侯たちと闘った。これに対して、ヘラクレオポリスの側も報復し、アビュドス

を占領しようと企むまでの一時期、南において一定の成功をおさめた。しかしアンテフ2世の孫にあたるテーベの王メンチュウヘテプ2世は、この企みに反応し、エジプト全土をただ1人で支配するまで、北へ北へと攻め入った。これによって国家は再び統一され、中王国時代が始まる。

第1中間期の終わりに、エジプトを再統合したメンチュウヘテプ2世の彫像。セド祭の衣に身を包み、下エジプトの赤冠を被っている。

中王国時代（前2066～前1781年頃）

　メンチュウヘテプ2世の後、2人の同じ名前の後継者が続き、これが第11王朝の後半にあたる。彼らの現存する記念碑や活動の記録は上エジプトのものに限られている。デルタ地帯に対する彼らの関心が薄かったのか、あるいはまた、彼らが真の意味でデルタ地帯を統制していなかった可能性もある。ワディ・ハンママートとプントに遠征が行なわれ、南の行政組織は改善された。州侯の数は減り、中央政権は力をとり戻し、再び宰相の職が甦った。また、メンチュウヘテプ2世の治世には、南パレスティナに遠征が行なわれ、中央の力が回復したことを示唆している。メンチュウヘテプ3世の名前は、南に建設された神殿に刻まれている。また、中王国時代を通じて問題であった、アジア人の侵入を防ぐために建設された砦の建造によって、彼の名前は歴史に残されている。メンチュウヘテプ4世に関しては、ほとんど何も知られていないが、王名表にないことや、王家との血縁関係がないことから、簒奪者であった可能性がある。

　メンチュウヘテプ4世の宰相アメンエムハトは、第12王朝の創始者であるアメンエムハト1世と、同一人物であると思われる。テーベの地に、建造途中で放棄された、ディール・アル＝マディーナのメンチュウヘテプ2世の墓に似た王墓があることから、その治世はテーベで始まったと思われる。治世5年を過ぎたころに、アメンエムハト・イチ・タウイ「アメンエムハトは二国を征服した」という意味の新しい首都がファイユーム・オアシスの入り口に近い、現代のリシュトの近辺に創設された（正確な位置は不明である）。これはアメンエムハト自身が「ルネサンス─再生」と呼んだ時代の始まりを具体的に示したものである。首都を北から移転したことによって、デルタ地域の統制を強化し、みずからを古王国時代の栄華の日々と結びつけることに成功した。また、新しく築かれたエジプトの安定に脅威をあたえる、リビア人やアジア人の侵入に対して有利な立地条件に身を置くことができた。アメンエムハトは、「支配者の壁」と呼ぶ一連の要塞を東デルタ地帯に建設した。しかし、このような脅威は外国の侵入に留まらなかった。アメンエムハトの治世に、包囲攻撃が起き、そのなかで殺害された約60人の兵士が、テーベの岩窟墓に埋葬されているのが発見されている。これは、おそらくエジプトの国境で暴動が起きた証拠と見られるが、アメンエムハト自身、護衛によって暗殺、あるいは負傷していた可能性がある。

カルナクのセンウセレト１世の白の聖堂には、見事な彫刻が細部までていねいに描かれている。中王国時代の職人の巧みの技が伺える。

第２章　二国の物語

　この陰謀の最終的な目的は不明であるが、アメンエムハトの息子、センウセレト１世が後継者となっている。
　センウセレト１世の治世とその後、中王国時代は文化的に成熟した時代へと突入する。この時代、中エジプト語が完成され、多くの文学作品が生まれた。センウセレト１世の彫像が数多く製作され、国中の神殿において建設作業が真剣に行なわれた。ある碑文によると、センウセレト１世は、自分の肖像である150の彫像と60のスフィンクスの製作に必要な石材を確保するために、17000人の遠征をワディ・ハンママートに送った。当時の事業の壮大さを示唆する碑文である。行政組織も改革され、執事や家令などの新しい称号が出現した。ナイルの第２カタラクトの北、ブーヘンに至る下ヌビアは、一連の要塞に守られ、永住による占領が可能となり、北との交易や近辺の豊かな金鉱の採掘を可能にした。第１中間期の終わりから、戦争は再び、王の特権となった。しかしその性格は変化し、王は激しい闘いで敵を威嚇する戦闘的な戦士として描かれるようになる。以前のように、混沌に対して秩序をもたらす、静かな象徴としての王ではなくなる。アメンエムハト２世は、センウセレト３世と同様にヌビアの遠征を率いた。それに対して、センウセレト２世とアメンエムハト３世は、エジプト全土における建設事業によって知られている。特にアメンエムハト３世は、多様でユニークな彫像を注文したことで知られている。なかには大

変珍しいものもあった。そして彼のスフィンクスは、後に多くの王によって簒奪されている。

　古王国時代や第1中間期の思想は融合し、独特の中王国時代の様式を生み出した。行政、経済、軍事、すべてが改革された。官僚制度も再編成され、拡大した。役人は（みずからの自由な意志で、パトロンである王に奉仕する）パトロン・クライアント関係のクライアントとしてみずからを認識した。そして理想の宮廷人という概念が生まれた。王が人間と神の仲介者であるという概念は変わらなかったが、宮廷文学や芸術は王の人間的な側面を描くようになった。感情や欠点をもち、みずからの過ちを認識できる王の像である。そして彫像に描かれた王は、王権の責任と人々の要求の圧力に疲弊している人間王である。同時に、神聖な生まれ、民のために行なった良き行ないの数々、神殿の建設、そして混沌に対する闘いなど、王の資質は強調された。エジプトの人々は、これらの偉業に対して王を崇拝し、従い、忠誠を誓った。反対に王は、人々の生活を配慮した。拡大する政府と地域に対する統制が強化された結果、王は、今までにないほど、国民の日々の生活に関与するようになる。王は、遠い神のような存在ではなく、巨大な官僚組織の頂点に立つ多彩な役割をになう支配者であり、社会の男女の生活に影響をあたえる存在であった。

　活力と安定に恵まれているように見えた時代であったが、第12王朝は、あいつぐ問題に直面し終焉を迎える。アメンエムハト3世の息子、アメンエムハト4世には後継ぎがなく、アメンエムハト3世の娘であるセベクネフェルウが女性のファラオとして王座に就いた。4年の治世の後に第2王朝は終わり、エジプトは再び分裂した。

スフィンクス姿のアメンエムハト3世。ブバスティスに奉納された一連の彫像のひとつと思われる。これらの彫像は、時代を経て多くの支配者に簒奪され、別の場所に移動された。

第2中間期（前1781～前1549年頃）

　第13王朝は、第12王朝の延長であったが、学者によって伝統的に第2中間期に分類されている。この王朝の支配下で、中央の政権は崩壊し、エジプトは再び、それぞれ王をもつ複数の小王国に分裂した。（現在のテル・アル＝ダバア）アヴァリスはデルタ北東部のそのような小王国のひとつであった。最初の王の名前はネヘシであり、その後、数多くの短命な王たちによって支配された。そのなかには、エジプト名をもつ者とアジアの名前をもつ者がいた。おそらく中王国時代の戦争捕虜の子孫、あるいは商人であると思われる。これらの王たち全体をまとめて第14王朝としている。このデルタの王国の独立によって、第13王朝の王たちは、レヴァントやその先にある地域と交易を行なうことができなくなった。一方、ヌビアでは、ナイルの第3カタラクトの南にあるケ

ルマに拠点を置いた王国が力を蓄え、エジプトの要塞を占領し、そこに残っていた兵士たちを買収し、北上しながら、当時、すでに領土を拡大していた。徐々に弱体化し、敵に囲まれていた第13王朝は、イチ・タウイを放棄し、宮廷をテーベへと移していた。その間、第14王朝は、疫病と飢饉によって人口の1割を失っていた。

　新しい支配者の系図である第15王朝が、空白となった権力の地位を埋めた。彼らはシナイ半島を横切ってエジプトへと侵入してきた外国の民であり、歴史上ヒクソスとして知られている人々である。ヒクソスとは、エジプト語のヘカウ・カスウト「異国の地の支配者」が、ギリシア語になってなまったものである。彼らはアヴァリスに定着し、アジアから入り込んできた移民の援軍を得て、力を拡大していった。そしてデルタ全体を把握し、その力は、南は中部エジプトのクサエまでおよんだ。このころ、第13王朝の末裔がテーベにおいて第16王朝として再び出現する。しかし戦争や衝突の短い記録のほかは、これら支配者に関する資料は皆無に近い。そしてつぎの第17王朝と彼らの関係は明らかではない。

　ヒクソスは次第にエジプトに溶け込み、エジプトの文化をとり入れていった。当初は、ヒクソスと友好関係を結んでいたであった第17王朝であるが、北を再び征服しようと、一連の遠征が行なわれるようになる。この遠征はセケネンラー・タアによって始められたと思われる。彼のミイラは、その無惨な死の謎を秘めている（119頁）。セケネンラーの後継者であるカーメスは北を奇襲した。その遠征行軍と成功の記録が残されている。彼は、ヒクソスの首都であるアヴァリスに到達している。カーメスと、そのライバルであるヒクソスの支配者アポピスの死によって、小康状態が生じる。2人の死により2つの勢力の王座は、それぞれ、かなり若い後継者に継がれている。第17王朝の成長した新しいファラオ、イアフメスは、軍隊を率いてアヴァリスへと向かい、シナイ半島を横切ってヒクソスを追いつめ、南パレスティナのシャルーヘンにおいて3年間、彼らを包囲した。

新王国時代の黄金期：第18王朝（前1549〜前1298年頃）

　ヒクソスの追放によって、イアフメスは真の意味で、上下エジプトの王とみずからを呼ぶことができた。この時代の激しい誕生の経緯を考えると、驚くに値しないが、第18王朝においては、国家の軍事化が進み、拡大主義は王権の一部となった。周辺の地域を占領することによって、エジプトは国境を守ることができる、という思想が軍事化を助長していた。伝統的な境界のなかで納まることに満足せず、アメンヘテプ1世とその後継者であるトトメス1世は、ヌビアの奥深くへと侵入していった。そして中王国時代に占領していた地域を再びとり戻し、さらに南へと進行した。そしてエジプトが不在だったあいだに台頭してきたケルマの王たちを完全に崩壊し、これによってエジプトの安定を脅

かす主要な力をとり除くことができた。王の力を誇示するために、トトメス1世は、北はユーフラテス川まで行軍していった。しかし、エジプトの最大のライバルであるミタンニと対立することはなかった。みずからの業績を讃えるステラを立てただけで、トトメス1世は、レヴァントに対するエジプトの支配を強化する仕事をトトメス3世とアメンヘテプ2世の2人の後世の王たちに残した。積極的な植民地政策が行なわれたヌビアとは異なり、レヴァントにおいては、ファラオは影響力をおよぼす独立した地域を確保するに留まった。各都市国家は、エジプトに対する忠誠を誓わなければならなかった。一方、中王国時代に重要性を増したテーベの神アメンは、エジプトの最高神となった。国家神として、アメンは、ファラオが外国遠征からもち帰った膨大な富を奉納されることとなる。カルナクのアメン神殿は、新しい王の治世が生まれる度に拡大し、その見返りとしてエジプトにさらなる成功と繁栄をもたらした。

　体力と権力は、つねにファラオの像を形作る上で重要な要素であったが、第18王朝の王たちは、今までの王には見られないほど、スポーツや戦場における個人の肉体的な能力を重要視した。なかでもアメンヘテプ2世は、その運動機能を自慢の種とし、腕力、銅板を矢で射抜く力、そして敵に対する激しい戦闘力を誇りとしていた。その戦闘力において、アメンヘテプは秀でており、彼の前にも後にも、これほど残忍で容赦のない戦士はいなかった。あるテキストによると、彼はエジプトに帰還する船の舳先に7人の外国の王子を吊り下げていた。また、別のテキストによると、アメンヘテプはレヴァントの2つの村の村人が水路のなかで焼け死ぬのを黙って見ていた。第18王朝の書記が賞賛したのは、王の肉体的な力だけではなかった。王の知的な能力も注目されるようになる。カルナク神殿において、イアフメスは「シリウス星の弟子、セシャトのお気に入り［…］トト神は彼のかたわらにいる。トトは彼に儀礼の知識をあたえた。彼は正しい規則にのっとって書記たちを指導する」とされている。同じテキストのなかで、イアフメスは卓越した魔法使いであるとされている。これは一般に賢者と結びつく技能である。トトメス3世は「書記よりも法律に詳しかった」とされ、知識と文字の神であるトトのように、あらゆる事柄に精通していた。そして「先祖の時代から受け継がれた『守護の本』を見た」後に、公衆衛生に関する法令を定めている。第18王朝最後の王、ホルエムヘブもまた、その戴冠式の碑文のなかでトト神と比較されている。王の知力や体力を強調することによって、逆に王の人間性を明らかにした書記たちの行為は、何とも皮肉な結果であるとも言える。

　国境の維持だけでなく、第18王朝の王たちは、血統を守ることに心を砕いた。先行する王朝が後継者問題で終焉を迎えていたことをよく理解していた彼らは、親族間の婚姻を進めた。王子は、母親違いの姉妹と結婚をした。実の姉妹と結婚することはなかった。そして王子は一般人と婚姻を結ぶことを禁じられていた。この慣習は第19王朝のラメセス2世の治世まで続いた。

　前14世紀初頭のトトメス4世の治世になると、エジプトは南と北東部の領

第2章　二国の物語

一般にメムノンの巨像と呼ばれている、アメンヘテプ3世の一対の巨大な彫像。テーベのナイル西岸の葬祭殿の入口を飾っている。エジプトがその富と力において最盛期にいた当時の支配者であるアメンヘテプ3世の治世下、多くの偉大な記念碑が造営された。

土を確保し、その成功の果実を自由に楽しむことができた。王たちは戦争でその武勇を証明する機会をもたなくなった（しかし彼らは戦争の英雄としてみずからを描写した）。そして、その惜しみない贅と規模でアメンヘテプ3世に適う前任者はいなかった。彼の支配の下、壮大な建物が国中に建造され、見事な彫像の数々が製作された。そのなかには巨大なものもあった。

　第18王朝を通して、太陽信仰の重要性は増し、アメンヘテプ3世のマルカタ王宮は、「光輝く太陽円盤の宮殿」と称された。アメン神は、ラーと融合し、アメン・ラーとなり、他の神々は、天高く輝く太陽円盤に比して位の劣る小神となった。歴史上アクエンアテン王として知られている、アマルナ時代の最初の王、アメンヘテプ3世の息子アメンヘテプ4世の下、エジプトの宗教は太陽信仰に集約され、劇的な形で結晶する。

太陽の王たち？　アマルナ時代

　第18王朝の最後の時代にあたるアマルナ時代は、文化的に激動の時代であった。この特異な文化の最初の兆候は、アメンヘテプ４世が、本来治世30年を記念して行なわれるべきセド祭を治世２年目に行なおうと決めた時に現われる。この時王は、カルナクに、いずれも太陽信仰、特に太陽円盤であるアテン、と結びついた４体の彫像を立てるように命じた。初期の記念碑に目立つのはアテンだけでなく、ネフェルトイティ（ネフェルティティ）王妃もたびたび出現する。アクエンアテンとともに祭儀を行ない、そのなかには、伝統的な王の特権である、敵をうち倒す姿で描かれたものも含まれている。アメンヘテプ４世の下に造営された新しい建物は、新しい芸術様式で飾られていた。すべての個人は、なかでも王は、その特徴を誇張した形で描写されている。細長い顔、垂れ下がった腹、そして幅広い臀部が細く華奢な足にささえられている。この芸術的発展の意味に関しては、まだ学者のあいだで合意が得られていない。ひとつの可能性として男性と女性の要素を融合したものとも考えられる。

　王の新しい建造物はヘリオポリス、メンフィス、そしてヌビアに出現する。おそらくデルタにも建造されたと思われる。しかし治世５年に、アメンヘテプは、過去を完全に断ち切るために、他の神との繋がりのない土地に、アテンに捧げるまったく新しい町を建設する。この町がアケト・アテン「アテンの地平線」である。そして王は、国中に彫られたアメンの名前を削るように支配下の者たちに命じ、自分の名前をアクエンアテン（「アテンのために効力をもつ者」）と変えた。古い神殿は閉ざされ、その資財は再分配された。アテンがエジプトの唯一の神となり、王だけがその聖なる教えを受けることができる唯一の個人であった。

　改革にもかかわらず、ヌビアとレヴァントの遠征は続けられ、宮殿は、レヴァントの臣下との関係を続けていた。アクエンアテンの治世12年においては、外国の大使がつぎつぎとエジプトを訪れた。アクエンアテンは治世17年に死去し、謎に満ちた短命の人物スメンクカラーがその後を継いだ。彼は、アクエンアテンの娘メリトアテンとともに３年間国を統治した。そして王権は、アクエンアテンの若い息子であるトゥトアンクアテン（ツタンカーメン）のものとなった。最初の３年のあいだは、アマルナ様式の芸術が続いた。しかし王はアケト・アテンを離れ、メンフィスに移った。そしてトゥトアンクアテンは、トゥトアンクアメ

アクエンアテンは、エジプトの宗教と芸術に革命を起こした。彼の治世、および、その後の数年間、人物は細長い顔、垂れた腹、そして大きな臀部と細く華奢な手足をもつ姿で描かれた。

ンとなり、アメンを信仰する伝統的な神殿を再建した。

　わずか18歳か19歳のツタンカーメン（トゥトアンクアメン）が、おそらくマラリアと感染した足の強いストレスが原因で死去した後、エジプトには血統による自然な後継者が不在となった。王妃、アンクエスエンアメンは、北レヴァントと東アナトリアの新しい勢力であるヒッタイトに手紙を送り、彼女の婚姻相手として王子を送るように依頼している。これによって二国の同盟を結び、一般人と結婚する不名誉を避けようとしたのである。ザナンザ王子がすぐに派遣されたが、その道中で殺害され、ヒッタイトの怒りを買う。これによって残った王の候補者は、ツタンカーメンの祖母ティイ王妃と血縁関係にある、影響力はあるが年老いたアイとなり、彼が王位に就いた。彼の治世は僅か4年であったが、この間にヒッタイトとの関係を改善し、後継者を見つけようと画策した。後継者探しは失敗に終わり、アマルナ時代の強力な軍事指導者であるホルエムヘブがつぎの後継者となった。彼の下、壮大なスケールの建設計画が実行され、行政改革が行なわれた。

ラメセス朝（前 1298〜前1069年頃）

　ラメセス朝（第19から20王朝）は、一般人が王座につくことから始まった。自分の息子をもたなかったホルエムヘブは、軍人のなかからパ・ラメセスという男を選び、後継者とした。パ・ラメセスには、既に後継ぎとなる息子と孫がいた。ホルエムヘブは彼らが後を継ぐことができるように、「王の副官」という称号を作った。彼はまた、パ・ラメセスを宰相とした。パ・ラメセス自身、息子のセティのために、この行為を模倣している。

　ホルエムヘブの死後、パ・ラメセスがラメセス1世となる。彼の王朝である第19王朝は、第18王朝との結びつきを敢えて作ろうとはしなかった。これは明らかに新しい始まりであった。しかしアマルナ以降の王たちには、動乱の時代の記憶が強く残っていた。彼らは敢えて独自の王権の様式を作ろうとは考えなかった。彼らの在職中に王の栄誉は戻ったが、王が望むままに自由に行動できる時代は終わっていた。強力な高官たちが強い影響力をもつようになり、アクエンアテンの再来を防いだ。

　ラメセス1世の治世は僅か1年ほどで、息子のセティが後を継いだ。セティは、父に変わって軍事面を担当し、またデルタ地帯において多様な神官職を

ラメセス2世の巨像の上半身。ラメセス2世の葬祭殿であるテーベのラメセウムから出土し、現在はロンドンの大英博物館に展示されている。ラメセス2世は、エジプトのファラオのなかで最も長い治世を誇った王であり、国中に壮大な建築計画を実施したことで有名である（他の王の記念碑も簒奪している）。また、レヴァントに軍事遠征を行なった。

になった。王となったセティは、アマルナ時代に破損を受けた神殿や墓の復興計画を始め、また自分自身の建設計画を始動した。採鉱や採石場が再び開かれ、ヌビアやレヴァントに遠征が行なわれた。領土はたちまち拡大し、また失われた。そしてセティの息子ラメセス2世によってエジプトの過去の栄光は甦ることになる。

ラメセス2世の治世4年に、シリアへの最初の遠征が行なわれる。この時、重要な地域であるアムルを占拠するが、ほぼ一瞬のうちに再び失う。ラメセス2世は、翌年再び失った領土をとり戻すためにシリアに遠征を繰り返す。この結果起きた前1274年のカデシュの闘いは、エジプト史上最もよく記録に残っている戦争である。実際には、決着がつかず膠着状態で終わった戦争である。

続く何年ものあいだ、領土をめぐる綱引きのような闘いが続いたが、エジプトがカデシュを獲得することはなかった。ラメセス2世の治世21年に、エジプトはヒッタイトと平和条約を結ぶ。この条約のなかで、アムルとカデシュの2つの土地が永遠にヒッタイトに属することが約束されている。この事実は明らかにラメセスの自尊心を傷つけたが、彼に残されたレヴァントの領土は確保された。そして多くの交易品がエジプトへと流入した。西の境界線では、状況はもう少し不安定であった。リビアからの侵入が目立つようになり、デルタの端と砂漠に一連の要塞が建設され、エジプトの領土を守った。ラメセスはこのほかにも、多くの建設計画を実施し、国中の神殿を豊かに飾ったが、その実施のなかで、しばしば過去の王たちの記念碑を簒奪した。

ラメセスは、2度以上のセド祭を祝い、長い治世を誇った。そして50人近くいた王子のうちの12人は彼の生前に逝去した。そしてすでにかなりの年であったメルエンプタハが後継者となった。当時、飢饉が近東を襲っていた。王はその軽減のためにヒッタイトに穀物を送った。この世界的な食糧難が、エジプト人によって「海の民」と呼ばれた人々の襲来の原因であったとも考えられる。彼らは新しい土地を探してレヴァントの町や村を襲った。メルエンプタハの治世5年に、海の民は、リビアの民族と同盟し、移民を目的にデルタ地域に侵入しようとした。しかしメルエンプタハとその軍隊は、彼らがメンフィスに到着する前に、先回りし、僅か6時間で彼らをうち負かしてしまった。カルナク神殿の壁に劇的に描かれている話である。

わずか9年の治世の後にメルエンプタハが死去した後、第19王朝は一連の危機に直面し、その結果王朝は崩壊を迎えることとなる。メルエンプタハの息子セティ2世が王となったが、不安定な状況に乗じて、ファイユーム・オアシスの南で力を得て、実質上支配していたアメンメセスというライバルが登場した。アメンメセスの血筋は明らかでないが、学者のなかにはセティ2世とタカト王妃のあいだに生まれた子だという者もいる。また、宰相の地位から王座を略奪したと考える学者もいる。その後、彼の名前は記念碑から削りとられ、王家の谷で建設の始まった墓も簒奪される。セティ2世が王座に

ラメセス2世の治世21年に、エジプトとヒッタイトのあいだでとり交わされた平和条約のヒッタイト側の記録。当時の共通語であった、バビロニアの楔形文字で記されている。ヒエログリフで記されたエジプト側の文面は、カルナク神殿とラメセウムの壁面に刻まれている。

いたのは僅か6年であった。そして混乱の時代は続いた。

　セティ2世の息子、セティ・メルエンプタハが後継者となる予定であったが、実際に王座に就くことはなかった。代わりに足の萎えたシプタハ（サプタハ）という名前の若い少年が後を継いだ。簒奪者アメンメセスの息子の可能性は否定できないが、シプタハの素性は明らかではない。いずれにしても、セティ2世の第1王妃である王妃タウセレトが摂政となり、バイという名前の高官の助けを受け、彼女は権力の地位を得て、シプタハが死ぬ直前に完璧な王の称号を自分のものにしてしまう。彼女の治世がどのように終わったかは、謎に隠されている。いずれにしても平和な最後ではなかったはずである。エジプト人はこの時代を無政府状態の反乱の時代と考え、タウセレトとシプタハの2人をともに歴史から抹消したいと願った。幸いなことに、新しい王朝の王として、秩序をとり戻す王が出現する。

　第20王朝の新しい王はセトナクトであった。彼に関しては、混乱していたエジプトを正常に戻したという事実以外、ほとんど何も知られていない。彼は新王国時代最後の偉大な王である息子のラメセス3世に王座を譲るまでの短い期間エジプトを統治した。ラメセス3世は、あらゆる点でラメセス2世を模倣しようとした。果てには、自分の息子を憧れのアイドルの名前と同じように名づけた。しかし軍事的には、レヴァントへの大遠征を行なうことはなかった。ただ、リビアからの2度の大規模な侵入と海の民の侵入を防ぎ、エジプトを守った。このような偉大な功績があったものの、この王はハーレム内の陰謀によって殺害された可能性がある。このようにして新王国時代は衰退していった。

さまざまなつらい体勢で縛り上げられたリビアの捕虜たち。ラメセス3世の葬祭殿であるマディーナト・ハブに描かれていた。ラメセス3世は、国境の外にみずから遠征することはなかったが、2度のリビアの侵入と海の民の侵入を防ぐことに成功している。

リビアからの侵入は続いた。また、アメン神殿が、広大な領地と富によって、独自の権威をもつようになり、その結果、王の権威が弱くなっていった。墓や神殿における窃盗が頻繁となった。ラメセス3世の後に続いた8人の同じ名前の王たちはいずれも無能であった。彼らは穀物の価格が跳ね上がるのをただ見ているだけで、何もできなかった。採石場は閉じ、アメンの神官たちが権力を謳歌する時代となった。

　ヘリホルの登場によって、新王国時代の弔いの鐘が鳴り響いた。ヘリホルは軍事的な称号だけでなく、アメンの大司祭の名前と宰相の地位を手に入れた。このようにして、国の最高職をすべて自分の手に把握したヘリホルは、カルナク神殿では、みずからをファラオとして描いている。ただし、彼の権威が届くのはテーベに限られていた。この町は、王の意志とは独立した存在となっていた。アメン神官が読みとった、アメン神の意志によって支配されていたのである。中央の力は失われ、エジプトは再び分裂した。ラメセス11世とともに、500年前に荒々しく誕生した偉大な新王国時代は、静かに無へと帰していった。

小王国とクシュ：第3中間期（前1069〜前664年）

　「ファラオについて言えば、生命！　繁栄！　健康！　いったいどうやってファラオはこの地にたどりつくのか（ヌビア、あるいは、テーベ）？　ファラオは誰のものだ？　生命！繁栄！　健康！　まだ権威ある地位にいるのか？」この絶望的な文章は、ラメセス11世の治世最後の年月に、将軍から書記に記された手紙の内容である。新王国時代の終わりのエジプトが、ラメセス2世の栄光の日々からどれほど衰退していたかがよくわかる内容である。しかしファラオの制度は回復力をもっていた。そして必ず再生する。

　素性のわからないスメンデスという男が、前1064年頃、デルタ地域で第21王朝を設立する。彼の指導の下、小さな港町であったタニスが、新しい王の中心地となる。同時にテーベでは、大司祭たちが南を支配していた。彼らの領土は、北はアル＝ヒバまで届いていた。そこに彼らは要塞を建てた。しかし、この分断の状態は、短いあいだしか続かない。北の王座はスメンデスからアメンエムニスウに移った。そしてプセンネス1世が王位に就き、彼の若い腹違いの弟であるメンケペルラーがテーベにおけるアメンの大司祭となった。テーベの大司祭の家系と北の王族の婚姻関係により、ひとつの家系が国を治めることとなった。しかし地域による役割分担は続いた。この状態が、ファラオによる王権とは異なる第3中間期の状況を示している。支配階級のなかで分裂を認める風潮が定着した。テーベの大司祭、北の王、そしてデルタ地域の多様な小王国が互いに協力し、いずれも自分を主張して統一した国家を再建しようとはしなかった。

　前940年になり、第21王朝の最後の王、プセンネス2世が後継者のないまま死去した時、王位はもうひとつの強力なデルタの王朝に移った。マネトン

によると、第22王朝にあたる新しい王朝は、ブバスティスの町から出現し、リビアにその起源をもつ。第21王朝のあいだ、この家系は力を増し、王族と婚姻を結んだ。最初の王であるシェションク1世はプセンネス2世配下の将軍であった。ファラオとして、彼は再び国を統一しようと努力した。レヴァントに遠征を送り、家族の者を高い役職につけた。しかしシェションクの政治改革は長期にわたる効力をもたなかった。そして地方は、次第に独立を増していった。この王朝の6代目の王であるシェションク3世の治世になると、デルタ地域の多くの個人が自分は王であると宣言した。その結果、第22王朝の末期は、第23王朝、及び、第24王朝と重なっている。この時代、王権がいかに分裂していたかを明らかにする事実である。

　混乱のただなか、アスワンの北まで領地を広げていた、カシュタという名前のヌビアの王がエジプトに侵入し、力を誇示してエジプトの地を占領した。カシュタの支配は上エジプトに限られていたが、彼はエジプト全土の王であると宣言した。この時代から、ヌビアは、エジプトを自分たちの領土の延長と見るようになった。カシュタの侵略の後まもなく、リビアに起源をもつ、デルタの王の1人であったテフナクトが力を増し、デルタ全域から上エジプトに至る地域まで、その支配の手を延ばした。それに対抗して、カシュタの兄弟であるピイがエジプトへと行軍し、テフナクトを抑制しようと、北へと侵略していった。目的を達したピイは、テフナクトや他のデルタの支配者たちに敬意の表明を要求し、勝利のうちにヌビアに凱旋した。しかしピイの侵略後も事態は大きく変わらなかった。テフナクトは依然としてみずからを王と自覚し、前727年頃、息子のバケンレンエフに「王冠」を譲った。この人物はディオドロスによると、著名な法律家であった。バケンレンエフの勢力が拡大したのを受けて、ヌビアの王となったシャバコは北へと進軍し、強制的に権力を握った。続く混乱のなかで、バケンレンエフは捕えられ、火あぶりの刑となった。そして第24王朝は幕を閉じる。しかし大きな変化はなかった。シャバコはメンフィスに居を構えたが、デルタの支配者たちが小競り合いを繰り返すのを黙認していた。しかしながら、中央政権らしい機構が少しずつ甦ってきた。

　ヌビアの勢力による第25王朝は、ファラオの王権にヌビアの伝統をもたらした。彼らの支配のあいだ、王冠が、父から息子ではなく、兄弟から兄弟へと移ることが許された。彼らは二重のウラエウスを額に飾り、ヘルメット型の王冠を被った。初期王朝時代には大変人気が高かった青冠は、王の芸術には見られない。それに対して、多くのエジプトの伝統は維持された。称号は、古王国時代のものに基礎を置き、ヌビアの王のなかにはメンフィスで戴冠式を行なう者もいた。彫像もまた、中王国時代と古王国時代の理想を融合したものであった。がっしりとした上半身は古王国時代の彫像を思わせ、胴体の刻まれた中央の線は、中王国時代の彫像のものに似ていた。これらの王たちは、ヌビアに建てられた、礼拝所を伴う小型のピラミッドに埋葬された。

　ヌビアの人々はたやすい勝利を祝っていたかもしれないが、地平線には黒い

ヘメンの神の前にひざまずき供物を捧げているタハルカ王の小像。現在はパリのルーヴル美術館に所蔵されている。王はヘルメット型の王冠を被り、二重のウラエウスを飾っている。第25王朝の王を飾る典型的な装飾である。

雲が漂っていた。東ではアッシリアが大きな勢力として、伸び上がってきていた。当初、シャバコは友好的な関係をアッシリアの支配者センナケリブと結んでいたが、状況はまもなく悪化した。シャバコの死から10年経った時、タハルカ王は、アッシリアの支配者エサルハドンに対してエジプトの国境を守らなければならなかった。後に続いた侵略のなかで、アッシリアの情報によると、タハルカはメンフィスが落ちる前に、5度負傷を負った。そしてタハルカは、妻と家族をエサルハドンの手に残したまま、南へと逃走する。アッシリアの支配者は、意のままに町全体を殺戮し、切り落とした頭を高く積み上げ、タハルカの妻、子ども、そしてハーレムと財産を奪ってアッシリアへと凱旋した。エサルハドンの勝利ステラには、首に縄を巻かれたタハルカの息子の図が描かれている。

　アッシリアは、ヌビアが再び力を回復するのに対抗するために、デルタの支配者たちから忠誠の誓約を得ようとした。サイスのネコは、アッシリアに隷属する王として領土を支配していた。一方、ニネヴェの宮廷で教育を受けた彼の息子は、アトリビスの支配を任されていた。この間、タハルカは再び国土をとり戻そうと、まずメンフィスを確保し、その企てのなかで、デルタ王朝の支援を得ていた。しかし彼の成功は短命なものであった。怒り狂ったアッシリアは、エジプトに再び進軍し、タハルカを南に追放した。タハルカは二度と再び歴史の表舞台に戻ることはなかった。前664年にヌビアで死去している。アッシリアは裏切り者のデルタ王朝を罰した。そのなかで、ネコ王だけは、自分の力ではデルタ王朝の人々を説得できなかった、とうまく言い逃れ、サイスの知事の地位と、さらにはメンフィスの知事の地位も獲得した。

　タハルカの後継者タヌタマニ、再びエジプトをヌビアの支配下に置こうと試

みた。彼は、アッシリアと同盟を結んだデルタの支配者をうち負かし、ヘロドトスの言葉を信じるとすれば、おそらくネコを殺害し、多少の成功を収めた。しかしアッシリアは再び大軍をエジプトに派遣し、おそらく北東部に逃げていたネコの息子プサメティコス1世の命令の下、反乱を鎮圧した。今回、アッシリアはヌビアまでタヌタマニを追いかけて行き、その道中でテーベをずたずたにし、略奪した。タヌタマニは賢くヌビアに留まり、ネコがすでに死去していたため、アッシリアは、彼らの道具として、プサメティコス1世をエジプトの王座に置いた。

末期王朝時代（前664〜前332年）

アッシリアの民が去った後、プサメティコス1世がエジプトの「王」として残された。最初、彼の権限は北に限られていたが、無法地帯となっていた、残るデルタの小王たちと闘わなければならなかった。彼を掩護したのは、メンフィスに残った、たったひとつのアッシリアの小さな駐屯部隊であった。南には、テーベを支配し、ヌビアに忠誠を誓っていたメンチュウエムハトを含む、強い支配者たちがいた。アッシリアの宮廷で育った身の上にもかかわらず、外国の占領者のくびきからエジプトを解放し、統一したのはプサメティコスであった。そして第26王朝最初の王となり、末期王朝時代がスタートする。プサメティコスは外交によって、エジプトの統制を行なう。彼は、リュディアのギュゲスと同盟を結ぶことによって、ギリシアの軍事力といううしろ盾を得る。この平和な占領の鍵となったのは、カルナク神殿の「アメン神の妻」の地位を継ぐために、プサメティコスの娘ニトイケレトが「養女」となったことにある。オソルコン3世の時代から、「神の妻」の地位は、政治宗教において、大きな影響を及ぼすようになり、アメンの大神官の力さえ凌ぐ勢いであった。独身の女神官として、養女をもうけ、後継者を確保するのが、彼女たちの役目であった。この後継者はつねに、王座にいる王の娘であった。これによって、王は神殿を管理し、ひいてはテーベを統制することが可能となった。「神の妻」であったヌビア人のアメンイルデス2世が、プサメティコスの娘ニトイケレトを後継者に選んだ時に、テーベとの忠誠関係は、第25王朝から第26王朝へと、一滴の血を流すこともなく移行した。エジプトが安定した後、プサメティコスは、デルタの王子たちが活躍するリビアに遠征を送った。闘いに勝利したプサメティコスは、国の再建に本格的にとり組む。

この時代になると、アッシリアにはプサメティコスを制御する力が残っていなかった。彼らは故郷における政変や戦争に忙しかった。アッシリアの崩壊によって残されて権力の空白地帯は、まもなくバビロニアの勢力によって埋められた。約55年続いた治世の後に、プサメティコスが死去した時には、エジプトやその周辺の世界は大きく変化していた。世界の部隊で

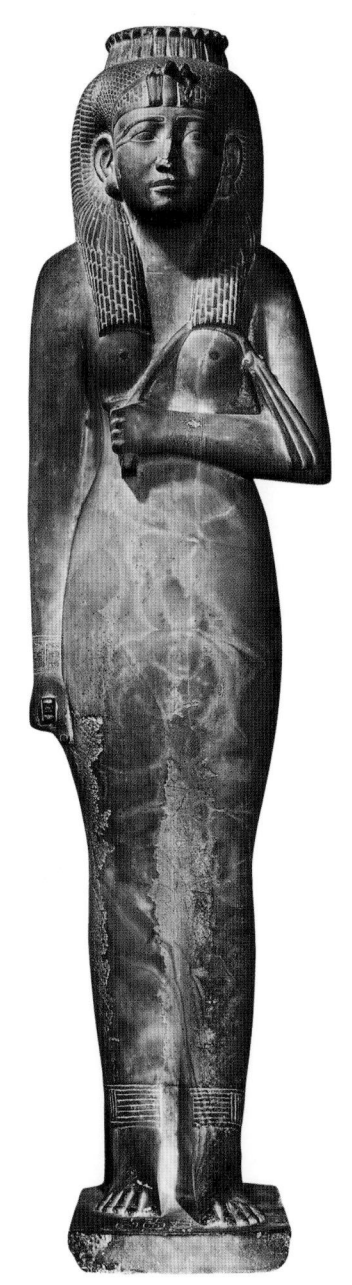

ヌビアの支配者カシュタの娘、アメン神の妻アメンイルデスの石灰岩製彫像。第3中間期、および、末期王朝時代初期において、「神の妻」の地位は、カルナクにおいて大きな影響力をもっていた。

活躍していたのは、アッシリア人でもヌビア人でもなかった。エジプトは強大な帝国の一地域から、みずからの帝国の主に返り咲いていた。

　末期王朝時代の王たちは、エジプトの古き良き時代に多くの影響を受けた。なかでも古王国時代は、彼らを惹きつけてやまなかった。彼らは古王国時代の墓や神殿の発掘を積極的に行ない、当時の壁画や彫像が再現された。古代のテキストも写本された。王たちは、伝統的な用語を使って自分たちのことを指し、古王国時代の王に倣って称号を定めた。王たちは黄金時代を模倣することによって、みずからを鼓舞しようとしていたが、それに対して、高官たちは、王の支配から独立した存在であることを自負し、それぞれが業績を積むために自身に対して責任をもつと感じていた。彼らは、第1中間期のテキストから用語を選び、なかには、ファラオは彼らに依存している、とまで言い切る者もいた。古代においては考えられないことである。第26王朝は栄華の時代であったが、王権は明らかに衰退していた。

　プサメティコスの後継者であるネコ2世は、レヴァントに幾度かの遠征を行なった。これを機に（前607年頃）、領土を拡大し、エジプトへ侵略しようと考えていたバビロニアとの対立が生じた。ネブカドネゼルの軍隊がシナイ半島を横切って行軍した時に、バビロニアの意図は行動となった。しかし、デルタ地域は要塞によって固く守られていた。バビロニアの度重なる攻撃に対して、エジプトは何とか国を守ることができたばかりでなく、レヴァント帝国の一部を回復した。しかしエジプトの幸運も長くは続かなかった。ネコの2番目の後継者であるアプリエスは、彼の将軍の1人によって倒される。この人物がイアフメス2世となる。王となったイアフメスは、再度のバビロニアの侵入をくい止めるが、新たな宿敵であるペルシアが登場する。イアフメスの死後、ペルシアはバビロニアが失敗した場所で成功し、エジプトに侵入する。ヘロドトスによれば、イアフメス2世の息子で後継者であるプサメティコス3世は、長男が処刑され、娘が奴隷となった後に、捕えられ、ペルシアの首都スサに連れて行かれる。その地で暴動を起こそうと企んだプサメティコスは牛の血を無理矢理飲まされた後に処刑される。第27王朝（第1次ペルシア支配）はもうひとつの外国支配の時代となる。

　ペルシア占領時代に関する記述は、古典作家の資料とエジプトの資料で大きな違いがある。ヘロドトスが見るペルシアは、エジプトの伝統を敬わない、憎むべき連中として描写されている。しかしエジプトの記録によると、ペルシア人は大変な努力をして伝統的な慣習を守ろうとした。いずれにしてもエジプトは、ペルシアの支配にたびたび抵抗を示したが、そのたびにペルシアによる抑圧は強まった。記録が残る反乱は、前463/2年から前449年のあいだ、アルタクセルクセス1世の時代に起きたイナルスの反乱である。ギリシアの

末期王朝時代の王の頭部。アプリエスから権力の座を奪ったイアフメス2世のものと思われる。現在ベルリンにある。

第2章　二国の物語

歴史家トゥキュディデスによれば、イナルスは、プサメティコスと呼ばれる王の息子であり、おそらくプサメティコス3世を指しているのではないかと思われる。アテナイの援助を受けて、メンフィスでペルシアの軍隊を囲み、一度はデルタを確保したイナルスであったが、メンフィスの大半を手に入れた時に、ペルシアの将軍メガビズスが到着し、エジプトは地盤を失う。援軍が到着する前に、多くのアテナイ人が殺害され、イナルス自身も十字架にかけられたか、あるいは、くし刺しの刑に処された。

エジプトは、第28王朝のただ1人の王であるサイスのアミルタイオスによって、前404年に解放される。エジプトは、ペルシアからあまりに遠く離れており、効果的に支配することは不可能であった。アミルタイオスに関しては、情報がほとんどないが、ディオドロスに記述が見られる。アラム語のパピルスによると、アミルタイオスはメンデスのネフェリテスの闘いに敗れ、メンフィスで処刑されている。ネフェリテス1世によって創設された第29王朝は、わずか4人の王で終わる。この王朝とそれに続く王朝は、安定を欠き、ペルシアからの侵入につねに脅かされていた。しかし、2つの王朝の王たちは記念碑を建てる王のつとめを怠ることなく、また、第26王朝の王の名前を模倣した。第29王朝においては、ハコル王が短期間、王座に就いた。この時代、権力に飢えた後継者が、つねに王座を簒奪しようと機会を狙っていたようである。実際、おそらく第30王朝最初の王であるネクタネボ1世が、第29王朝のネフェリテス2世を軍事クーデターで退陣させたと考えられる。デモティック年代記に記されたネクタネボのめずらしい声明は、自身が王位を簒奪したように、自分の王座も奪われるのではないか、という不安を吐露しているように思われる：「私は黄金の冠を被って出現した。王冠が私の頭からとり除かれることがない。私は戴冠式の衣を纏っている。それはとり除かれることがない。王のつとめは私の手のなかにある。それは私からとり除かれることはない。剣は王のつとめであり、王はハヤブサの姿で現われる」

第30王朝は栄華と再生の時であった。その3人の王たちは、真のファラオとして行動した。国中で建設を進め、みずから宗教儀礼につとめた。しかし国内外の対立は繰り返し襲ってくる問題であった。ペルシアの侵入からエジプトを守るために、ネクタネボ1世は東デルタに要塞を作ったが、大規模な攻撃に対抗しなければならなかった。

後継者に彼の血筋の者を確保するために、ネクタネボは息子のテオス（ジェドホル）を共同統治

供物を捧げるネクタネボ1世を描いた玄武岩製板。サイス、あるいはヘリオポリスの神殿から出土したものと思われる。現在は大英博物館に所蔵されている。第30王朝の王たちは、新たな繁栄の時代に統治していたが、常にペルシアの侵攻に脅かされていた。

者として立てた。実際、テオスが王冠を継いだが、その治世は短かった。甥のネクタネボ2世による軍事的反乱によって、テオスは追放され、アルタクセルクセス2世の支配下のペルシアで残りの日々を過ごすこととなる。

ネクタネボ2世の治世は、伝統的なエジプト文明の最後の栄華の時となる。芸術は栄え、神殿や宗教は彼の支援の下に恩恵を受ける。しかし強大なペルシアの力に長く逆らうことはできなかった。アルタクセルクセス3世自身に率いられたペルシアの軍隊は、エジプトの守備を知り尽くした亡命者の援助を得ていた。ペルシアはデルタ地帯の複数の地点から侵入し、大きな要塞がつぎつぎと陥落し、つぎに大きな町が失われた。ネクタネボはメフィスへと逃げ、包囲攻撃に対して準備をしたが、ペルシア軍は行軍のなかで、ペルシウムやブバスティスをはじめ、多くの都市を占拠した。迫りくる敗北を察知し、ネクタネボはヌビアへと逃亡し、2度と帰ってくることはなかった。ペルシア軍はメンフィスに入り、時に第31王朝と呼ばれる、2度目のペルシア占領時代が訪れる。

ペルシアは、サトラップ（州知事）を残し、第27王朝の時と同じように、

デモティック年代記

アミルタイオスからネクタネボ2世までの末期王朝時代の王たちの失敗は、プトレマイオス王朝初期のエジプト人によって、神の意志に従って行動しなかったことに対する神の懲罰の結果であるとされている。エジプトの歴史の初めから、つねに神と調和を保っていたファラオは、この時、普通の人間と同じ過ちを犯す存在となっていた。彼らの運命は、彼らの人生における行動に容赦なく結びついていた。

この時代のデモティック年代記は、良い支配者と悪い支配者のリストを提供しており、彼らの運命を報告している。良い王は「神の道を歩む」ことが期待されている。これは正しい戴冠の儀を行ない、エジプトの国境を守り、国の繁栄を約束し、神々に供物を捧げることによって実現する。法を放棄した王は、王座を奪われる。アミルタイオスは法の違反を命じたとされており、その結果、王座を手放さなければならなかった。同様にネフェリテス1世に関しては、「（わずか）数日が彼にはあたえられただけであった。それは彼の時代になされた数知れない罪のためである。」

神による懲罰は、ネフェリテス2世の場合のように、子孫にも影響をおよぼした。「彼の父親の支配の下に法が守られなかったため、罪は、後継ぎである息子にもおよんだ。」クフ王やアメンヘテプ3世のような偉大な王が、このように裁定されることは、考えられないことであった。彼らは、聖なる秩序を具現化した存在だったのである。

3000年を越えるエジプトの王権の進化は、神と王の関係、そして人間と王の関係の歴史であり、時代時代の政治的現実によって、その関係は微妙に揺れた。残された資料の内容の変化によって、われわれは王権の揺れを感じとることができる。末期王朝の王たちの評価は、後の時代の人々によってあたえられたものであり、われわれの目から見ると、気の毒に感じるほどである。外国の強大な帝国の脅威にさらされていたばかりではなく、宮廷内にも問題を抱えていた王たちは、エジプトの最古のファラオたちの偉大な業績と芸術的成果が理想とされていた時代に生き、当時、すでに神話上の存在となっていた前任者たちと比較されることを免れなかった。神殿の壁に描かれたラメセス朝の王たちやセンウセレトは、さまざまな困難にうち勝って獲得した偉大な勝利や、宮廷における完全なる権威を堂々と語っている。末期王朝の王たちは、過去の王たちの威厳に満ちた眼差しを感じながら生きていたのである。彼らの時代という現実のなかで、ネクタネボやネフェリテスは、真の意味で「神の道を歩む」ことが、実際に可能であったのだろうか？

遠方からエジプトを支配した。ディオドロスによると、ペルシア政権は残忍で容赦なく、神殿の財産を略奪した。エジプト人にとって幸いだったのは、この王朝が宮廷内の混乱によって機能していなかったことである。ディオドロスの記述によると、エジプトを占領した偉大な王であるアルタクセルクセス3世は、宰相バゴアスによって毒を盛られている。ただし、他の資料によると、彼の死は自然死とされている。いずれにしてもアルタクセルクセスの息子であるアルタクセルクセス4世（アルセス）が、権力の地位に就くが、彼もまた宰相バゴアスによって毒殺されている。そしてその後継ぎであるダリウス3世が、逆にバゴアスを毒殺している。このような一連の事件のさなか、前338年頃、カババシュと呼ばれる人物が、エジプトにおいてペルシアの支配に反乱を起こしている。その結果、エジプトの一部を支配し、王の称号を手に入れる。もし彼が本当にネクタネボ2世の後を継いでいるとすれば（これは争点となるが）、20世紀を迎えるまでのあいだ、彼が最後のエジプト人支配者であったことになる。しかし前332年の最後の数カ月にアレクサンドロス大王がエジプトに入り、解放者として歓迎されるまで、実質上のエジプトの支配者はペルシア人であった。アレクサンドロス大王の行動は、エジプトの歴史に新しい時代をもたらす。ファラオの座は、初めて、ギリシア・マケドニア人、さらにはローマ人によって継承されることになる。ファラオの王権の最後のあえぎとも言える、独特な性格をもったギリシア・ローマ時代の物語は、第8章「最後のファラオたち」で語ることにしよう。

ペルシア人の父とエジプト人の母をもつジェドヘルベスのステラ。両親それぞれの故郷の芸術様式が統合されている。おそらく第27王朝に属する。サッカラで出土し、現在はカイロ・エジプト博物館に所蔵されている。

第3章

ファラオへの道

　王権は、オシリスからホルスに王冠が譲られた神話に倣って、父から長男へと引き継がれるのが理想であった。しかし現実には、事情はもう少し複雑であった。簒奪によって、血統が不明になる。暗殺や子どもに恵まれなかった王の場合、血筋に混乱が起きた。

王家の血筋

　子どもは、王朝の命を繋ぐ大事な血筋であった。そのためファラオは多くの子孫を残そうと努めた。たとえば、ラメセス2世には、100人を越える子どもがいたとされている。実際、あまりにも多くの息子がいたため、現在KV5号墓として知られる、ラメセス2世の王子たちの集合墓が王家の谷に造営されている。一度に1人しか妻をもつことのできない私人とは異なり、王は好きなだけ何人もの妻をもつことが可能であった。しかし、そのなかで偉大なる王の妻の称号をもつことができるのは、ただ1人であった。王の子どもたちのなかで、一番重要な地位にあったのは、最初に生まれた男の子であり、彼が王のつぎの後継者とされていた。しかし、当時の乳幼児の死亡率の高さを考えると、息子が成人に達する保証はまったくなかった。病気は成人にも襲いかかった。そのため、健康で成人となった皇太子が無事戴冠式を迎えられるとは限らなかった。そこで「王の第1子」の称号は、後継者の序列に従って、つぎの王子へと譲られることもあった。その結果、後継ぎは生き残っている最年長の息子を指し、真の意味で長男を指すとは限らなかった。そこですべての王子に対して、王位に就くことを念頭に置き、教育を施すことが賢明であった。

王子の誕生

　王は文字どおり、神の息子であると考えられていた。女性のファラオであったハトシェプスウトは、アメン・ラー神である彼女の父が、トトメス1世の姿となり、彼女の母イアフメス王妃と結ばれたと語っている。アメンヘテプ3世もルクソール神殿に同じような誕生の物語を残しており、神の子孫であること

子どもの姿のラメセス2世の巨像。ハヤブサの姿のカナンの神フルンに守られている。現在、カイロ・エジプト博物館所蔵。エジプトの慣習に従って、子どものラメセスは、裸で、指を口にあてた姿で描かれている。髪は横で編まれ、頭の右側に垂れている。

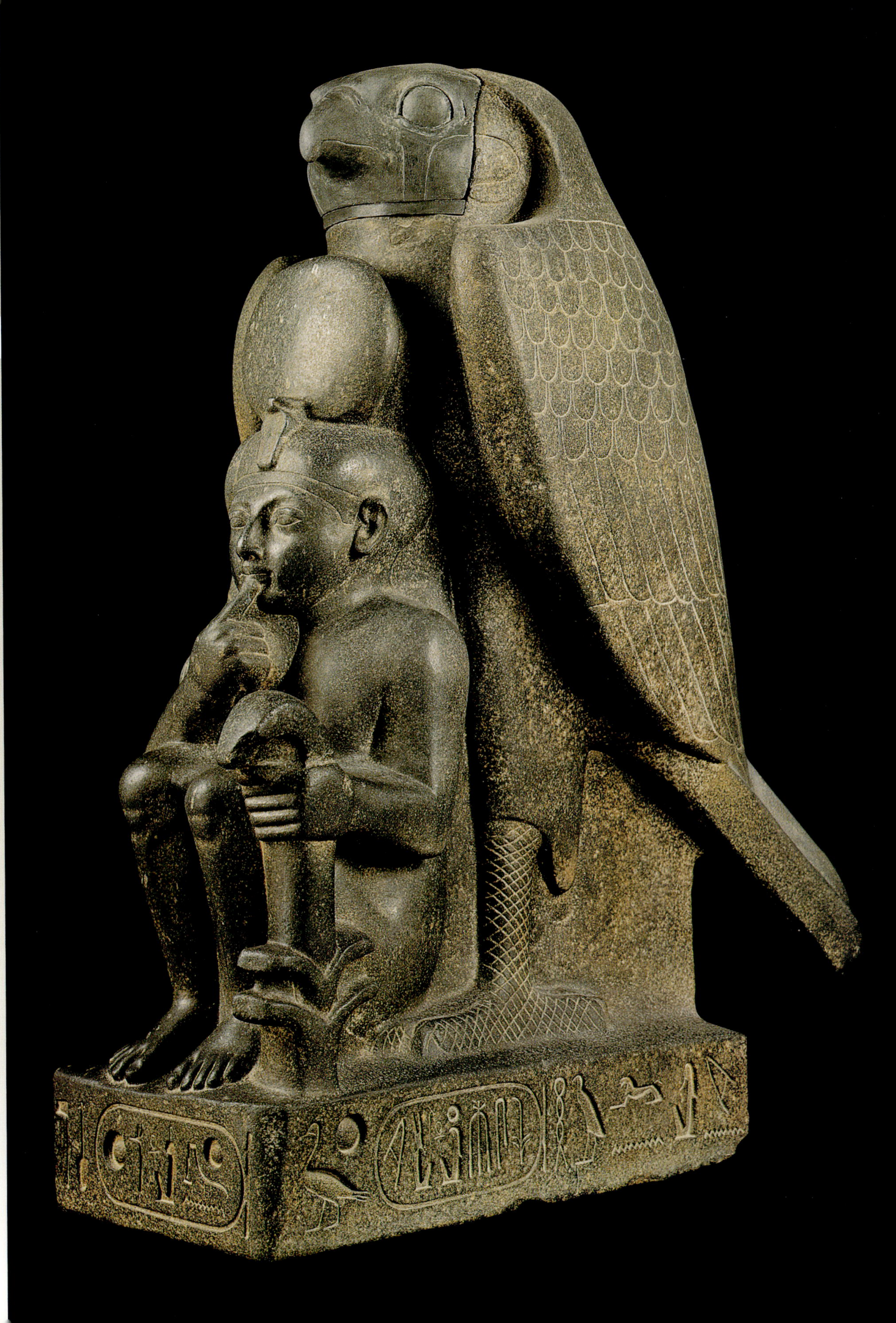

を明らかにしている。聖なる誕生の伝説は新王国時代に始まるが、その起源は古王国時代にさかのぼると考えられ、王権の概念における重要な要素である。エジプトの王はまた、支配者となることを定められていたと宣言している。「神は子宮に宿る者（王）に、知恵をあたえていた」と第5王朝の医師、ニアンクセクメトが語っている。また、センウセレト1世はヘリオポリスにおいて「彼（ホルアクティ神）が私をこの地の羊飼いと定めた。我は、我が存在自体の徳によって王であり、王の役職はあたえられたものではない。巣立ちの時に既に王権はあたえられていた。我は卵のなかで王となった。若者として国を統制した。国は、縦に横にすべてが我にあたえられたものであり、生まれつきの征服者として育てられた」と語っている。

ギリシア・ローマ時代から知られている『セトナとミイラのロマンス』という話には、ファラオが娘の妊娠を知る場面がある。「彼の心は喜びで満たされ」王は娘に王の宝庫から贈り物を送る。しかし、このような喜びには、不安も伴った。特に、妊娠をしたのが王の偉大な妻であった場合には、不安も大きかった。母親と子どもの安全をはかるために、特別な誕生の間が用意された。部屋には、守護神であるベスが描かれた。ベス神は、新しい母親と子どもを守る、髭の生えたライオンのような姿の小人である。部屋の周りに置かれた魔法の護符がさらなる保護の力をあたえた。そして悪の力に対抗するために、神官たちが、呪文を唱え続けた。もっと現実的な予防法も実施された。エジプト人は、新しい王子を無事に誕生させるために、彼らがもっていた広範囲な医学的知識を駆使した。出産の時には、母親は2つのレンガの上にバランスをとりながら、しゃがむのが習慣であった。手は膝を抑え、分娩の陣痛を和らげるためにビールを飲むこともあった。

ハトシェプスウトが母の胎内で生まれた瞬間。ディール・アル＝バハリの聖なる誕生の場面より。左にはアメン神が座り、右にハトシェプスウトの母イアフメスが座っている。2人は、再生復活を象徴するライオンのベッドに座る2人の女神によって抱え上げられている。

古王国時代を舞台とする文学の集大成であるウエストカー・パピルスには、空想上の3人の王子の誕生の場面が描かれている。イシス、ネフティス、メスケネト、そしてヘカトの女神たちが、召使いに化けたクヌム神とともに産室に踊り子の姿で入る。イシスが母親の前に立ち、そのうしろにネフティス、そしてヘカトは出産を早めるとされている。時がくると、子どもは「彼女（イシス）の手のなかに滑り出る。」子どもは1キュービットの丈で、強い骨をもち、手足には黄金が飾れている。そして頭には本物のラピス・ラズリが載っている。イシスは子どもの名前を呼ぶ。胎盤が出て、子どもが綺麗に洗われるまで、臍の緒は切らない。つぎにメスケネトによって、子どもがエジプトの王となることが宣言される。そして母親であるルドデドが、「14日間の清めに入

り体を清める。」これは隔離の時期である。この時の女性は、胸飾りと腰帯以外は何も身につけない。髪は結い上げられ、女性の召使いが、かしずく。新王国時代の『2人の兄弟の物語』によると、王妃が出産をした後、子どもには、乳母と子守りがついた。これは、すべての身分の高い女性に共通する慣習であった。

乳母

　古王国時代から、乳母は宮廷の一部であった。しかし当時は、王の子どもに限られた役割ではなかった。第18王朝になって初めて、王の乳母の称号が登場するが、この王朝の末期になると再び消えてしまう。新王国時代の知恵文学である『アニのパピルス』によると、授乳期間は3年間であり、この間、汚染された水を飲む危険を回避することによって、王子の生存率が高まった。仮に、乳母の実の子どもが将来の王の近くで育てられた場合は、「二国の王の育ての兄弟／姉妹」というめずらしい称号があたえられた。そのような子どものなかに、アメンヘテプ2世の乳母の子どもムウトネフェルトがいる。王子が無事、王になると、そのような子どもたちは繁栄した。その多くはカルナクのアメン神殿に職を見つけた。

　乳母とその大事な預かりもの、との特別な関係は、他の恩恵をもたらした。ハトシェプスウト女王の乳母サトラーと、アメンヘテプ2世の乳母と思われるセネトナイは、王家の谷に埋葬されている、たった2人の一般人である。彼女たちが、王たちから、いかに大切に思われていたかを示す事実である。サトラーはまた、王の工房で作成された等身大の彫像をあたえられる栄誉を得ている（残念ながら、現在では破損が大きい）。おそらく死後にあたえられたものと思われる。彫像は、大人となり、王の装束を纏ったハトシェプスウトのミニチュアの像を膝に抱く乳母の座像である。これは、一般人が王と接触しているのを描いている、伝統を破ったまったく新しいタイプの彫像である。しかし他の例では、王の乳母ではなく、王の養育係が、王子や王女とともに描かれている。

　王の乳母は重要な地位にあったが、乳母の人生にかんする資料は、夫や息子たちによって墓に奉納された品々に限られているため、どのようにして、彼女たちが乳母の地位を得たかは知られていない。第18王朝の初めにおいては、彼女たちは王家の親族のなかから選ばれていたと思われるが、後の時代の乳母の多くは、貴族の妻のなかから選ばれていたようである。

王の養育係

　4歳くらいになると、特別に任命された1人、または複数の養育

子どもに乳を与える姿の女性を描いた、石灰岩の破片。ディール・アル＝マディーナ出土と思われる。14日間の清めの期間の女性が、典型的な姿で描かれている。髪は頭の上に結い上げられ、宝飾品を除いて裸である。

係による王子や王妃の教育が始まった。記録によると、養育係は、古王朝時代から宮殿に常駐する人物であった（たとえば、第5王朝のカエムチェネトは、王子を教育したと記している）。そして1人の子どもと特別に結びつき、個人指導する養育係は第18王朝になって初めて現われる。この時代、50人もの養育係がいたことがわかっている。この地位自体が時代とともに発展していった。養育係は担当する子どもが成人に達するまで、その子の生活の一部であった。イアフメス・ペンネクベトは、ハトシェプスウト女王の娘ネフェルウラー王女が「まだ乳を飲んでいる時から」養育係となった。また、ティニスのミンは、若者であるアメンヘテプ2世を教えている姿で墓に描かれている。時が経つにつれて、養育係は保護者から教育者へとなった。

第18王朝の初め、養育係は、経験豊富な役人のなかから選ばれた。彼らは、宮廷のなかで行政の多様な側面において実践的に活躍し、王にその価値を認められた人物であった。アメンヘテプ1世に仕えていた宰相イムヘテプは、「王の賞賛の大きさ」によって自分は選ばれたと語っている。また、ハトシェプスウトに仕えた家令のセンエンムウトは、「王に仕える私の美徳」によってネフェルウラー王女の養育係となったと記している。エル＝カブ（アル＝カブ）のパヘリ、彼の父のイテルウリ、そしてティニスのミン（メヌウ）などは、影響力のある州侯（地方州知事）であった。また、なかには軍人もおり、イアフメス・ペンネクベトなどは、第18王朝初めに戦争に参加した軍人であった。ただし、養育係に任命された時には、軍から財務担当に昇格していた。

しかし、第18王朝末期、アメンヘテプ2世の治世のころから、養育係の職は次第に形骸化する。以前は、本職を別にもち（あるいはまた退官の近い）、長く王に仕えた役人にあたえられた名誉職であったが、養育係の職は次第に専門職として確立し、基本的な王の養育係にくわえて、養育係のお目付役である位の高い役人が任命されるようになった。政治機構のなかで、養育係の地位は高くなかったが、つねに王の近くに仕え、個人的な影響力をあたえることのできる立場にあった彼らは、現実に大きな力を得ることができた。王の乳母と同様に、養育係の子どもたちも親の縁を使って恩恵を受けた。アメンヘテプ2世の養育係であったイアフメス・フマイの息子たち、センネフェルとアメンエムオペトは、それぞれテーベの州知事と宰相になっている。明らかに幼少時代に王子とともに育った結果である。特にアメンエムオペトはアメンヘテプ2世墓の近く、王家の谷に埋葬される栄誉まで得ている（KV48）。

王の養育係は、王の乳母と同様に、王の工房で彫像を製作する栄誉をあたえられた。また、墓に、王と直接謁見する場面を描くことが許されていた。第18王朝の養育係のなかでも、大家令センエンムウトは、最も多くの「養育係と子ども」の彫像をあたえられていた。また不思議なことに、王の養育係として記録の残っていない人物の「養育係の像」が存在する。彼らは、正規の称号をもたないことから、おそらく公式の職としてではなく、臨時に、このつとめを果たしていたものと思われる。多分、短期間の教師であり、彼らの個人的な

ハトシェプスウトの娘ネフェルウラー王女を抱く、養育係のセンエンムウト。数多くある、この2人の彫像のひとつ。ハトシェプスウトの娘ネフェルウラー王女を抱く、養育係のセンエンムウト。数多くある、この2人の彫像のひとつ。

経験にもとづいて、特別な内容を教えていた可能性がある。

　第18王朝において、王の養育係の役職が重要になった理由は不明であるが、王がエジプトに不在だったことが関係していると考えられる。この時代は帝国の構築の時であり、ファラオは軍隊とととともに、ヌビアやシリア・パレスチナに遠征をしていた。そして長い期間、宮廷に不在であった。他の時代とは異なり、養育係は、宮廷にいる王の監視の下に仕事をしていた訳ではなく、子どもたちが正しい教育を受けているかどうか、第18王朝の王たちは確認することができなかった。そこで、人々に尊敬され、知識豊富で、何よりも政府のなかで信頼のおける人物の手に、若い王子たちが委ねられていた。これは納得のいくことであろう。これらの人物は、「王」の養育係という特権をあたえられ、将来のエジプトの支配者の精神形成を任されていた。そして王子の個人的な保護者として行動していたのである。

王の育児所の子どもたち

　王の子どもたちは、「王の育児所」と訳されるカプで育ち、教育された。これは王宮の奥にある、安全で非常にプライベートな領域であり、王家の個人的、家庭的な場所として隔離されていた。ここに入ることができるのは、特別な人々であり、このなかで起きた出来事は極秘事項としてとり扱われていた。新王国時代の役人であるハプの子アメンヘテプは、自分のことを「秘密のカプの言葉を聞く者…秘密の相談を受ける役人」と称している。中王国時代末期のブーラーク・パピルス18には、王宮のこの部分に自由に入ることのできた人々の称号が記されている。そのなかには、「乳母の家の人々」、「王の育児所の子どもたち」、「王の育児所の魔法使い」、そして「王のプライベートな空間の子ども部屋の子どもたち」などがある。

　王の育児所で王子とともに教育を受けた高官の子どもたちは、この事実を一生涯誇りとして自慢する。そして職歴のリストに、「王の育児所の子ども」という称号を必ず入れる。この称号は第18王朝以降に使用されるようになったが、すでに第5王朝から、高官の子どもたちには、王の子どもたちとともに成長する栄誉があたえられていた。たとえば、プタハシェプセスという役人が、王宮のハーレムのなかで、王の子どもたちとともに育ったとする記録が残っている。ハーレムのなかで、王子（特に皇太子）と将来の高官となる宮廷人のあいだに深い結びつきが生まれた。それは将来の政府を強化することに繋がった。王の育児所の子どもたちは、彼らの特権を使用して、司法組織として行動することもできた。その例として、王の育児所の子どもたちによって署名された結婚の契約書が存在する。また、王の育児所の子どもたちで構成された審議会に、自分の奴隷が王宮に入ることができるように嘆願する人物もいた。

　しかしながら、王の側近くにいて、王子とともに教育を受けることは、必ずしも政府における重要な地位を約束するものではなかった。王の育児所の卒業

者のなかには、執事、扇持ち、王の書記など、比較的地位の低い仕事に留まる者もいた。おもしろいことに、彼らは低い身分の家の出身者である。造船技師であったイウナナは、王の大工頭ヘメシュの息子であった。そして下書き職人ネブセニは、父親と同じ職業を受け継いだ。また、政府の役職のなかでは低い身分であるが、執事や扇持ちは、王の身近にいる役割であったため、信頼の置ける人物である必要があった。しかし、王の育児所で育った子どもたちの多くは、高い、あるいは、中程度の地位に就いた。たとえば、王の身の回りの世話をする大家令や、ヌビアのエジプト帝国を支配するクシュの総督（107頁参照）などである。また、宗教的に重要な地位に就く者もあった。そのなかには、「テーベの中央のハトホル」の大司祭になったアメンヘテプという人物や、アメン神殿領の王のウアブ神官の長となったカーメスがいる。

テーベのアメン大司祭メンケペルラーセネブの墓の壁画。子どもを連れた外国の使者が描かれている。新王国時代には、エジプトの隷属国の王子は、エジプトの宮廷で養育された。

　また、トトメス3世の時代以降、エジプトの隷属国であるシリア・パレスティナの王たちの息子である、外国の王子の多くも、王の育児所で教育を受けた。アマルナ書簡（テル・アル＝アマルナで発見された外交文書を記した粘土版、131頁を参照）の筆者の1人は、「私は息子を我が主人、我が神、我が太陽である王に託した」と記している。これによってファラオは、しばしば反乱を起こす帝国の隷属国の王に対して影響力をもち、レヴァントのつぎの世代の支配者が、エジプトに対して強い忠誠心にもとづく関係を維持できるようにと配慮した。

ファラオにふさわしい教育

　王の育児所というプライベートな空間で、王の子どもたちはいったい何を実際に学んだのだろうか？　王の子どもたちのカリキュラムの内容を詳しく記す資料は残っていない。しかし、おそらく神殿や政府の建物に付属していた一般的な学校のなかで、書記が得ていた標準的な教育と似通ったものであったと推測される。

　ファラオたちは間違いなく読み書きができた。『ネフェルティの予言』という物語のなかで、パピルスの巻物と書記のパレットを手にとり、ネフェルティの言葉を書きとろうとしている王が描かれている。また、第5王朝の宰相セネジェムイブ・インティは、「みずからの手で」王が彼に、手紙を書き記したと語っている。アメンヘテプ2世も、クシュの総督ウセルサテトに「みずからの

2つの手で」手紙を記している。書記の教育のなかで、読み書きは最も重要なものであり、若い王子たちは、王宮の子ども部屋に入ると同時に、読み書きを習ったはずである。彼らは最初に、ヒエラティックの文字システムを学んだ。これはヒエログリフを崩した草書体の文字であり、すべての行政書簡や日々の営みで使用される文字であった。その上で、ヒエログリフの学習へと進んだ。ヒエログリフは、神殿や墓で使用される、より形式張った書体であった。一般には、神官職に就く学生だけが、ヒエログリフを学ぶことを要求されていたが、将来、国の最高神官となる皇太子にとっては、ヒエログリフは必修科目であった。実際、王に要求される知識の神秘性を考えると、王子たちは神殿内で、特別な「高等教育」を受けていたと考えられる。おそらく神官たちから直接秘密の知識を教わり、王子のなかには神殿の運営の役職に就いていた者もいた。

　書記の勉強をする学生にとって、古代エジプトの古典文学を読み、暗唱することは、教育の基礎の一部として当然のことであった。『難破船の船乗りの物語』や『雄弁な農夫の物語』などの物語は、子どもたちにとって楽しくもあり、また基本的な文字の練習にもなった。それに対して、『プタハヘテプの教訓』などの知恵文学は、若い子どもたちの精神に高い倫理観を養成し、宮廷の生活で必要な礼儀を教えた。『メリカラー王への教訓』は、まるで王が自分の息子のために書いたような内容であり、王権の責任について説いている。明らかに皇太子が認識しなければならない内容である。王子は、貴族や臣民を尊ばなければならない。自信過剰になってはならない。不当に人を罰してはならない。気品ある資質によって人々の忠誠心を得なければならない。王子は、知識の重要性を学び、先達者の言葉から学ばなければならない。そして何よりも「演説にたけ、強くならなければならない。なぜならば、王の力はその舌に宿るからである。言葉は戦闘よりも強い。」

　少なくとも1000年のあいだ、教師はケミトを使用した。ケミトとは一種の教科書であり、慣用句や定型句を集め、模範的な手紙や紀行文を記すための入門書の性格をもつ、基礎カリキュラムの一部を成すものであった。学生は、この教科書を写本し朗読することによって、内容を暗記した。人気の高かったテキストは、『職業の風刺』であった。これは栄誉職である書記の仕事を比較的苦労の少ない仕事ととらえ、他の職業の問題点と比べている。この書は明らかに、学生のやる気を起こさせ、学業に集中させることを意図している。しかし、もしも学生の集中力が失われた場合は、教師は体罰をくわえることが許されていた。このことはつぎの文章が明らかにしている。「少年の耳がうしろを向いてしまった時は、うたれれば、耳を傾けるであろう。」このような体罰が王子にもくわえられていたかは明らかでない。他の可哀想な学生が耐えなければならなかった鞭打ちを、その特別な地位によって、王子は免れていたのかもしれない。

学生はプラスターで覆われた木製の板に文字を書いた。プラスターは綺麗に拭きとられ、板は何回も使用することが可能であった。あるいは、豊富にあった、土器の破片であるオストラコンが使用された。パピルスは高価なものであったため、正規の書類を記すためだけに使用された。筆記版やオストラコンに書かれた学生の写本を教師は添削した。文字や文学のほかに、王子は数学も勉強した。さらに体育の授業もあった。トトメス3世の治世のティニスの州知事であった養育係のミン（メヌウ）の墓のなかには、若いアメンヘテプ2世に矢を放つ方法を教えているミン（メヌウ）の姿が描かれている。弓矢の授業は王子が楽しみにしているものであったとされている（112頁 参照）。第1中間期のケティの伝記には、王子や貴族の教育の一環に水泳があったことが記されている。また、『虚偽による真実の目くらまし』という新王国時代の文学には、学生が軍事論を学んだことが記録されている。

　王子の人生のなかで重要な段階は、割礼であった。これは成人となる通過儀礼であった。王子の割礼の図は、新王国時代の神殿の壁に描かれた聖なる誕生の場面に見ることができる。カルナクのムウト神殿に描かれた場面では、若い王子が跪いている女性によって膝を抑えられ、しゃがんだ男性が割礼の儀を行なっている図が描かれている。割礼が実際に何歳の時に行なわれたかは不明であるが、おそらく思春期に入って行なわれたと推測される。

漆喰で覆われた木製の筆記用パレットと筆記用具。1906年にディール・アル＝マディーナで未盗掘の状態で発見された、カーという人物の墓の出土品。

若い少年の割礼の様子を描いたレリーフ。サッカラの第6王朝のアンクマホルの墓の壁画。割礼は、子どもから大人への重要な通過儀礼であった。

第3章 ファラオへの道

王子の生活

　エジプト史のなかで、王子の行動の多くは、沈黙の衣に包まれ謎である。しかしまれに、彼らの人生を垣間見せてくれる人物像や出来事が現われることがある。トトメス1世の治世4年に、王子アメンメスが、弓を射って「楽しい時を過ごした」ことが知られている。また、若いアメンヘテプ2世は、スフィンクス・ステラのなかで、馬の調教にたけていたことが記されている。トトメス4世は、王になる前、メンフィスの砂漠で戦車（チャリオット）を乗り回し、銅の的に矢を放っていた。そして友達と野鳥狩りやライオン狩りに夢中になっていた。トトメスはまた、まだ王子であった時にギザのスフィンクスの修復を命じたことで有名である。アメンヘテプ3世の息子トトメスは動物好きであった。彼は可愛がっていたネコのために石棺を作っている（110頁参照）。ラメセス2世の4男であるカエムウアセトは、最初のエジプト学者であると言われている。彼は当時、すでに歴史的遺物であった古王国時代や中王国時代の記念碑の修復に多くの時間を費やし、その作業の記録を碑文に残している。ラメセス4世は若かった当時、神の意図を知ることに夢中になっていた。そして古い儀式を求めて古文書の解読に没頭していた。神に近づくための正しい儀礼を知りたいと願っていたのである。

　詳細で広範囲な証拠には欠けるものの、王子たちが他の友達と同じように、学問、リラクセーション、そしてスポーツを楽しんで暮らしていたことが想像できる。彼らは、思春期から青年期、そして成人へと成長するなか、音楽の

ラメセス2世の息子たちの行列。ラメセスには50人の子どもたちがいた。その多くは軍隊に所属した。ラメセスの後継者となったメルエンプタハは、レリーフの13番目に描かれている。

伴奏を伴うエジプトの物語の朗唱に耳を傾け、宴会に参加し、砂漠や沼地で狩りに興じ、セネト・ゲームのような盤上遊戯を楽しんでいたはずである。

しかし、王子たちは、ただ遊んでいたわけではない。古王国時代初期、特に第4王朝においては、遠征軍の隊長、造営プロジェクトの監督官、宰相など、責任の重い地位に王子は任命されていた。ところが、第5、そして第6王朝の政治改革によって、王家の者が国のトップの仕事に就くことがなくなった。これらの地位は貴族に任されるようになった。この時代以降、行政文書のなかに王子の名前を見ることはなくなる。ただし、ピラミッド神殿のレリーフに、彼らの名前が、時に低い地位の神官の称号を伴って記されているのを見ることができる。古王国時代の王子の墓は、当時の役人の墓と質的にほとんど変わらない。中王国時代になると王子の存在はさらに影が薄くなり、行政書簡に彼らの名前を見つけることはまったくできなくなる。そして墓もほとんど見つかっていない。

新王国時代になると、父の在位のあいだに成人に達した王子は、一般に高い地位をあたえられるようになる。トトメス1世の息子のアメンメス王子は、軍隊の監督官であった。トトメス3世の長男アメンエムハトは、カルナクのアメン大神殿の家畜の監督官であった。また、トトメス3世自身は、王になる前、アメン神官であった。アメンヘテプ2世の息子のアメンヘテプは、セム（葬送）神官、そしてアメンヘテプ3世の息子トトメスは、メンフィスの聖牛アピスの責任者であり、この町のプタハ大司祭であった。考古学的資料のなかで、これらの王子の名前を見ることは多いが、依然として彼らの墓の多くは発見されていない。なかには王家の谷の父親の墓に埋葬されている者もいる。

ラメセス朝にかんしては、王子の役職の資料が多く存在する。上記のカエムウアセトは、メンフィスにおいてプタハ大司祭、そしてヘリオポリスにおいてラー大司祭の役職に就いていた。そして、サッカラの聖牛アピスの地下墓地であるセラペウムで発見された遺骸の一部が（現在では失われているが）、碑文による資料からカエムウアセトのものであるとされてきたが、人間の埋葬を模した牛の遺骸である可能性も否定できない。ラメセス朝の神殿のレリーフや碑文によると、王子のなかには父親とともに遠征に参加し、軍事的な称号をもつ者もいた。若いラメセス2世は、父セティ1世がレバントで闘っていた時に、ともに闘い、重要な軍事技術を学び、後に自分の戦争のなかで活用した。セティ自身、老齢であったラメセス1世に仕え、遠征を指揮していた。同様に、ラメセス4世は、王子の時代に軍隊の司令官であったが、彼はまた、法廷（ケネベトウ）にも多く出入りし、司法にかんする洞察力を得るために、静かに訴訟の進行と処理を観察していた。

このように、古王国時代初期と新王国時代の一部を除くと、王子が国の日々の運営に積極的に加わっていた証拠を見ることはまれである。

ラメセス2世の4番目の息子カエムウアセト王子。メンフィスのプタハ大司祭、そしてヘリオポリスのラーの大司祭であった。古王国時代や中王国時代の記念碑の修復に大変熱心であったため、しばしば最初のエジプト学者と呼ばれている。

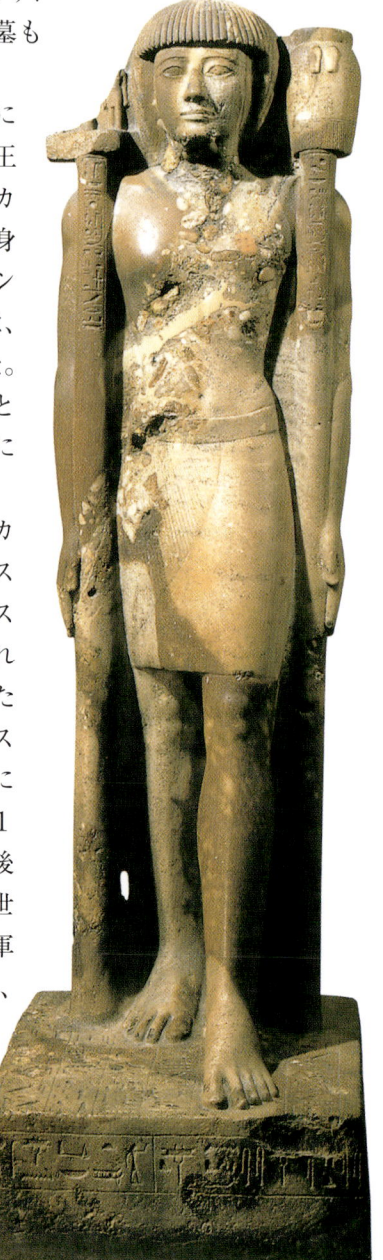

共同統治

　２人の王が同時に国を支配する共同統治は、ひとつの時に、唯一のファラオが支配するという、エジプトの王権の伝統に、厳密には違反するものであった。しかし最初の共同統治は、中王国時代に現われている。アメンエムハト１世と息子のセンウセレト１世、あるいは、センウセレト１世とアメンエムハト２世のあいだで共同統治が行なわれた。

　第１中間期の混乱に続いて、王位継承における血統を守ることが最優先の課題となったと思われる。共同統治は、王朝にとって優位な条件をあたえただけでなく、王位後継者である王子に、将来の仕事を直接経験する機会をあたえた。

　実際に、ある特定の王の時代に、共同統治が行なわれたかどうかを決定することは、エジプトの年代記を再現しようとする学者にとって、大きな問題を提起している。なかには、プトレマイオス朝まで、共同統治は存在しなかったとする学者もいる。

カルナクのハトシェプスウト女王の赤の聖堂の石のブロック。トトメス３世とハトシェプスウト女王が王として同格に並んでいる（93頁参照）。

　そして第21と第22王朝の第３中間期になって初めて、王子たちは再び、公の役職で活躍するようになる。エジプトの歴史のなかで王子たちは、特定の王との結びつきで知られているが、実際、その実情はほとんど知られていないと言うことができる。

　特定の政府の役職に就いていたにしろ、あるいは、遊んで暮らしていたにしろ、王位後継者である王子は、いずれ王である父の死に遭遇し、国家の最高位の地位に就かなければならない。この瞬間に王子の人生は一変する。彼はすべての神の大神官であるとともに、天と地の仲介者となる。秩序、統制、そして権威の象徴であり、国家における決断の担い手となる。そして究極の戦士となる。彼は単なる人間ではなく、ファラオとなるのである。

簒奪と暗殺

　王の長男によって、途切れることのない家系で王権が継承される、という王権のイデオロギーに対して、王位を簒奪するという行為はまったく違反することであったが、王冠に象徴される最高権威の地位は、権力に飢えた者にとっては抗し難い誘惑であった。エジプトの歴史の初めから、王は暗殺計画、王朝の内乱、軍事クーデターなどに直面した。おそらく、われわれが資料上知る以上に多くの危機に直面していたものと思われる。陰謀や策略が渦巻いている恐れのなか、王の暮らしの現実はストレスの多いものであったはずである。

　なかでも第6王朝は、波乱の時であったようである。マネトンによると、この時代の最初の王であるテティは、護衛によって暗殺された。その後、簒奪に成功したウセルカラーという名前の王が現われるが、まもなくペピ1世にとって代わられる。ペピ1世は正当な後継者であり、ウセルカラーの名前をあらゆる記念碑から削りとり、その存在を記録から消してしまった。ペピ自身、ハーレム内の陰謀に直面したが、これを回避することができた。この事件にかんする唯一の記録が、当時の役人ウニの墓に記されている。そこには「「大いなる愛を受けた」王妃に対するハーレム内の秘密の法廷があった時、王は私にそのすべての経緯を観察するようにと命じた。そこには宰相も役人も、私以外には誰もいなかった…私1人ともう1人の裁判官、そしてネケンの口が記録を記した… ハーレムの秘密を聞いた者は、私の他には今まで誰もいなかった」と記している。

あなたの下にいるが、翻る可能性のある者、その忠誠心を信頼できない者に対して、つねに警戒を怠ってはいけない。1人でいる時に彼らを近づけてはならない。兄弟を信頼してはならない。誰のことをも友と思ってはならない。親しい仲間を作ってはならない。彼らから得るものは何もないと思え。

『アメンエムハトが息子センウセレトに与えた教訓』

　メンチュウヘテプ4世の宰相であったアメンエムハトという人物が、おそらく暴力的な方法で、第12王朝のアメンエムハト1世になったことは明らかである。そして彼自身、自分の治世のあいだに殺害されている。この暗殺は、『アメンエムハトが息子センウセレトに与えた教訓』という教訓テキストに記されている。このなかで、「私を殺したのはハーレムと王専属の護衛であった」と王は墓の向こうから、あるいは、死を迎えた瞬間に語っている。つまり、息子に対するアメンエムハトの教訓は、周囲の者に注意せよというメッセージである。ただし、センウセレト1世は正当な後継者であり、玉座に就き、アメンエムハト王は殺害されたものの、陰謀は最終的に失敗に終わったことを明らかにした。

第3章　ファラオへの道

　新王国時代の後半には、多くの出来事が起きた。セティ2世の治世2年に差し掛かった時、アメンメスという人物がエジプトのファイユームの南を支配する。しかし、まもなくセティ2世は、エジプト全土を再びその支配下に置く。歴史からアメンメスが消え去ると、彼の支配下にあった者たちも消えてしまう。しかし、簒奪はもっと狡猾に行なわれることもある。セティ2世の座は、若いシプタハ王によって継承されるが、若さゆえに、王妃タウセレトが、影響力のある相談役バイという人物の協力を得て、権力を手中に納める。バイは分をわきまえず、自分は「王を彼の父の玉座にすえた者」と自称する。これでは王を任命した者になってしまう！　またバイはタウセレトと同じ大きさでひとつの記念碑に描かれており、2人が同等の権威をもっていたことを象徴している。さらには、王家の谷に自分の墓を掘り始めた（KV13）。このような行為により、バイはシプタハの治世5年に処刑されている。この出来事はテーベ出土のオストラコンに記されており、バイはそのなかで「最大の敵」と称されている。

　ラメセス3世の治世には、ハーレムの女性たちが彼の命を狙おうとした。彼が殺害されたどうかは不明である。しかし、パピルスに残された裁判の記録によって、陰謀に参加した人物や彼らにあたえられた処罰が明らかになっている。首謀者たちの目的は、ティイ王妃の息子ペンタウレトを正当な後継者であるラメセス4世に代わって王位に就けることであった。陰謀に加わっていたのは、位の高い者たちで、財務局や軍の役人、王の盃持ち、魔法使い、「生命の家」の書記、そして侍従であった。この最後の人物の役割は陰謀に協力する者を集めることであった。王のハーレム内の首謀者たちは、外の協力者と手を結んだ。ハーレム外の協力者の役割は、王に対して物理的、そして超自然的な害をおよぼすことであった。王の図書館から魔法の本を盗み、彼らの1人は、魔術による危害を王の護衛にあたえるために蝋で小像を作った。また、王自身に攻撃をくわえるために神々の像が蝋で作られた。他の魔法使いたちは、通常王の身を守る良き魔法に対抗するための負の魔力を集めた。陰謀が発覚した後は、策略をめぐらした者たちは厳しく罰せられた。死刑、あるいは自害を強要された。また、手足を切断、あるいは、鼻や耳が切り落とされた。さらには、陰謀に加わらなかったが、手をこまねいて傍観していた者たちも妻とともに罰せられた。

　古典古代の作家によって、末期王朝時代の王たちが直面したさまざまな問題が詳細に語られている。第26王朝のイアフメス2世は、モメンフィスの闘いで敗れたアプリエスから力づくで王位を奪った。アプリエスは国外に逃亡し、

ラー・ホルアクティ神から「生命」を受けとるサプタハ。王家の谷KV47 墓。王は執事バイの殺害を命じた。シプタハがまだ若かった時代、バイは、影響力のある相談役として、名前こそ表に出さなかったが、タウセレト王妃とともに国政のすべてを操っていた。

王となった外国人

　エジプトのイデオロギーは、エジプト人と外国人を明確に分けていた。エジプトは、ファラオに象徴される、マアト、すなわち、秩序と統制と正義の国であった。国境の外は、つねに秩序を脅かす、混沌であった。外国人はこの混沌を象徴するものであった。このためエジプトの歴史のなかで、国が外国の支配下に置かれていた時代、敵を玉座にすえることは、精神的に大きな問題を提起していたはずである。

　第２中間期のデルタ地域の支配者、ヒクソスの場合、この状況が反乱を導いた。しかし第３中間期になると外国起源のファラオが許容されるようになる。リビアの支配者はエジプトに長いあいだ滞在した。彼らはエジプト文化を受け入れたものの、彼ら独自の文化を維持し、それはオソルコンやシェションクなどの特異な名前にも見ることができる。第25王朝のヌビアのファラオたちもまた、エジプト化し、エジプトの伝統的な様式に従って自分たちの肖像を描いたが、若干の違いは認められた。ペルシア人もまた、古代の王たちと同じように描かれた。前1000年紀のエジプト人にとって、伝統的な慣習にのっとり戴冠の儀をとりおこない、期待される行動をする者は、起源がどこであろうともファラオであったのである。

タニス出土のシェションク２世の黄金の葬送マスク。シェションクはリビア人の子孫であり、彼が持つ外国の系譜を非エジプト的な名前を誇示することによって明らかにしていた。

　３年間、おそらくバビロンで追放生活を送った。彼はバビロンの援軍を得て、国を奪還しようと帰国したが、再びイアフメス２世によってうち負かされ、その目論見は成功しなかった。そしてヘロドトスの記述によると、アプリエスは捕えられた。しかし、イアフメス２世はこの捕虜を大切に扱い、退位した王を殺すことを拒否し、サイスの宮殿で暮らすことを許した。ところが「エジプト人は、彼らの最大の敵である人物を生かしておく不正に対して抗議し、アマシス王（イアフメス２世）に捕虜を受け渡すように強要した。そして彼らはアプリエスを絞首刑にしてしまった。」以上がヘロドトスの話である。しかしイアフメス２世は、２人のあいだに起こったそれまでの経緯にもかかわらず、アプリエスをサイスの地に、王の栄誉をもって埋葬した。末期王朝のもうひとつの簒奪事件はプルタルコスによって語られている。第30王朝のネクタネボ２世は軍事クーデターの後に権力の座に就いている。テオス王支配下のアテナイ人やスパルタ人の司令官に、テオスに対して謀反を起こさせたのである。自分の軍隊に見放されたテオスは逃亡し、ペルシアでその余生を暮らした。

ペルシア時代にエジプトを訪れたヘロドトスは、ラメセス２世と何人かのセンウセレトを合成した空想上の王セソストリス（セソストリスはセンウセレトのギリシア名）の暗殺計画の話を記録している。この物語によると、セソストリスは外国から帰国した際に、総督であった兄の晩餐会に招かれる。セソストリスは妻と息子達とともに宴会にやって来る。しかし、兄は建物の周りに木材を積み上げ火を放つ。火事から逃げる際に、妻は、息子達のうちの２人を犠牲にして他の者達が逃げる橋の役割をさせる。この２人は焼き殺されてしまうが、他の者達は無事に逃げることができる。後に王は兄に復讐をする。

　後の物語である『アンクシェションキの教訓』にも王の暗殺計画が記されている。これは「護衛、将軍、そして宮殿の要人」を巻き込んだ王宮をひっくり返すような陰謀であったが、王は夜のうちに宮廷人の１人から迫り来る計画を知らされる。計画を知った王は眠ることができない。翌日すぐ、陰謀を張り巡らしていた扇動者とその召使い、共犯者が宮殿前の土の祭壇の上で火あぶりの刑となる。計画に加担していなかったが、この事実を知っていたアンクシェションキ自身も牢獄に入れられる。

王位に就くこと

　「ハヤブサが天に飛び立つ」と表現される、王の死を迎えると、王宮の門は閉じられ、宮廷人たちは悲しみに頭を垂れた。翌朝、王子は玉座に就く。しかし戴冠の儀は、すべての準備が整うまで行なわれない。戴冠の祝日は、恩赦の日となることもあった。『アンクシェションキの教訓』という物語には、ファラオの戴冠の日、ダフネの牢獄からただ一人の囚人を除いて全員が解放されたことが記されている。

> 　「メンケペルラー（トトメス３世）は、その正義を証明し、天へと召され、太陽円盤と一体となった。彼を作った神の体が、彼とひとつになった。次の夜明けが訪れると、太陽円盤は昇り、空は明るくなった。上下エジプトの王…アメンヘテプ２世が父の玉座に昇った。」
>
> アメンエムヘブの碑文

　王位に就いてから戴冠式までの期間は危険な時期であった。「支配者となる王」は、「すべての地域における秩序の創造」と呼ばれる旅の一部として国中をめぐった。一般には、『ラメセウム演劇パピルス』として知られているが、ある学者が『王位継承の謎の戯曲』と呼んだテキストによると、王はナイルを航行し、多くの町を訪問した。そして各地の神殿で供物の奉納を行なった。『謎の戯曲』によると、戴冠の儀は各地で執り行なわれた。このようにして、王は最終的な戴冠の儀礼の一環として、エジプトのすべての中心地と儀礼によって結ばれた。以上のような「パフォーマンス」は、先王の死に続いて、秩序

を再生する王の役割の一部であった。

　また、王と宮廷は、亡くなった王の埋葬までのあいだ、一定の期間喪に服した。この間、王は髭をそらなかった。新王国時代の図のなかには無精髭を生やした王の顔を見ることができる。また、目の下に赤い線を引き、泣いている王の姿を表わした場面が描かれている。ヘロドトスによると、愛する者の死から埋葬までの期間、エジプト人は髪や髭を生えるままに伸ばした。また、飲み食いを控えるのが一般的であった。

戴冠の儀式

　必要な儀礼が執り行なわれ、亡くなった王の埋葬が終了すると（第7章参照）、戴冠の儀式の日がついに訪れる。いつ、どこで、どのようにこの儀式が行なわれたかは、時とともに変化した。儀式を再生するための完全な資料はないが、戴冠の儀は、新しい出発を意味する新年などの重要な日と重なるように決められた。そして伝統的に、第25王朝のタハルカ王の戴冠式を含め、王の宮殿があったメンフィスが、多くの王の戴冠の儀の行なわれた場となっている。ただし、第18王朝のホルエムヘブは、テーベ（ルクソール神殿）において戴冠の儀を執り行なっている。同様に第25王朝のシャバタカもテーベで戴冠している。他のファラオのなかにも時代に応じて、異なる中心地で戴冠の儀を行なうことを選んだ者がいたと思われる。

　初期王朝時代、戴冠の儀式は、二国の統一の儀礼に焦点があてられていた。この儀式が具体的にどのようなものであったかは不明である。しかし、そのなかの重要な要素は、メンフィスの偉大な白壁の周壁を回ることであった。この儀礼は王が国家全体に対して権威をもつことを象徴していた。後の時代になると、儀式の最初の部分は、4つの方位を象徴する神官による、王の浄めの儀式となった。王の上に水をそそぎ、4つの方位がもつ力を王に移すことが目的であった。この時、王はさまざまな香油を塗られた。これは女神による授乳を象

このオストラコンには、青冠を被り、無精髭を生やした王が描かれている。親族の死から葬送の儀礼の日まで、髭をそらないのがエジプトの慣習であった。彼はおそらく喪に服しているものと思われる。

マディーナト・ハブのレリーフ。戴冠式を迎えるラメセス2世がウアジェト女神、ネクベト女神、南のペ（ブト）とネケン（ヒエラコンポリス）につき添われている。これらの精霊は、先王朝時代の祖先の霊を象徴している。

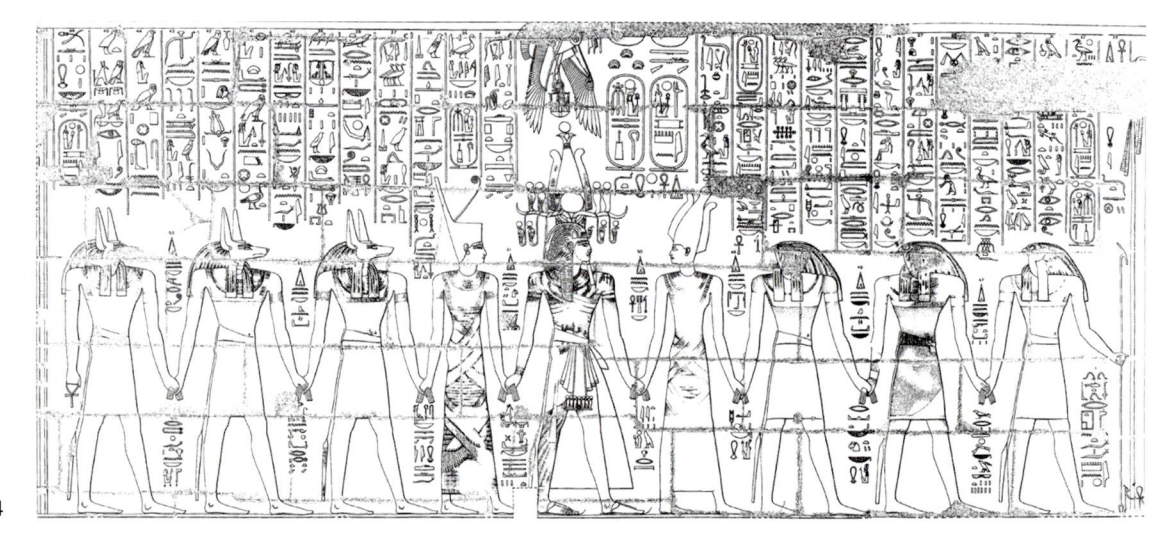

第3章　ファラオへの道

戴冠式における重要な神々である、ホルスとセトによって王冠を戴くラメセス3世。

徴し、再生を意味した。これによって王は人間から神へと変身した。つぎにホルスとセトが、空の輿を用意した。これに乗って王は、ペル・ウルとペル・ネセルとして知られる上下エジプトの祠堂へと運ばれた。この道中、ブトとヒエラコンポリスの町からやってきた王の神話上の先祖であるペとネケンの精霊を象徴する神官らによって、歓迎を受けた。

　2つの祠堂のなかで、神々による戴冠の儀が行なわれた。この時、神によって異なる王冠があたえられた。アメンヘテプ2世は王のなかでも特に、神々から戴いた冠をていねいに描写している。「彼は2つの偉大なる魔法を戴いた。二重冠は彼の頭上で結合した。アテフ冠は額の上、顔は上エジプトの冠と下エジプトの冠で飾られた。そして頭を飾る帯と青冠、さらにイベス冠を戴いた。

65

「2枚の偉大な羽根は彼の頭を飾り、ネメス頭巾が肩を覆った。また、アトゥム神に王冠をあたえた、神々の創造神、原初の神アメンの命令によって、アトゥム神のイメージに作られたダイアデム（帯状冠）の一式があたえられた。」
　カルナク神殿のハトシェプスウトの赤の聖堂には、王がアメンの前に跪いている戴冠の儀礼の場面が複数描かれている。どの場面も基本的に同じ構図であるが、ハトシェプスウトが被っている冠が異なる。しかし、多様な冠のすべてが太陽神と結びついた「ラーの冠」であるとされている。ホルエムヘブは、戴冠の碑文において、ウラエウスとして額に飾られたウレト・ヘカウ（偉大なる魔法）と、アメン自身によってかぶせられた青冠（ケペレシュ）のことだけを語っている。この瞬間、聖なる王のカー（精霊）が彼の肉体に宿り、その存在を変身させた。
　戴冠の後に、シミタール刀や、王笏や殻竿などの王権の象徴が王にあたえられた。そして、王の支配権を確認する書類を入れた箱が王の前に運ばれた。儀式のある時点で、おそらく実際の戴冠の儀式の後、新王は、町の周壁を儀礼的に一周した。これはエジプトの初期の王たちが、メンフィスの周壁の周りを走った故事を再現する行事であると思われる。つぎに、王は香油を塗り、ホルスへの讃歌を朗唱し、「公職」を意味するヒエログリフの文字の形に焼いたパンを食べる儀式を通じて、「ホルスの遺産」をあたえられた。この後、先祖に供

玉座に座るアメン・ラー神の前でひざまずくハトシェプスウト。神が彼女に青冠を被せている。ひざまずく王の前には、アメネト女神が立っている。カルナクのハトシェプスウトの赤の聖堂のレリーフ。

第3章　ファラオへの道

戴冠の儀のなかで、アメン・ラー神から殻竿と多くの王位更新祭の約束をあたえられるラメセス2世。カルナク神殿の大列柱室に描かれた場面。

下：戴冠式の中で、4つの方位に矢を放つトトメス3世。セト神がつき添い、王を助けている。

物を捧げた。その後に、「二国を結ぶ」儀式が行なわれたと思われる。そしてトト神の衣装に身を包んだ神官によって王が正当な後継者であることが宣言される。神々がこの宣言を承認し、王は、神々の祝福を受けるために彼らの前に連れて行かれる。トト神は王の称号を宣言した後、女神セシャトを伴い、聖なるペルセアの木（イシェドの木）に王の治世年を書き記す。王は4つの方位に矢を放ち、4羽の鳥を解き放つ。祝祭の最後を飾るのは、豪華で豊かな晩餐の宴である。その後、国中の役人に手紙が送られ、王の宣誓書に使用される正式な称号が通達される。

戴冠式の記述は短く、王と神々の行為を中心に記されているが、儀式には多数の役人が参加したものと思われる。そのなかの1人が執事（イミ・ケネト）の若きセムティであった。彼は中王国時代、アメンエムハト2世に仕えていた。彼は王の衣装と装飾の内情に通じ、特に、王冠に関する世話係をつとめていた。彼は「南の冠と北の冠の神官、王の装飾を任されたクヌムの使者、「偉大なる魔法」を形作る者、ペル・ウルで白冠をもち上げる者、ペル・ヌウ（ペル・ネセルとも呼ばれる）の赤冠の召使い、ネクベト神官の長、賢き者とともに歩む者、王冠を被せる者として彼の出現が待たれる者、宮殿の主人、ホルスが栄光の内に現われるようにする者」であった。同様に、新王国時代の

王の称号

　戴冠式のあいだに王は4つの称号を与えられた。ホルス名、二女神名、黄金のホルス名、ネスウ・ビティ名（即位名）。このほかに誕生名があった。これらの名前は、まったく独自の名前の場合もあるが、祖先に倣ったものもあった。しかし、いずれも王が自分の治世のあいだに達成したいと考える政策を反映するものであった。

　アメンヘテプ3世の二女神名は、内政を考慮し、「法を制定し、二国に平和をもたらした者」である。それに対して、黄金のホルス名は、「偉大な力のもち主、アジア人をうち負かした者」である。また、トトメス3世の称号の要素をとり入れ、著名な祖先と自分を結びつけている。アメンヘテプのホルス名は、「勝利に酔う牡牛、真実のなかに現われた者」であるが、それに対して、トトメス3世のホルス名は「勝利に酔う雄牛、テーベに現われた者」であった。

　王の名前は、一般に将来の業績を願うものであったが、時には、戴冠前の功績を讃える場合もあった。セティ2世の黄金のホルス名は、「すべての国で恐れられる偉大なる者。」そして二女神名は、「剣にたけた者、九本の弓を撥ね除けた者」である。いずれも王子であった当時の戦場での勝利を讃えたものである。王はまた、治世が進むにつれて、名前を変えることもできた。大きな政治的出来事に続いて、名前は変わることがあった。ヘラクレオポリスを敗って、エジプトを統一したメンチュウヘテプ2世のホルス名は、元々「二国の心をささえた者」であったが、治世14年にホルス名と二女神名を「白冠の聖なる者」に変えている。そして治世39年を前に、再びホルス名と二女神名を「二国を統一した者」にしている。

　誰が王の称号を決めるのかは明らかでない。トトメス3世の時代のカルナク神殿の碑文によると、アメン・ラー神が王の名前を定めている。おそらく神殿の神官たちがいくつかの候補を用意し、神の託宣によって、そのなかから選ぶのではないかと思われる。ハトシェプスウトの時代のテキストは、朗誦神官が彼女の王の称号を定めたとしている。また時には、王自身が称号を選んだ場合もあったようである。あるいはまた、王がまだ若年の場合は、共同統治者である女王や影響のある高官がともに名前を選んだと考えられる。末期王朝時代のサイスの神官、役人、そしてカンビュセスの主治医であったウジャホルレセントが、ペルシアのファラオの称号を構成した明らかな資料がある。

上：ホルエムヘブのカルトゥーシュ。王家の谷のホルエムヘブの王墓から出土したもの（KV 57）。
左：トトメス3世のネスウ・ビティ（即位）名、メンケペルラーを彫った黄金の指輪。

　アメンヘテプと呼ばれる役人は、自分のことを「執事、そして香油を塗る者、王をペル・ウルで飾る者、ペル・ネセルで二国の主人の祭礼を用意する者」と記している。

　戴冠式が無事に終わると、マアトが再び確立され、生活は以前のように戻る。混沌の時の後に、秩序が戻る。ラメセス4世の時代のテキストに記されて

第3章　ファラオへの道

カルナクの大列柱室のレリーフには、青冠を被るラメセス2世がアメン・ラー神の前でひざまく姿が描かれている。王のうしろでは、トト神が聖なるペルセアの木（イシェドの木）の葉に、王の治世の年数を記している。

いるように、「何と幸福な日だ！　天も地も喜びに溢れている。あなたがエジプトの偉大な王となったのだ。逃げていた者たちも町に戻ってきた。隠れていた者たちも出現した。飢えていた者も満腹で幸福である。喉の渇きに苦しんでいた者も酔いに満たされている。裸であった者も立派な麻の衣を纏っている。」

第4章

ファラオであること

　王権の聖なるカー（精霊）と融合した戴冠を終えた新王は、社会の頂点の地位に就くことになる。王の生活の中心となる事柄は、マアトが守られていること、エジプトの国境が安全であること、神々に供物がいきとどいていることを確認することであった。その生活は、王宮内、あるいは、国中を旅する過程で行なわれる、数々の儀式を中心にめぐった。王は裁定を下し、法令を発した。また、望めば、軍とともに遠征に赴くこともできた。

王宮での目覚め

　ファラオは、王宮の奥の寝室で毎朝目覚めた。王の寝室の配置は、すべての神殿の一番奥に位置する神の聖なる祠堂に対応している。王のベッドは、足下に向かって、やや傾斜しており、低く、木製である。ベッドの足は贅沢に彫刻を施した、ライオンの足の形をとっている。厚い布団に包まれ、ベッド自体が部屋の奥の壁の凹みの部分の少し高い位置にとらえられている。天井には小さな窓があり、涼しい空気が室内に入るように設計されている。ファラオは、亜麻の枕を載せた、台付きの三日月型の枕に頭を置く。枕は贅沢な調度品であり、ツタンカーメン王墓から出土した枕は、2羽のカモが頭を寄せて、嘴を台座に置いている形をとっている。

　目を開けて、天井を見つめる王の目に、黒、白、赤で彩色された5羽のハゲワシが、黄色く塗られた背景に翼を広げて一列に並ぶ光景が飛び込んでくる。彼らの頭は、部屋の入口の方向を向いている。それぞれがネクベト女神を象徴している。ハゲワシの翼の下には、王の形容辞と名前が記されている。ハゲワシは、中央が赤く塗られた小さなロゼットの帯で囲まれ、外側には、黄色、赤、緑のチェック模様がある。部屋の壁には、ベス神の像とチェック模様が交互に描かれている。そして壁の下の部分には、黄色く塗られた背景に、大きなヒエログリフのサイン、アンク（生命）とティト（イシス女神の結び目）、が交互に描かれている。いずれも「すべて」を意味する籠の上に置かれている。これらのサインは、赤、白、緑の縦線で区切られている。

　以上の再現は、テーベ、マルカタ王宮で発掘されたアメンヘテプ3世の寝室

上エジプトの白冠を被るメンカウラー王。つけ髭をつけ、シェンディトの腰布を身につけている。右にハトホル女神、左にはノモスを人格化した人物がいる。これは、ギザの王の谷の神殿から出土した一連のトリアード（3体像）のひとつである。

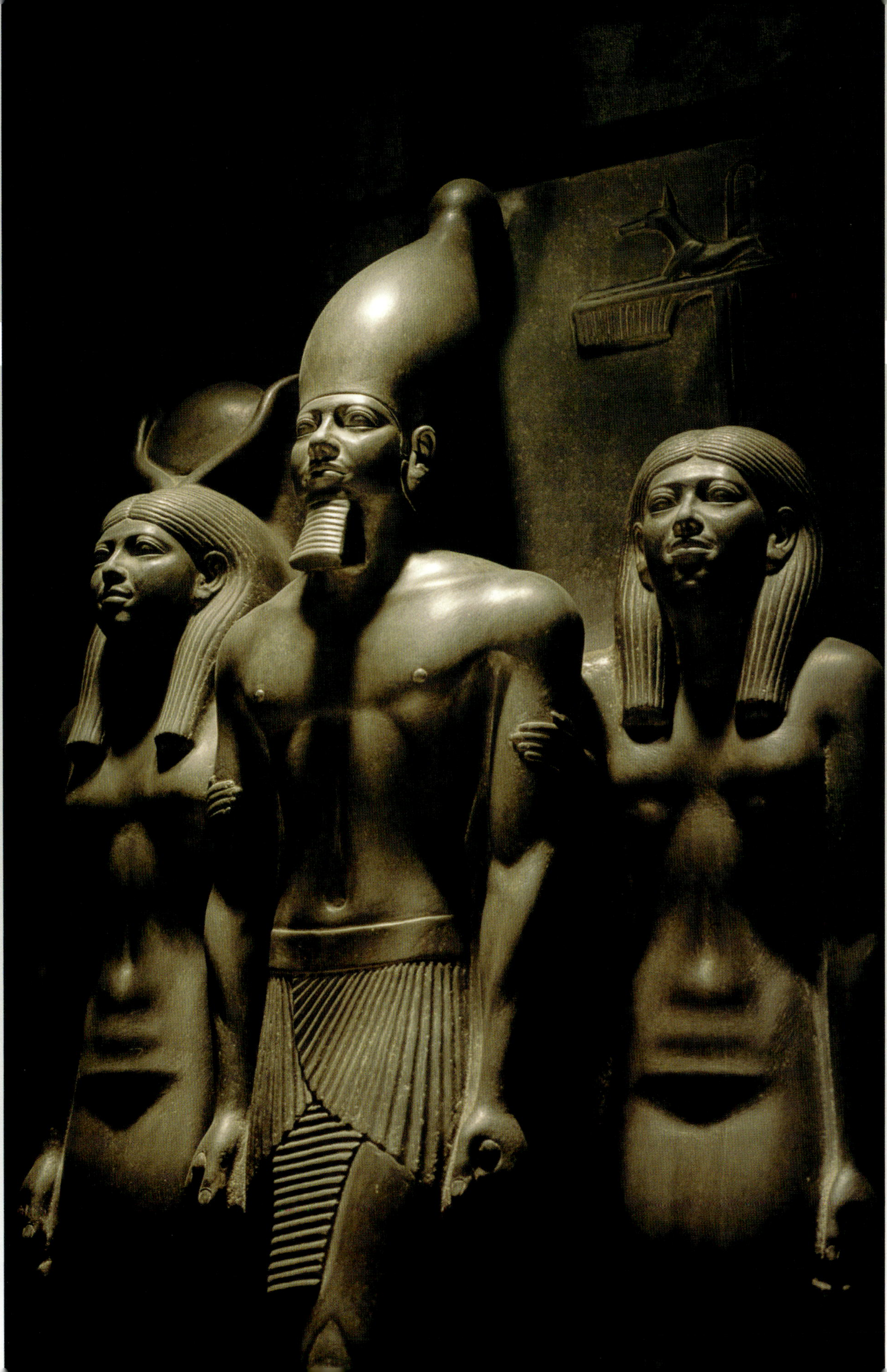

の資料にもとづいている。この装飾は、同時代の他の王宮のものとよく似ている。美しい幾何学模様に、守護の意味をもつイメージ、そして自然のモチーフは、王宮の壁、天井、床を装飾する人気の題材であった。王の寝室には、他にどのような家具が置かれていたのであろう？ マルカタ王宮の発掘からは、遺物が出土していないが、第4王朝のヘテプヘレス王妃の副葬品や、新王国時代の貴族や王の埋葬から、ある程度再現することは可能である。金箔を施した木製の椅子、壺を載せる高い木製の台、台付きのオイル・ランプ。そして亜麻や衣服を納めた箪笥があったはずである。ヘテプヘレスのベッドには、金箔を施した木製の天蓋があり、カーテンが垂れ下がり、プライバシーを守っていた。それから約1000年後に生きていたアメンヘテプ3世も同じような贅沢を味わっていたと考えられる。

　王の寝室の木製の扉の向こうには、王の個人的な護衛が一晩中寝ずの番をしていた。護衛は毎日交代した。この慣習は、プトレマイオス朝の『アンクシェションキの教訓』に記されている。「(それは) 彼 (ウアフイ

上：マルカタのアメンヘテプ3世の寝室の美しく彩色を施した天井を再現したもの。ハゲワシは、上エジプトの女神ネクベトを象徴する。爪には、永遠を表わすシェンの輪が握られている。

上：アンクのサインとティトの結び目が交互に描かれたマルカタ王宮の王の寝室の壁。

右：ツタンカーメン王墓から出土した、彩色を施した象牙製の枕。ベス神の顔で両側が飾られている。枕の足の部分は、ささえの台を嘴でくわえるカモの頭の形になっている。ベス神は魔除けの神であり、出産時の母親や、子ども、睡眠時の人を守ると考えられていた。

ブラー・メキ)の夜であり、ファラオの休息する部屋の入り口で夜を過ごす晩であった。」テル・アル＝アマルナの墓には、王宮の扉の両側に立つ護衛の姿が描かれている。王は眠っているあいだ、しっかりと守られていたのである。

朝の洗面

　マルカタ王宮では、王の寝室の外側に、着替えのための部屋と浴室があった。このすべては、一段高い演壇の上に玉座が置かれた、小さな応接間のうしろにあった。これが標準的な配置であり、メンフィスのメルエンプタハの王宮の奥の設計も同様なものであった（80頁参照）。また、新王国時代の王の葬祭殿に付属した儀式用の小さな王宮の設計もこれと似ていた。寝室を出た王は、まず着替え室をとおり、応接間を抜けて、浴室に入ったようである。そこでは、石の壁が間仕切りの役割をし、召使いが王に水を注ぐ時に外から見えないように工夫されていた。最も保存状態の良い浴室は、メルエンプタハの王宮で発掘されたものである。石を積んだ壁には、王のカルトゥーシュが描かれ、上の部分には蛇腹模様の装飾があった。そしてその下には、護符の役割をする象徴が描かれていた。浴室の隣には、石の壁で間仕切りをしたトイレがあった。浴室から王は着替えの間に入った。マルカタ王宮の着替えの間の天井には、正面を向いた牡牛の頭が、複雑に絡んだ螺旋（スパイラル）模様やロゼットで作った枠のなかに描かれていた。

スネフェル王の妻、クフ王の母であるヘテプヘレス王妃の墓で発見された家具。ギザ出土。そのなかには、枕のあるベッド、椅子、ベッドの天蓋があった。

多くの宮廷社会と同様に、王の日々の行為は、いかに下世話なものであろうとも、儀式的な要素をになう。すべての行為には、特別な作法があり、それを用意し、監督する役人が必要であった。「朝の家」—王の入浴、着替え、そしてひげそりと関連した王宮の部門—の秘儀の長は、王の洗面と起床が毎日正しく行なわれるのを確認するのが仕事であった。古王国時代には、多くの役人が「朝の家」のつとめに従事していた。王の身づくろいをする者、即ち、手や爪の手入れ、ひげそり、髪の手入れ、香油の塗布、そして清めなどである。ピラミッド・テキスト（168頁参照）によると、王のひげそりは、ドゥア・ウルと呼ばれる神によって行なわれた。これは、この行為の儀式性を強調している。

　位の高いエジプト人にとって、身だしなみは大切であった。それは王もまた同様であった。ファラオの体は、つねに綺麗にそってあるのがあたりまえであった。例外は喪に服している場合だけであった。そのため王は、鬘作りの長によって用意された、人間の髪でできた鬘をつけるのが一般的であった。白い箱に納められた、ツタンカーメンのひげそりの道具一式が、墓で発見されている。箱にはつぎの碑文が記されていた。「陛下の道具。生命！　繁栄！　健康！　王が子どもであった時。中味——銅製の把手のカミソリ、ナイフ型カミソリ、水差し、亜麻。」体の毛をそることの重要性にもかかわらず、新王国時代の多くの王のミイラには、自然な毛が見られた。これは、死期が近づいた王が、体をそらなかったことを示唆している。

　朝、一日の支度をしているあいだ、王の肌は、純粋な油と脂肪で保湿された。そして石灰やナトロンが石鹸の代わりに使用された。王はまた、日常的な任務を行なう場合も、あるいはまた、特別な儀式を執り行なう場合も、香りの良い香油を使った。ハトシェプスウト女王に仕えた役人のセンエムイアフは、儀式の時にファラオが使用する香油を特別に選び、女王が神のように香り立つように配慮したと語っている。

　王はまた、（コールと呼ばれる）アイシャドウを目に施した。アイシャドウは、古王国時代中期までは、緑色の孔雀石で作られていた。その後は、方鉛鉱が使用された。この鉱石は、すり潰され、水と混ぜてペースト状にする。それを小さな壺に貯えていた。中王国時代からは、細い棒を使用して目に塗った。ツタンカーメン王墓から出土した化粧類は、生前使用されていた様子がある。

そのなかには、コールの壺と棒があった。彼はまた、香油の壺とともに埋葬されていた。なかでもお洒落な容器は、象牙で彫った、体を縛ったカモの形の容器で、回転する蓋がついていた。また、鏡を入れるための贅沢なケースも2つ墓のなかで見つかっているが、残念ながら中味は入っていなかった。

王の衣装箪笥

毎朝、特定の神官が、神々の像に衣服を着せていたように、さまざまな役人が、王の衣服の係をつとめていた。たとえば、中王国時代のメンチュウヘテプという名前の役人は、自身のことを「王の手足に近づける者、王の衣装箪笥の偉大なる主人」と呼んでいる。他の者は、王の亜麻布や、異なる冠や頭飾りの手入れを任されていたと語り、また、王の下帯の長、王冠の管理人、ホルスを飾る者などの役職があった。

公的な芸術においては、王は多様な王冠、豪華な胸飾り、ベルトで抑えられた腰布、サンダル、そして牡牛の尻尾を身につけて描かれている。これらの図は写実的なものであり、王は祝祭において、実際にこのように正装していたと考えられる。しかし、日々の衣装はどうであったのだろう？　これは難しい質問である。ひとつには、肖像においては理想的な姿が追い求められ、また、実際にファラオが身につけた衣装が残っていることは、非常にまれなためである。しかし、ツタンカーメン王墓の出土品や、その他の出土品からヒントを得ることはできる。

胴体全体を覆うように作られたツタンカーメンの胴衣は、準宝石で作られた襟と、ファイアンスと瑪瑙で作られた羽根模様の帯の上にあるペクトラル（胸飾り）でできており、ツタンカーメンの宝庫のなかでも最も豪華な装飾品である。おそらく祭礼の際に身につけたものと思われる。しかし他のアイテムは日

前頁上：マルカタ王宮の王の着替え室の彩色が施された天井を再現したもの。

前頁下：ツタンカーメン王墓で発見されたアンクの形の鏡のケース。王の墓からは2つの鏡のケースが発見されている。いずれも中味は入っていなかった。そして象牙製の鏡の柄が残っていた。銀や黄金の円盤の鏡は、おそらく古代の墓泥棒に盗まれたものと思われる。

下：ツタンカーメンの豪華な胴衣。ガラス製のビーズが胴衣の下半分の「羽根模様」を形作っている。そしてその上、正面のペンダントには、アメン、アトゥム、そしてイウスアス女神とともにいるツタンカーメンが描かれている。背中のペンダントの中心には、鎌首を擡げたウラエウスに囲まれたスカラベが描かれている。

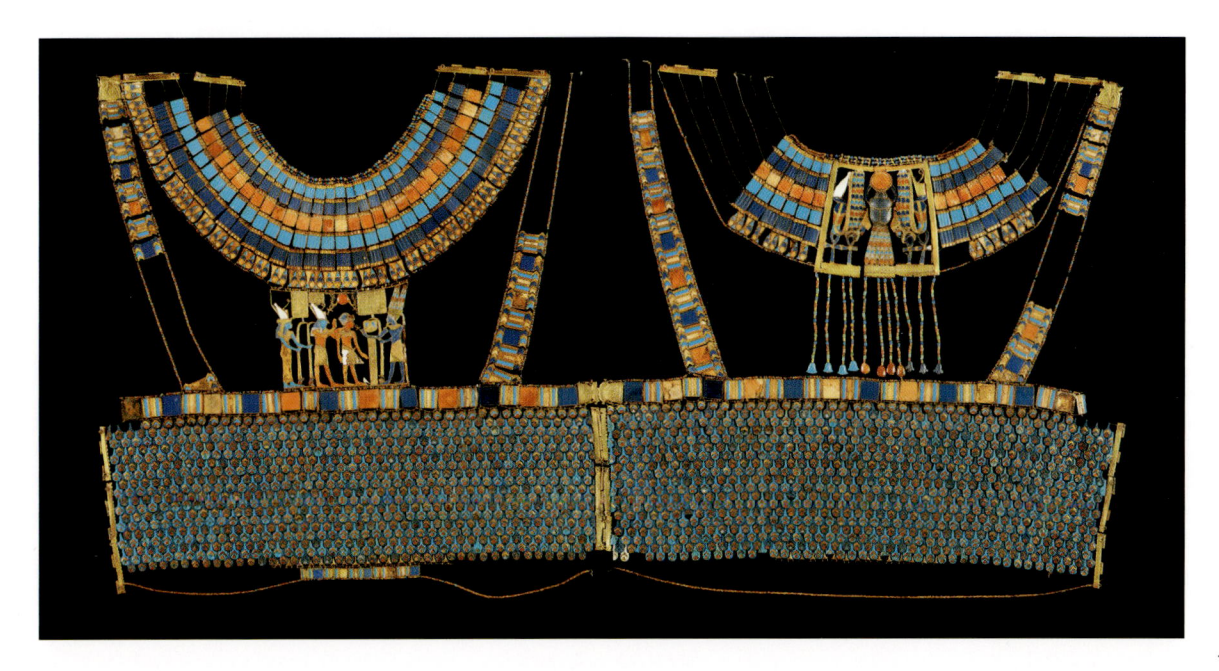

常的に身につけるのにふさわしいものであった。

　袋型のチュニックは、新王国時代の典型的な衣装である。質素な亜麻布を二枚に折った、膝丈のチュニックは、縁飾りで装飾され、綴れ織りでアンクのサインを形作った襟が特徴である。さらに王のカルトゥーシュが装飾に描かれていた。チュニックの裾の部分に刺繍された帯状の縁飾りには、女性の頭をもつ有翼のスフィンクス、グリフォン、パルメット模様（ヤシの葉を扇形に開いたような植物紋様）、アイベックス（羚羊）や野犬を狩っている場面、そしてジグザグ模様、正方形、山形紋章などの幾何学模様が描かれている。このチュニックは、シリア様式のものと思われ、儀式の時に身につけたものと推測されるが、絵のなかに見られるものとはまったく異なる。墓から出土した、もう1枚のチュニックは、黄色の亜麻でできており、緑の茶の縞模様と胸を飾る空を飛ぶカモの柄が特徴である。脇と裾には、同じような歩く姿のカモ、あるいはガンが描かれている。発見された他の布片は、光沢のある装飾用の金属片、ロゼット、そしてカルトゥーシュで飾られていた。もっと質素な袋型チュニックも発見されたが、いずれも何らかの装飾がついている。また、50余りの腹帯とそれに伴う腰布が見つかった。これらの発見によって、王は他の貴族と同じような衣装を身につけていたことがわかる。同じような衣装は私人墓や、テル・アル＝アマルナの職人の村からも発見されている。しかし、たとえ王の衣服が、臣下のものと形が似ていたとしても、その質はまったく異なった。王は、「王家の亜麻」と呼ばれる最上の亜麻布を身につけていた。亜麻にはランクがあり、「王家の亜麻」の下には、順に「極上の薄い布」、「薄い布」そして「滑らかな布」という異なるレベルがあった。

　古王国時代のファラオは、「王の折り方」と呼ばれるユニークなスタイルで腰布を巻いた。これによって、王の位を顕示していた。この時代の彫像を見ると、腰布は左側から時計回りに巻かれており（右前）、前で畳み

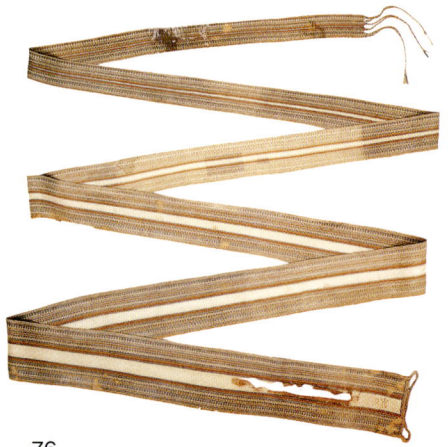

ツタンカーメンのシリア風の膝丈のチュニックを再現したもの。襟はアンクの形にデザインされている。裾には、幾何学模様や動物の模様が刺繍されている。

ラメセス3世のものと思われる豪華なサッシュ。リヴァプールの世界博物館所蔵。何度も体に巻きつけられるほど長いものである。

込まれている。それに対して、貴族は必ず右側から反時計回り（左前）に腰布を巻いている。中王国時代になると、貴族も「王の折り方」を使用することができるようになる。

ツタンカーメン王墓では、マントや式服も発見されている。ひとつは、黄金とファイアンスのヒナギクで装飾されたもので、もうひとつはヒョウ柄であった。王はまた、帯や、房のついたベルト、布を巻いた反物、包帯などとともに埋葬されていた。いずれも帯の役割をしていたと思われる。なかには、王のカルトゥーシュがついたものがあり、そのなかには、9枚の襞の入った綴れ織りの帯がある。もうひとつの帯は、赤、青、黄、そして生成りの亜麻糸で織られ、帯状の模様、ジグザグ、水玉、そしてアンクの列、王名、そして治世2年と記した帯がある（現在では腐敗してしまっている）。元来テーベにあったものと考えられており、なかにはラメセス3世に属したものと考える学者もいる。これは何重にも腰に巻ける長さがあり、戦闘の場面で王が腰に巻いているものである。このように凝った帯は王と結びついたものであり、貴族の彫像の帯はもっと質素である。ツタンカーメン王墓の髪飾りのほとんどは、発見時、腐食が進んでいた。王冠はひとつも見られなかった。唯一あったのは、現在でもツタンカーメンのミイラを飾っているダイアデム（帯状冠）である。セシェドと呼ばれるダイアデムは、コブラを巻いた形のヘッドバンドであり、コブラは正面で鎌首を擡げるように作られている。2枚の黄金のリボンが、まるでヘッドバンドがうしろで結ばれているように垂れ下がっている。さらにもう2本のリボンが耳の横に垂れ下がり、その先にはしばしばコブラが飾られていた。ツタンカーメンのダイアデムの場合は少し異なり、正面のコブラが身を擡げるような形で湾曲して反り返り、頭上をとおっていた。頭を巻くというより、バンドをささえる役割を果たしていた。そして額の上にはハゲタカが飾られていた。王の頭に飾られたダイアデムの下には、カト頭巾（ネメス頭巾のようにうしろで結ばれたスカーフのような形態のもの）の破片が見られた。この頭巾にもハゲワシとコ

前頁右：ツタンカーメン王墓で発見された、ごく典型的な亜麻の服を再現したもの。現実には、公式な芸術に描かれている王の姿とは異なり、王の日常着は宮廷の人々が着ていたものと、あまり変わらなかったものと思われる。

右：ツタンカーメンが身につけていたセシェド帯状冠（上）。王が日々身につけていたもののひとつと考えられる。ラメセス3世の息子カエムウアセト王子の王妃の谷にある墓の場面には、同じような帯状冠を被り、（ツタンカーメンの墓で発見された布片とよく似た）金属飾りを縫いつけた上等な亜麻のシャツを身につけたラメセス3世の姿が描かれている（下）。

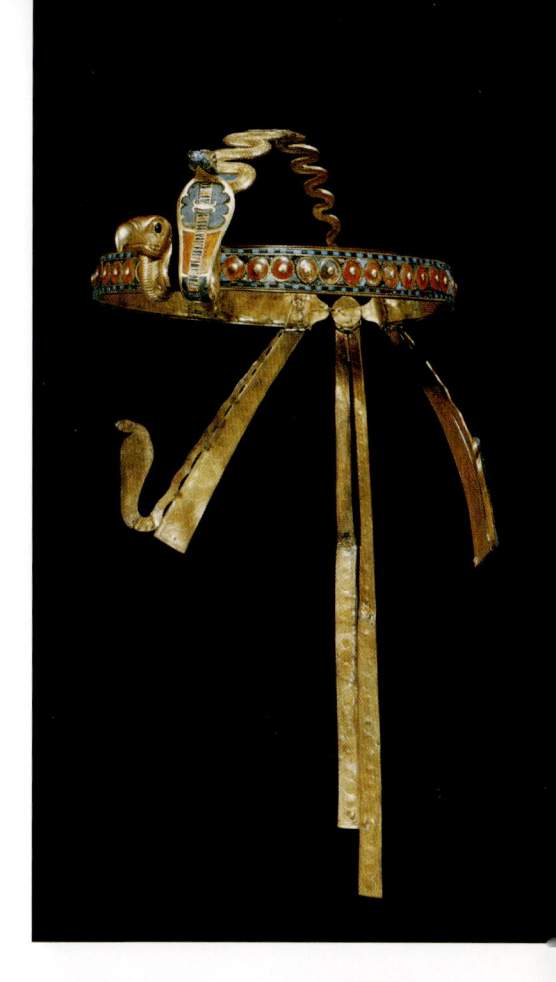

ブラが飾られており、黄金のヘッドバンドによって抑えられていた。この下にはさらにぴったりと頭を覆う頭巾があった。ツタンカーメンの頭巾は極上の白い麻でできており、ファイアンスと黄金のビーズでできた2匹のウラエウスで飾られていた。このような頭巾は、鬘やそった頭を保護するために被られていたものと思われる。

墓で見つかった宝飾品のなかには、27対のリシ（羽根）模様で飾れた綴れ織りの手袋があった。そのなかでも極上のものは手首をテープで止められるようにできていた。そして93対のサンダルがあった。そのなかには、葦やパピルス製の飾りのない簡素なものもあったが、化粧板で飾った木製のものもあった。革製のものには、ビーズや黄金で模様を描いたものや、ヌビアやアジアの捕虜の姿が描かれたものがあった。

レリーフ、壁画、彫像などに見られる王の描写は、祝祭などの行事の際に、王が身につけていたものを忠実に描写しているようである。しかし、ツタンカーメン王墓から発見された、めずらしい衣類を見ると、実際にはもっと幅広い衣装を王は身につけていたようである。そのなかには簡素で実用的なものから豪華な装飾のものまであった。

ツタンカーメンの墓出土の木製のサンダル。足裏があたる内側の部分には、縛られた外国の敵が描かれており、王が歩む度に敵を踏みつけることになる。

朝食と朝のつとめ

香油の香りを漂わせ、朝のつとめにふさわしい衣服を纏ったファラオは、つぎに朝食をとったはずである。王は、「生命の館」（下記参照）と呼ばれる王宮の間で朝食をとったとされている。そして王の朝食を担当する特別な役人がいた。それはおそらく名誉職であったと思われる。その多くは非常に位の高い者であった。第6王朝のネフェルシェシェムラーと呼ばれる人物は、宰相、王の書記の監督官、王のすべての仕事の監督官、王の下で最上位の者、レキトの杖、ケンムウトの柱、王のすべての「朝食」の監督官であった。同じ王朝のもう1人の役人ゲレフは、「テティのピラミッドの神官、偉大なる家の2つの涼しい部屋の監督官、天があたえ、地が育てる、王のすべての「朝食」の監督官」であったとされている。単なる栄誉であったのかは別として、これらの人々は、王が食した食べ物を通じて、王と繋がることを強調する必要を感じていた。エジプト人が朝食に何を食べていたかは明らかでない（ただし、パンが含まれていたことは疑いがない）。また、ごく普通の日に、一日に何食食べていたかも謎のままである。儀礼にかんするテキストに記された資料を見ると、ファラオは、軽い朝食をとり、昼と夜にたっぷりとした食事をとっていたようである。

朝食の後、王は、エジプトの最近の状況にかんする報告を聞いた。ギリシアの歴史家ディオドロス・シクルスによると、「朝、目が覚めるとすぐ、王はまず、各地から届いたすべての手紙に目をとおさなければならなかった。そ

の目的は、行政上の必要な措置にかんする指令を各地に送り、すべての行為を正しく行なうことであった。こうして王は、王国で起きていたすべての事柄に精通していた。」ディオドロスは続ける。「王には、謁見を行ない、裁定を下すための時間が決められていたばかりでなく、散歩、入浴、妻との睡眠の時間さえ、言い換えれば、人生のすべての行為に対して時間が定められていた。」

　ディオドロスが上の文章を記したのは、前１世紀であるが、彼が書いたことは真実に近いものであったと思われる。新王国時代の多くの宰相の墓に記された碑文には、毎朝、国の最新の状況を報告するために、宰相は王と会談していたことが記録されている。これは日々行なわれた朝の行事の最後の段階であり、その前に宰相は大臣と、王宮の正門の外の旗竿の所で最初に出会い、彼らの管轄下の差し迫った問題を話しあった。つぎに宰相は王宮に通じる門扉を開き、人々や品々が出入りできるようにした。その後初めて、王に会って話をした。宰相の墓に記されている碑文とは異なり、朝の会談に招かれたのは宰相に限らなかったようである。『ネフェルティの予言』によると、王宮の者たちもまた、同じような朝のお目見えを許されていた。それは王のご機嫌を伺う彼らの「日々の慣習」であった。王は、彼に近い相談役と毎朝会って、エジプトの現状や、差し迫った問題にかんする近況報告を得ていた。しかし、これらの会談にかんして、われわれは何を知っているのであろうか？　そして人々はどのように王に近づいたのか？

ファラオにお目見えすること：謁見の間と玉座の間

　王権は儀式によって繁栄した。権威はその存在を続けるために、人々に認識されなければならない。古代エジプトにおいては、宮廷の人々はしばしば会談を行なった。小規模な会談は、私的な会見のための王の玉座の間で行なわれた。おそらく王と２人だけで直接面談したものと思われる。多くの個人が、さまざまな時間に王に呼び出され、意見を求められたと語っている。より大きな謁見の場は、「王の会議」として知られ、王宮の大列柱室で開催された。大列柱室は、宮殿の奥のプライベートな区域と、より多くの人が入ることが許されている、職務の場である外の世界のあいだにあった。役人に対する報償の授与、役職の任命、決定事項の発表などが、このような大きな場で行なわれた。さらに盛大な祝祭は、宮廷の中庭で行なわれたようである。この時、ファラオは「臨御の窓」に現われ、下に集まった大勢の人々に褒美をあたえた。

　行事の大きさにかかわらず、王の前にやってくる者は、身だしなみを整え、厳しい儀礼の作法に従わなければならなかった。新王国時代の宮廷人は、二輪戦車に乗って王宮に駆けつけたとわれわれは想像する。それは交通手段であるだけでなく、ステータス・シンボルであった。巨大な壁の壁龕に立てかけた旗竿で両脇を囲まれた、そそり立つ門の前で馬車を降りた貴族は、王宮のなかに入る前に護衛のチェックを受けた。当然のことながら、一定の地位の者だけが

王宮に入ることを許された。古王国時代の役人カイハプ・チェティは、驚きのなかで語っている。「私が、唯一の友に選ばれた時、私は王宮に入ることを許された。このような待遇は、他の者にはあたえられなかった。」明らかに、すべての「唯一の友」にこの栄誉があたえられたわけではないようである。清めがすべての儀礼の中心にあった。「難破した船乗りの物語」のなかに登場する船の司令官は、王の前に進む前に入浴をするように命じられる。また、第25王朝のピイ王の勝利ステラには、割礼を受けていない者や、魚を食べたばかりの者は王宮に入れなかったと記されている。

　第18王朝の使者アンテフのステラから、王の会議の進行の様子を知ることができる。アンテフの仕事は、王の前に進む者や退場するものを仕切ることであった。アンテフによれば、廷臣はまず控えの間にとおされ、そこで準備を行なった。正しい時間がくると、彼らは立ち上がり、点呼が行なわれた。そして位の順に並んだ。そして彼らがいる「沈黙の間」に相応しく、静かにするようにと命じられた。静粛になり、正式な順序に列が整うと、入場がうながされた。ラメセス2世のクバン・ステラのなかでは、王の印綬持ちが、この案内の役目を果たしている。部屋の門番の前をとおる時には、頭を下げるのが礼儀であった。そして役人たちは、部屋のなかに入り、王の玉座の前で、位の順に二列に並んで立った。沈黙は続いた。彼らは許可が降りるまで、話をすることが許されなかったのである。

　祝祭の場として特別に建造されたと考えられている、メンフィスのメルエンプタハの王宮においては、廷臣たちは、まっすぐな1本の軸に沿って設計されている、舗装された柱廊式中庭と12の列柱のある前庭をとおって、初めて玉座の間の正面入り口に着くことができた。おそらく、このような前庭で、アンテフのような人物の指示に従って、彼らは整列し、王のいる部屋へととおされていたものと思われる。ここから玉座の間へは3つのルートがあった。まず、そのまま、まっすぐに進み、銅製の凹みに納まった2枚の巨大な扉をとおって行列を続けることもできたし、あるいは中央の軸線の横にある2つの扉から入ることもできた。廷臣たちが2列で行進したことを考えると、それぞれの列が、異なる横の扉から入室し、中央の扉は、王の出入りのみに使用されていた可能性もある。

　玉座の間はどうような部屋であったのだろうか？　メルエンプタハの玉座の間には、パピルスの形の柱頭のある、6本の列柱があった。柱の真ん中辺りには、パネルがあり、王がさまざまな行為をしている場面が描かれている。たとえば、プタハ神に供物を捧げる場面や敵をうち倒す場面などである。青いファイアンスで象嵌した碑文が、柱の台座の周囲や、柱に沿って縦に飾られ、王の名前と称号が記されている。天井近くの窓からは斜めに光が差し込んだ。壁画の装飾はほとんど残っていないが、上下エジプトを象徴する植物や、ヒエログリフの碑文が装飾の中心であったようだ。ラメセス2世の場合は、玉座の間のひとつをレリーフで描いた外国人のパネルで飾っている。

メンフィスのメルエンプタハの王宮の平面図。王に謁見するために、玉座の間に入る前に、廷臣たちは、その前の前庭で準備を整えたと思われる。王の私的な部屋は玉座の間のうしろに作られていた。

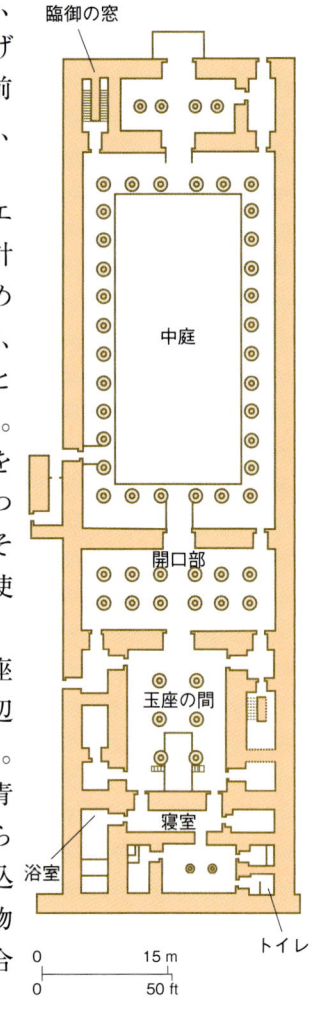

臨御の窓

中庭

開口部

玉座の間

寝室

浴室

トイレ

0　　　15 m
0　　　　50 ft

第4章　ファラオであること

王宮の床は、ここに見られるマルカタの例のように、漆喰が塗られ、色鮮やかな自然の場面が描かれていた。沼地のカモや大きな長方形の池に泳ぐ魚は、幾何学模様やロゼットで縁取られていた。

　メルエンプタハの玉座の間は、比較的小さく、1度に入れる人数はかなり少人数であったと思われる。しかしマルカタのアメンヘテプ3世の王宮には、2つの大きく開放的な謁見の間があり、それぞれの間に玉座の基壇があったばかりでなく、よりプライベートな玉座の間と、住居に隣接する大きなホールがあった。これらの謁見の間のひとつには、宮廷の女性たちが描かれ、玉座の基壇のうしろには、砂漠の野生の動物の場面が描かれていた。部屋の天井には、王の寝室と同じように、列を成すハゲワシが描かれていた。

　メンフィスのメルエンプタハの王宮の床は、幾何学的な縁飾りしか施されていなかったが、他の王宮の遺構から、新王国時代の典型的な床の模様を推測することができる。たとえば、マルカタ王宮では、玉座の間の前に位置する大ホールの床には、幅広い縁取りのある池の場面が描かれていた。さらに完全な場面が、テル・アル＝アマルナのアクエンアテンの広大な王宮の発掘で発見されている。池の図には波を描いた線、カモ、ロータスや魚が描かれ、内側の縁取りには、動植物の図が描かれ、外側の縁取りには花束や積み上げた供物が描かれていた。長いとおり道がこれらの場面を横切り、そこには縛られた捕虜の絵と、すべての敵を示す9つの弓の図が交互に描かれていた。これは、王の道と思われ、歩くごとに敵を踏みつけていたものと思われる。

　王の玉座の基壇は、玉座の間や謁見の間の中心的な場であった。ピ・ラメセス、現在のカンティールの発掘で、ラメセス2世の時代の基壇の跡が多く発見

ティイ王妃を伴い、玉座に座るアメンヘテプ3世。テーベのケルエフの墓のレリーフ。王の夫妻は、鎌首をもたげた守護のコブラが居並ぶように天蓋部分を縁取っている豪華なキオスクのなかに座っている。アメンヘテプは、聖なる場面で使用される、ブロック・タイプの玉座に座っている。

されている。そのなかのひとつは、しっかりとした台に豪華なファイアンスのタイルが貼られている。両側にある2つの階段で演壇へと昇るように作られており、それぞれの階段の昇り口には、異国の敵をうしろから抱え、頭を齧る、大きなファイアンス製のうしろ足で立つライオンが飾られている。小さな段の表面には、縛られた敵と9本の弓の図が交互に描かれている。そして演壇の側

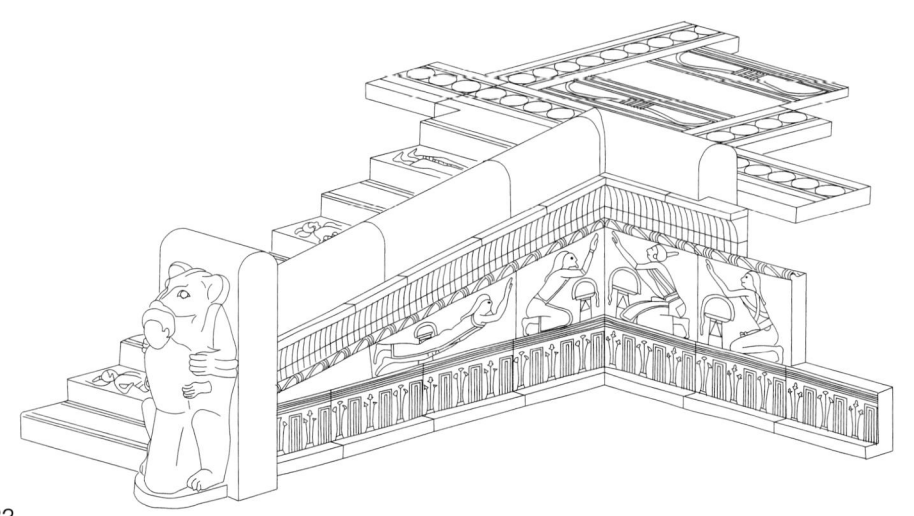

ピ・ラメセスの玉座の演壇を再現したもの。階段の下には、捕虜の頭をかじるうしろ足で立つライオンがいる。また、階段下の壁には、隷属国の王たちがひれ伏している。

面には、ひれ伏した隷属国の民の図が描かれている。メンフィスのメルエンプタハの基壇や、マルカタのアメンヘテプ3世の基壇も同様な装飾を施されていたと思われる。

　基壇の上に設置された玉座は、一般に2つある様式のうちのひとつの形をとっていた。いずれのものも、黒檀や黄金などの貴重な材質で作られていた。「聖なる」祭典においては、ブロックタイプの玉座が使われた。これは四角い箱型の玉座で、その側面は、羽根模様、二国の統一の象徴、あるいは、王宮と権力を象徴するセレクで飾られ、低い背があり、この椅子の背は、王を守るハヤブサの姿に彫られていることが多かった。非宗教的な場面では、見事な彫刻が施され、金箔を貼られた椅子が使用された。椅子の側面はライオンの図で飾られ、ライオンの足が椅子をささえていた。そしてライオンの尻尾はうしろに立っていた。そして王の足を載せる足台があった。この台にも敵の図が描かれていた。天蓋が玉座を守っていた。そのささえの部分はパピルス柱の形をとり、屋根にはそれぞれ太陽円盤を頭に載せ、鎌首を擡げたコブラの列が並んでいた。

謁見の時

　序列に従って2列に並んだ宮廷人たちは、緊張のなかで、内輪の会議のための小さな玉座の間や、王の声明を聞くための大きな謁見の間にとおされた。高窓から差し込む微かな光は、丈の高い台の上で明るく揺らめくオイル・ランプの光で補われた。最後に、その日の行事にふさわしい衣服を身につけ、その日の役割にあった王冠を被った王が登場した。玉座のある演壇へと昇るあいだ、王は敵の図を踏みつけた。そして太陽のように部屋の一番高い場所へと昇りつめてから、初めて玉座に座った。宮廷人たちは、床にひれ伏し、王の前の床に口づけをした。そして崇拝の姿勢で両手を上へと掲げた。そして彼らは改めて立ち上がり、王の言葉に耳を傾けた。それは造営計画の発表や、遠征をする宣言であったかもしれない。このような場面で、王の演説が宮廷人にあたえた畏敬の思いが、『シヌへの物語』のなかに記されている。ファラオの声は、シヌへの五感を圧倒し、王家の子どもたちは、王の声は、息のない者にも息をあたえると描写している。

　宮廷人たちは、自伝のなかで、王との謁見の経験は喜びに満ちたものであったと記録している。彼らは、王の賢明さを激賞し、王を褒めそやす。全体として王と接する経験は、静かで穏やかなものであり、王が宮廷人に向かって怒りを見せることは稀であった。しかし文学や他の資料に現われる王は、別の姿を見せることがある。宮廷の人々は、予測のできない、怒りに狂う王に、恐怖と困惑を感じている。この予測不能な王は、税や貢ぎ物を届ける者に不安をあたえた。何か不備があれば、担当の役人は鞭うたれることもあった。さらに、王のお気に召さない貢ぎ物を届ける悲運を背負った宮廷人の言葉が、ある写本用

の手紙に、つぎのように記されている。「貢ぎ物を王の前に差し出す日のことを忘れてはならない。（臨御の）窓におられる王の下、陛下の前に２列に並ぶ役人、陛下の生命！繁栄！健康！あらゆる異国の国々から訪れた王子たちの前をとおり、そして王にお目見えせんと貢ぎ物が並ぶなか［…］、しかしお前は恐れで身動きもできない。その手は震え、お前の前に死があるのか、命があるのか、お前には予想することさえできない。」そしてラメセス朝のもうひとつの手紙は、つぎのように記している。「王の家の広大な広間に到着する者は、生命！　繁栄！　健康！　それはまるで海の波のようである。たった１人が生き延びる。千の者が死を迎えるなかで。」

政策の決定、戦争の開始の判断、高官の任命などにかんする、宮廷の内部の小さな集まりの場合は、発言にかんする厳しい礼儀作法があり、位の高い者から順に発言が許された。しかし位の高い者も、低い者の発言を途中で阻止することは厳しく禁止されていた。決定は、話しあいの後に成された。ファラオは、廷臣の忠言に耳を傾けた。『アンクシェションキの教訓』には、「ファラオは、医師の長である、ラモーゼの息子ハルシエスの助言なしに何事も行なわなかった」と記されている。第６王朝のテティ王の時代の役人ヘシは、サッカラにある彼の墓のなかにつぎの言葉を残している。「私は、裁判官であり、書記の監督官にすぎなかったが、私の能力が認められ、陛下は、役人のなかでも、とりたてて私の助言を求めた。」しかし、どのような問題においても、最後の決定は、王一人が行なった。

宮廷人は、王に触れることが許されていなかった。しかしなかには、王の御前で特別な恩恵があたえられる者もあった。宰相であったプタハシェプセスは、（おそらくシェプセスカラー王のことを指し）「（彼が行なった）事柄によって、陛下の御意に叶うと、彼は、陛下の足に口づけをすることが許された。そして

新しく任命された宰相ウセルアメンに導かれ、神殿へと行進する王は、召使たちによって高く掲げられた輿に乗っている。

床に口づけをすることを禁じられた」と語っている。古王国時代の宰相であったウアシュプタハもまた、王の足に口づけをするのを許された人物であった。

　王の明確な許しがなく、王の体や衣装に触れると、恐ろしい結末が待っていることは、第5王朝のセム神官ラーウルの墓に記された文章のなかで詳しく語られている。彼は、船上の儀式において、ネフェルイルカラー王に出会う機会があった。ラーウルは、「セム神官の気高い仕事と儀式の道具の管理官として、陛下の足下にいた。王がもっていたアメス笏が、セム神官ラーウルの道を塞いでいた。王は彼に言った。『五体満足であれ。』このように陛下は言われた。陛下はまた言われた。『我が陛下の願いは、この男が五体満足であることだ。この男に鞭の打撃をあたえてはならない。』」おそらくラーウルは、王笏につまずいて、儀式の進行を妨げたか、あるいは、王の体に触れてしまった。しかし、王は、正式に、また鷹揚に彼を許し、鞭打ちの刑から救ってくれたようである。

　謁見や会議が終わると、宮廷人たちは、王の御前から外に送り出された。彼らにつき添って、謁見の間から送り出すのは、自分の仕事であったとアンテフは語っている。王による任命事項があった場合は、任命を受けた者は、神殿に赴き、神に感謝を捧げた。神の前で王の決定が、再度承認されたと考えられる。そのような場合、王がみずから宮廷人につき添うこともあったはずである。第18王朝の宰相ウセルアメンの墓に描かれているように、王は軍隊に護衛され、輿に乗って、楽団の演奏のなか、神殿へと向かったと思われる。

法の制定者、そして裁判官としての王

　王の御前会議において、話しあわれる内容の多くは、法律にかんするものであった。役人は、法の執行にかんして言及することができた。また、宰相は「彼の手にある法」に従って、訴訟事件を審理することができた。しかし、法を制定することが認められているのは、王だけであった。ディオドロスによると、最終的な法の制定者であり、裁判官である王の役割は、統一されたエジプトの最初の王であるメネスまでさかのぼる。ファラオ時代を通じて頻繁に、王はみずからを法の制定者として描いている。トトメス3世は、「正しい法を定めたのは自分である」と誇示している。また、アメンヘテプ3世は、「法を確立する者…天秤ばかりの鉤以上に…すべての土地から虚偽を排除する者」である。ツタンカーメンは、復興ステラにおいて、「ラーのように知識の豊かな者、プタハのように[独創的な者]、トトのように洞察力のある者、法の制定者、敏腕に命令を下す者…見事な声明文を出す者」と描写されている。公には、王がすべての決定、法律、命令の責任をもつとされていた。王は神の啓示によって、このような行為に長けているとされていた。神が王に命令をあたえ、王が人々に命令を伝えていたのである。

　実際、ファラオの言葉は法律であった。しかし、王が実際、どれほど個人的に法律にかかわるかは、個人の性格や興味によって異なっていたものと思われ

る。王の布告（ウジュ・ネスウ）のなかには、王を法の制定者として明確に記しているものもある。たとえば、第18王朝末期のホルエムヘブは、法令の内容をみずから書記に書きとらせている姿を描かせている。書記は、行政上の問題点を是正するための、長い命令のリストを忠実に書きとっている。王の目の前で封印をされた法令の内容は、カルナク神殿とアビュドスに建立されたステラに刻まれた。他の多くの場所にもステラは建立されたと思われる。これは、王の声明を表示し、宣伝するための一般的な方法であった。原本となる書類は、地域の古文書館で保管され、それに対して保存の簡単なステラは、たとえ、それを読むことができる人々が限られていたとしても、誰の目にも映るように、公の場所に立てられた。それにしても、ホルエムヘブがみずから口述筆記をさせたのはフィクションであろう。王が個人的に、つまらない指令のリストを伝えることはあり得ない。宮廷の人々と相談することもなく、長く詳細な命令のリストをその場で簡単に作り上げることなど考えられない。このような資料から、法令におけるファラオの真の役割を導き出すのは難しい。

王の法令の最古のステラは、シェプセスカフ王の治世１年のものである（内

王は、無作為に法を定めたり、取引を行なったり、あるいはまた、悪意や怒りをもって人を罰したり、その他の不正な理由で人を罰してはいけない。すべての違法行為に対して、確立した法と照らし合わせて裁定しなければならない。

ディオドロス・シクルス

容は第４王朝に属するが、ステラ自体は、原本を後の時代に写している可能性がある）。それは、パピルスに記された法令の形式を石の上に見事に写したものである。その最古のものは第５王朝にさかのぼり、アブ・シールで発見されている。ステラには、一定の様式で碑文が配置されたばかりでなく、その内容にも定型の構成が見られた。まず、王のホルス名が縦に記され、つぎに一番上の水平の行に、法令を受ける者の名前と称号が記された。法令の内容が、王名のつぎの縦の行に記され、本文を構成した。そして最後に、法令が「王の御前で封印をされた」ことが宣言され、日付が刻まれた。標準的な構成で作られていることと、アブ・シール・パピルスが糊で接合され、長い巻物になっていたことから、大量生産され、めくら判を押されていた可能性がある。新王国時代の法令は、主に神殿の建築と寄付にかんする布告であり、個性や特徴が見られたが、いずれにしても、法律の制定と執行における王の個人的な役割を明らかにはしてくれない。理想化され、神々の前に勝者である王が描かれているだけである。王が純粋に自分の利害のために周囲の者に命令をあたえている例はまれであるが、アメンヘテプ３世の「記念スカラベ」を例として挙げることができる。彼は王妃ティイのために湖を掘るように命じ、また、狩りのための家畜を溝のある周壁の内側に集めるように命じている。しかし、これは、身近な者に対する王の権威を示しているに過ぎず、法令の制定とは異なる。残されてい

る王の命令から、法の制定者としての王の真の役割を推察することは困難である。王は積極的な役割をになっていたのかもしれないし、あるいはまた、そうではなかったのかもしれない。

王はエジプトにおける、最終的な法の制定者であったばかりでなく、最終的な裁きをあたえる者であった。第26王朝の神官たちが冒した殺人事件の裁判を王が行なった様子がライランズ・パピルスIXに記されている。また、第20王朝の『墓泥棒のパピルス』には、被疑者の裁判の報告を王が受ける様子が記されている。これらの調査は宰相が中心に行なっているが、有罪判決を受けた犯人たちは、「我らの主人ファラオが刑罰を決めるまで」牢獄に入れられていた。そのような刑罰は、死刑や手足の切断など、厳しいものであり、王1人によって決定されていた。ホルエムヘブの勅令には、特定の罪に対する刑罰が詳しく記されている。たとえば、「供物の間」の召使いが王の台所で使用されている船をエジプトの軍隊の一員や他の者から盗んだ場合は、鼻が切り落とされ、現在のアル=カンタラ付近のテル・アル=サイフであるタ・ルウに送られた。そこで人々は強制的に軍隊に入れられた。あるいは強制労働を科せられた。軍や家畜の監督官が家畜の革を乱用した場合は、100の鞭打ちと5箇所の開いた傷の刑があたえられ、皮革は没収された。冤罪を冒した審議会の裁判官は死刑となった。同様に厳しい刑が、ヌビアのヌリに立てられたセティ1世の勅令に記されている。串刺しの刑は一般的であり、また火あぶりの刑もあった。『アンクシェションキの教訓』にはつぎのような記述がある。「ファラオは王宮の扉の前に土でできた壇を作らせた。そしてラモーゼの息子ハルシエス及び、ファラオに危害を加えることに同意した彼の一味を全員、火鉢の上に載せた。」大きな謀反の場合、王は、個人だけでなく、その家族にも刑罰をあたえたようである。

普通、王が判断すべき案件は、最初に宰相の所に文面の形で届けられ、彼の手によって処理されることもあった。しかし、希望すれば、王はこの手順を無視することができたようだ。「彼はファラオの前に連れてこられた。書面による審査は行なわれなかった」と、あるパピルスに記されている。ディオドロスによると、申立人が手紙の形で答弁を送ることによって、争議の公平な審理が行なわれた。これによって裁判官が、雄弁な申立人の言葉に惑わされずに、より言葉の少ない申立人に対しても平等に審理を行なうことができた。法的事項は、地域の小さな裁判所（ケンベトゥ）でとり扱われた。より大きな案件は、偉大なケンベトゥの長である宰相のところに送られた。理論的には、諦めずに申し立てを繰り返せば、王に直接、審理を委ねることも可能であったが、これはまれなことであった。

国家の運営

新王国時代になると、王は、巨大な官僚制度の頂点に立つ。この制度は、行

アメンヘテプ3世の治世の大きな記念スカラベ。このようなスカラベは、役人やエジプトの領地である外国の貴族に贈り物としてあたえられた。あるいはまた、神殿の神々への奉納品ともなった。

政、軍事、宗教の3つの分野に効率的に分化されており、王はそれぞれの長官を任命する責任をもっていた。『メリカラー王への教訓』には、「位のある者の息子と一般人を差別してはならない。その人物の行為によって判断をしなさい」と記されている。これは、誕生や影響力ではなく、資質や業績によって地位を得るという理想を示している。しかし、父の地位を息子が継いでくれるように、と墓のなかに彫られた願いとは矛盾している。現実には、王が自分に仕える者を選ぶことはまれであったと思われる。王権が弱まり、あるいはまた、新たに王権を確立しようとしている時代には、力のある貴族は、忠誠を続ける代償に、自分の家の者を高い地位に就けることができた。しかし王が貴族に対して絶対的な力を握っていた時代もあった。アメンヘテプ2世の治世では、宰相、テーベの市長、ペルネフェルの大家令、クシュの総督はすべて、王の子ども時代の友人で占められていた。彼らは皆、貴族階級の出身であったが、これらの家族から国の高官が輩出したことはそれまで1度もなかった。彼らは明らかに、アメンヘテプの個人的な影響によって高い地位を得たのであろう。そしてその結果、これらの地位を継承していた他の家族が犠牲となったはずである。たとえば、宰相の職は、これ以前は、3世代にわたって同じ家が独占していた。

上：「臨御の窓」から体を乗り出すラメセス2世。カルナクのアメン大司祭にネブウンエヌエフを任命している。

役人のなかには、遥かに地位を越える権限をもつ者や、あるいはまた、ほとんど中味のない称号をもつ者も存在した。また、行政、軍事、神官の称号をあわせもち、異なる領域にまたがって責任をもつ者もいた。

王の権限が強い時代においては、王の相談役となり、信頼のおける友人であるだけで、国のなかで最も影響力のある人物に伸し上がることが可能であった。そのような人物のなかにハプの子アメンヘテプがいる。彼は比較的身分の低い生まれで、人生のほとんどをアトリビスの町で目立つことなく過ごしていたが、アメンヘテプ3世に最も信頼された相談役の1人となった人物である。

彼の正式な称号によると、彼は書記、建設の監督官、そして作業員の監督官（この地位によって、彼は王の建設計画の人事を任されていた）であった。しかし彼はまた、王の儀式における重要な役割をもち、セド祭の祝賀にかかわっていた。彫像に刻まれたアメンヘテプの碑文の構成は、複雑で独創的なものである。それは彼の高い知性を示しており、彼はその知性によって王の心に触れ、高い地位を得たものと思われる。アメンヘテプは大変な称賛を受け、その結果、テーベに彼個人の葬祭殿を拝領するめずらしい栄誉を得ている。そしてついには神格化され、末期王朝のエジプト人によって信仰を受けた。

第4章　ファラオであること

　政府組織は発展し、3000年のあいだに変化したが、一定の役職はその重要性を維持した。王の直下には宰相がいた。時には北と南の2人の宰相がいた。この役職は、初期王朝時代から存在し、第4王朝末期までは、王の息子によってつとめられていた。宰相は、その特別な衣服によって識別できる。足首まである長い衣で、脇までもち上げられ、首に掛けたマアトの象徴が布のなかに畳み込まれている。幸いなことに、新王国時代の宰相の墓の壁に「宰相のつとめ」というテキストが残されている。そのなかには、宰相がつとめた多くの役割がまとめられている。宰相は民政の長であった。そして王の副官であり、宮殿の運営を任され、その結果、彼は「王の勅令のすべてに耳を傾ける者」であった。彼はまた、税の徴収と役人の処罰の責任者でもあり、旅の際は、王の安全を確保する責任者でもあった。そればかりでなく、王家の谷に建造された王墓の切り出しと、装飾を任されていた職人たちとその家族が住む村、ディール・アル＝マディーナの運営も、新王国時代の宰相は任されていた。

　宰相の下には、多様な高官がいた。そのなかに、国の財政を管理する国庫の監督官がいた。国庫には、土地の権利書を含む、過去の公文を保管する公文書館もあった。また、軍には独自の長である将軍がいた。王宮内の出来事は、王の大家令、あるいは執事（時代によって変わった）によって監督されていた。新王国時代になると、家畜や穀物倉庫の管理を専門とする政府の部門ができた。そして新しく国の一部となったヌビアの領土には、「クシュの王子」と呼ばれる総督が配置された。そしてレヴァントへと広がったエジプト帝国の外国の領土の監督官もいた。これらのすべての役職をささえたのは、膨大な数の書記の集団であった。彼らは事務職を担当し、土地の権利、裁判、商品の流れ、軍の活動などの一切を記録した。

　王が理想像で描かれたように、官僚たちもまた、特定の模範に照らしあわせて自分たちの価値を示した。彼らは墓の碑文に、みずからの倫理的な行為を褒めそやした。とおりすがりの人々が足を止め、供物を捧げるように、あるいは、少なくとも供物の祈りを捧げるように願ったのである。「偉大なる讃歌」として知られている長いテキストには、完璧な宮廷人の資質が述べられている。まず早起きをする。そして傲慢な話し方をしない。目上の者に口答えをしない。そして王の愛することを行ない、公の場では、宮殿の内輪の出来事について話すことを控える。『プタハヘテプの教訓』にも上司の前で役人がとるべき正しい行為が記されている。それは王の前で宮廷人がとるべき行為でもある。「「謁見の間」に入った時は、最初の日にあたえられた場所に立ち、座りなさい…謁見の間における礼儀作法は大変厳しいものであるから。」テキストはさらにくわえて言う。「おしゃべりよりも沈黙はあなたに利益をもたらす。話す資格があると思った時だけ口を開きなさい。審議会においては、雄弁な者だけが話しなさい。話すことは、どんな技能よりも難しいのであるから。能力のある者だけが、権威を伴って話をすることができるのである。」

前頁下：非常に影響力の強かった役人、ハプの子アメンヘテプの像。若い書記の肖像として描かれている。組んだ足の上にパピルスの巻物を広げ、知性を示している。また、腹は三段腹で成功を示唆している。

下：宰相イメル・ネフェルカラーの像。第13王朝の王セベクヘテプ4世に仕えた。

このような公の文章とは別に、もっと楽しい逸話も紹介されている。すでに見てきたように、王は宮廷の高官の息子たちとともに育っている。そして生涯仕える者たちとしばしば強い絆を育てている。アメンヘテプ2世は、クシュの総督ウセルサテトに宛てて手紙を書いている。宮廷の夕食をともにできなくなった友人に、友達としての助言を送った手紙である。宮廷人はしばしば、王の特別な配慮によって、その地位に昇ったことを語っている。また、王が特定の人々に、個人的に特別な計らいを示す様子を描いている。ギザに埋葬されている、ある（名前のわからない）人物は、つぎのように記している。「彼が病を患っていた時、王は宮殿から輿を使わされ、彼の責任下にある仕事を座ったまま監督できるように計らわれた。その上、つき添いの者を使わされた。」また、宮廷人ウアシュプタハが視察中に倒れた時、王は10人の男たちが抱える輿を用意するように命じ、また彼の病を治すために、箱一杯の魔法の本を集めるようにと命じた。

　この世で王に忠誠を尽くした人生は、来世においても恩恵をもたらした。「王が愛した者は、満たされた精霊となる」と『忠義者の教訓』は語る。「しかし、王に反乱する者の墓は存在しない。そしてその遺骸は水のなかに放り投げられる。」さらに、満足して幸福な王は、忠誠を尽くしてくれた召使いの墓に、石棺や偽扉をあたえることがあった。これらは王の工房で製作されるため、最の材質で作られている。宮廷人たちが、自分たちの最後の休息所である豪華な墓の代金を払わなければならなかったことを考えると、歓迎される贈り物である。

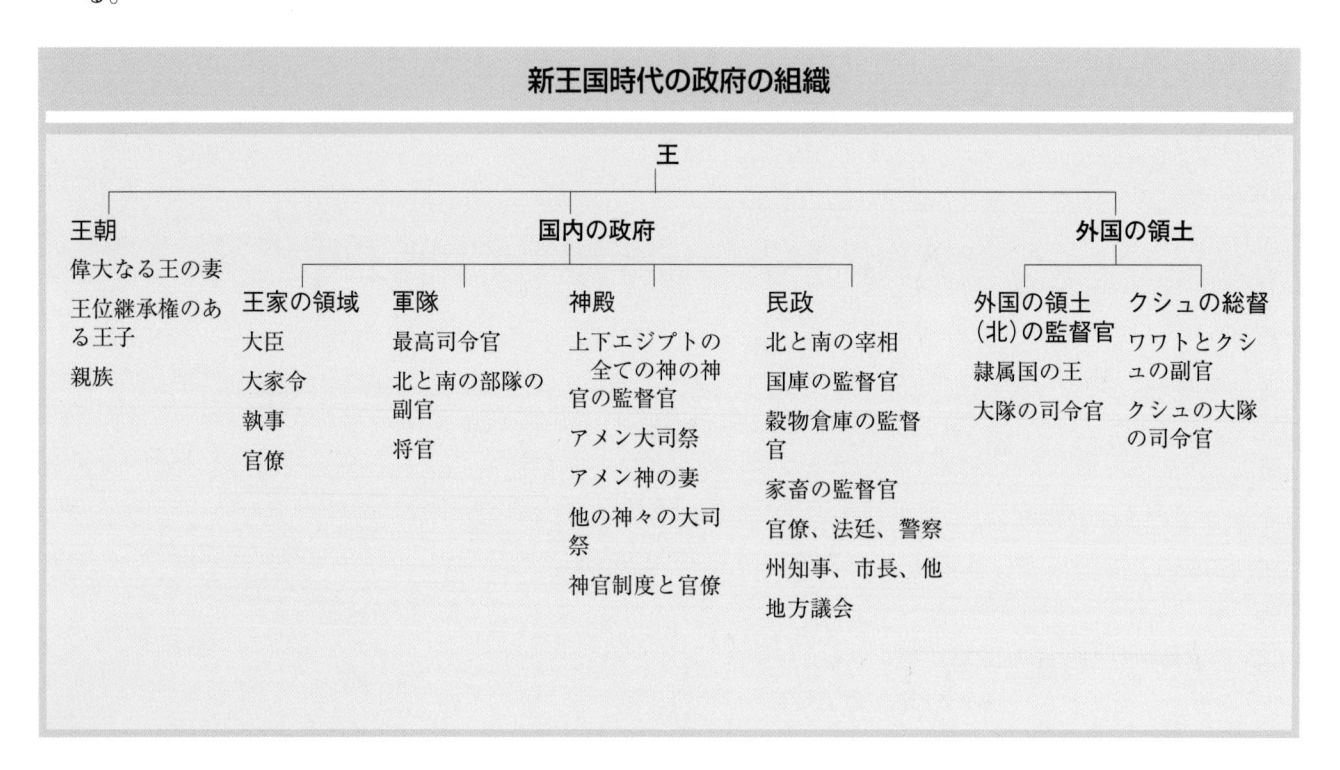

新王国時代の政府の組織

王朝	国内の政府				外国の領土	
	王家の領域	軍隊	神殿	民政	外国の領土（北）の監督官	クシュの総督
偉大なる王の妻	大臣	最高司令官	上下エジプトの全ての神の神官の監督官	北と南の宰相	隷属国の王	ワワトとクシュの副官
王位継承権のある王子	大家令	北と南の部隊の副官	アメン大司祭	国庫の監督官	大隊の司令官	クシュの大隊の司令官
親族	執事	将官	アメン神の妻	穀物倉庫の監督官		
	官僚		他の神々の大司祭	家畜の監督官		
			神官制度と官僚	官僚、法廷、警察		
				州知事、市長、他		
				地方議会		

王家の女性とハーレム

　王は望むままに、何人の女性とでも結婚することができた。しかし、偉大なる王の妻はただ1人であった。彼女の力は王との関係から生まれた。彼女は王とともに王宮のプライベートな領域で暮らしていた。また王とともに旅をし、儀式のなかで重要な役割をもっていた。神殿の壁に描かれた場面には、神々を褒め讃える王妃の姿が描かれている。王妃は神官の称号をもつことができ、神殿の儀式においては、大司祭に相当する行為を女性として行なうことができた。彼女たちはまた、ハトホル、イシス、ムウトなどの女神にたとえられることもあった。そしてアメン神の妻の称号は、それ自体の組織をもつ役職であり、新王国時代以降、王妃と神の結びつきを密接なものにした（43頁参照）。古王国時代や中王国時代においては、王妃は、現世と同様に、葬送のコンテクストにおいても、王とは別格に扱われ、夫たちの大きなピラミッドの横に立てられた小型のピラミッドに埋葬されていた。新王国時代においても、王妃や王家の子どもたちのための埋葬地は、王家の谷の近く、現在では王妃の谷として知られている別の場所に設けられていた。そして王がその姿によって他の者と区別されていたように、妻たちもまた、異なる装束を身に纏っていた。古王国時代以降、王妃はしばしばハゲワシの頭飾りをつけている。2枚の翼が頭の側面に垂れ、額には鎌首を擡げたコブラが飾られている。第13王朝以降は、2枚の羽根がくわえられた。そして第18王朝の王妃ティイは、ハトホル女神の角と太陽円盤を飾った。

　王は、一般の人には禁じられていた、複数の妻をもつことが、特権として許されていたばかりでなく、腹違いの妹や娘と結婚することもできた。アメンヘテプ3世とラメセス2世の場合がそうである。これは、兄弟であったオシリスとイシスが結ばれ、ホルスが誕生した神の慣習を真似たものであり、それによって家族間の婚姻が許されていた。現実的なレベルでは、これによって権力を家系内に留めることができた。また、外交などにおいて、結婚は実践的な役割を果たした。新王国時代には、王が重要な外国の王の娘と結婚することが一般的となった。これによって二国の関係は強固なものとなり、条約が守られた。トトメス4世、アメンヘテプ3世、そしてアクエンアテンは、いずれもミタンニの王妃と結婚している。アメンヘテプ3世は、また、バビロニアの王妃とも結婚している。ラメセス2世は、エジプトとハッティのあいだに平和条約が結ばれた後に、ハットゥシリ3世の2人の娘と結婚している。外国の王妃は、奴隷、家畜、贅沢品、そして多くの側近とともにエジプトに入った。アメンヘテプ3世と結婚したミタンニの王妃ギルケパは、317人の侍女を連れてきたと結婚を記念して作られた巨大なスカラベに刻まれている。

　レヴァントの隷属国の王の娘たちもまた、エジプトに送られ、ハーレムに入れられた。「あなたの主人である王に娘を送りなさい。また、贈り物として20

アメンヘテプ3世の偉大なる王の妻、ティイ王妃の頭像。現在はベルリンにある。ハトホル女神の角と2枚の羽根の王冠、そして太陽円盤を組み合わせた冠を被っている。ハーレム王宮のあったマディーナト・アル゠グーラーブで発見された。

人の健康な奴隷、銀の二輪馬車、そして健康な馬を送りなさい」とある手紙には記されている。これらの女性たちは、ハーレムに入った後、歴史の記録から消え去ることが多い。バビロニアの王カデシュマン・エンリルは、アメンヘテプ３世に妹の消息を尋ねる手紙を送っている。長いあいだ、彼女のことを見た者もなく、また彼女からの連絡が途切れたためである。王はまた、一般の人と結婚することもできた。アメンヘテプ３世は、ティイという女性と結婚している。彼女は、戦車の長、ミンの大神官であるイウヤと、ミンとアメンのハーレムの長チュウヤの娘である。一般の出身であったにもかかわらず、ティイの名前は、しばしばアメンヘテプ３世の名前とともに、公式な碑文に現われる。また、私人の墓や巨像において、彼女は王とともに描かれている。トトメス３世とアメンヘテプ２世もまた、王家の出身でない者と結婚している。

　それに対して、新王国時代の初めから、ラメセス２世の治世まで、王家の女性は一般の人と結婚することを禁じられていた。これは王家の血筋、さらには王の権力が薄まることがないようにするためである。特に王の娘が、外国の王と結婚することは禁じられていた。「記憶の果てにある時からずっと、エジ[プト]の王の娘は誰にもあたえられることがない」とアメンヘテプ３世は、バビロニアの王カダシュマン・エンリルに書き送っている。そのため、ツタンカーメンの未亡人であるアンクエスエンアメンが、夫の死後、ヒッタイトの王子との結婚を申し込んだのは、伝統を壊す異例なことである。時代によっては、宮廷人が王の娘と結婚をすることが許されていた。そこでたとえば、古王国時代のプタハシェプセスは、ウセルカフ王の長女カマアトと結婚した。「なぜなら、陛下は他のどの男よりも、彼女が彼といることを望んだためである。」

　エジプトにおけるハーレムは、オスマンにおける王の愛人が幽閉されている誰も立ち入ることのできない場所のイメージとは異なる。それは独立した王宮で、郊外に立てられていることが多かった。最も良い例は、ファイユーム・オアシスのマディーナト・アル゠グーラーブ（古代のミ・ウル）にあったハーレムである。そこには、王家の女性だけでなく、私人の女性も含み、数多くの女性が暮らしていた。オスマン帝国のハーレムとは異なり、ここに住む女性たちは自由に出入りをすることができた。ただし、マディーナト・アル゠グーラーブが比較的孤立した地域にあったため、彼女たちは、外界とは遮断された生活を送っていた。ハーレム王宮は、多くの女性が住めるように、かなり広大なものであったと思われる。そこには王妃のほかに、老齢となった貴婦人、乳母や侍従たちがいた。上記に記したように、ミタンニの王妃ギルケパに伴って、317人の女性たちがエジプトにきているが、彼女たちを受け入れる部屋がハーレムには必要であったはずである。

　マディーナト・アル゠グーラーブで数多く発見された紡績や織物の道具が示唆するように、ハーレムで暮らした女性の多くは、織物を営んでいたようである。そこで製産されていた上質の亜麻は、ハーレムの女性によって使用されていただけでなく、宮廷へと送られた。女性たちはまた、自分たちの農場や家畜

ハーレムの女性ティイの木製の像。現在はニューヨークのメトロポリタン美術館にある。ハーレムの女性たちには、召使いの軍団がおり、彼らの日々の生活をささえていた。

王としての女王

　王妃のなかには政治的に重大な役割を果たした者もいる。第18王朝初期のイアフヘテプ王妃は、イアフメス王が幼かった当時、女王として共同統治を行ない政治に関与していた。また、王権のイデオロギーに反するものの、なかには王の称号を持ち、王として国を支配した者もいる。

　第12、13王朝の終わりなど、王朝に問題が起きた時には、特に女王が出現した（セベクネフェルウとタウセレト：第6王朝末期の女王ニトクリスの存在には疑問がある。彼女はヘロドトスとマネトンに言及されているが、エジプトの資料には欠落している）。あるいはプトレマイオス王朝の最後の女王（クレオパトラ7世）などがいる。しかし、王となった女王のなかで最も有名なハトシェプスウトは、第18王朝中頃の比較的安定した時代に統治していた。

　ハトシェプスウトは、トトメス2世の偉大なる王の妻であったが、息子がいなかったため、王の死後、王座は、アセト（イシス）という名前の身分の低い妻から生まれた王子が継承することになる。トトメス3世は戴冠の儀を執り行なうが、まだ若い少年であったため、ハトシェプスウトは、王家のなかで最も位の高い者として摂政女王となり、国の統治を行なった。

上：ディール・アル＝バハリ出土のハトシェプスウトの巨大な彫像の頭部。ハトシェプスウトはファラオとなった数少ない女性の1人である。

右：女性のファラオ、セベクネフェルウの円筒印章。彼女の5つの王名のうち、4つが彫られている。ロンドン、大英博物館所蔵。

　時間をかけて、彼女は少しずつ王の特権を獲得して行き、ついには、彼女の父トトメス1世が生前に選んだ、真の王としてみずからを宣言した。表向きは、ハトシェプスウトとトトメス3世の2人が共同統治者として国を支配した。2人のカルトゥーシュは、しばしば記念碑に並んで刻まれている。しかし真の権力を握っていたのはハトシェプスウトであった。

　ハトシェプスウトの支配のあいだ、トトメス3世が幽閉されていたわけではない。彼は少なくとも1度、レバントに遠征を行なっている。つまり、彼が望めば、軍を使ってハトシェプスウトを倒すことも可能であった。現実にこのようなことが起こらなかったのは、2人の関係が協力的なものであったことを示唆している。後に彼女の名前のほとんどが記念碑から消されているが、これはトトメスが1人で統治した時代の後半からアメンヘテプ2世の時代にかけて起きたことである。

をもち、宮殿の近くの小さな町に住む役人の一団によって生活を支援されていた。ハーレムは王家の婦人たちの家であるばかりでなく、自給自足できる場であった。しかしハーレムはまた贅を尽くした場所でもあった。マラカイトやラピス・ラズリなどの石で作られた宝飾品の詳細な記録を見ると、女性たちは優雅な生活を送っていたようである。また、膨大な量の花が飾られていた。ハーレム王宮は、王やその側近が国を旅する際の基地として、田舎の別荘のような形で使用されていた。

儀礼と祝祭

　前1世紀に記された、エジプトの最古の王の生活を描写している書のなかで、ディオドロス・シクルスは、ファラオが完全な独裁者でなかったことに驚いている。王は日々の宗教的な儀式に縛られていた。ディオドロスの記述を細部まで信頼することはできないが、エジプトの王が、儀式や宗教的な慣習によって支配されていたことは間違いないであろう。王は、すべての神々の大神官であると同時に、神々と人間の仲介者であった。そして神殿の奥で行なわれる秘儀を知り尽くした者であった。この役割のなかで、王は、それぞれの神の前で日々の儀式を行なわなければならなかった。至聖所の扉を開き、香を炊いて部屋を清め、神像に衣服を着せ、供物をあたえ、聖域を畏敬の念をもって退室する前に、みずからの足跡を掃き清めなければならなかった。

　現実には、これらの儀式は、エジプト全土の神殿の神官が、王の代理として行なった。すべての神殿の壁には、これらの儀式を執り行なう王の姿が描かれているが、実際にどの程度の頻度で、王がみずから儀式を行なっていたかは不明である。たとえば、メンフィスに滞在するあいだ、王は毎日、プタハ神殿に赴き供物を捧げたのか？　それとも供物の奉納は神官に任せていたのか？　『メリカラー王への教訓』は、王は「白いサンダルを履き」「聖なる場所」において、毎月の礼拝を行なわなければならないと強調している。また、ヌビアの王ピイは、ゲベル・バルカルの勝利ステラのなかで、プタハ神殿内のラーのピラミディオン・ハウスを訪問した際に経験した、着替え、清め、そして聖船などの詳細な様子を記している。しかし、これは日々の出来事ではなく、ヌビアからデルタに旅をした時の逗留地のひとつにすぎない。実際に、エジプトの王はよく旅をした。国中の祭礼や祝宴に参加し、ミン神の祭りなどでは、王は麦の穂を刈り、4羽の鳥を4つの方位に放つ儀式を執り行なった。王は、祭礼に向かう途中に、神殿を訪れ、本来の「住処」にいる神々を崇拝したと思われる。多くの王のステラには、王が特定の場所で、特定の神に対して、「讃美を唱えた」様子が、まるで今そこに到着したばかりのように記されている。トトメス4世は、エジプトの南を旅した時、「上エジプトのすべての神が、花束の香りに満たされた」と記している。これは、王が

マディーナト・ハブのレリーフ。ラメセス3世が麦の穂を刈り取っている。これは、ミン神の祭礼の際に行なった儀式のひとつである。

第4章 ファラオであること

マディーナト・ハブのレリーフ。ラメセス３世がミン神に供物を捧げている。

　神殿から神殿へと訪問を続けた様子を示している。そして「ベヘデトの町で留まり、神像を洗う祭り」を行なったことを記している。
　神殿における日々の儀式を王に代わって神官が行なったように、時には、代理の者を祭礼に送ることもあったと思われる。しかし、王が必ずみずから行なう特別な行事があった。新王国時代において、最も重要な年中行事は、テーベのルクソール神殿で行なわれたオペトの大祭であった。ルクソール神殿は、母の子宮に王が宿った時に創造された「カーの精霊」を奉っている。カーの精霊は、戴冠式の時に、王の肉体と合体する。（64頁参照）。祭礼は、カルナクのアメン神殿からルクソール神殿へと向かう行列で始まる。アメンの神像は、妻であるムウト女神、そしてアメンとムウトの息子であるコンス神の像とともに、聖域から船に乗せられて、カーの精霊の船とともに運ばれる。彼らは、２つの神殿を結ぶ、スフィンクスが並ぶ参道を道中にある祠堂で止まりながら進んで行く。神殿のなかでは、王がいくつかの儀式を執り行なった。アメン・ラーから青冠を戴く前に、アメン・ミンの「周遊の儀（下記参照）」、アメン・ラーへの供物の奉納などが行なわれた。王、アメン、そして「カーの精霊」だけが、神殿の奥の聖域に入ることを許された。なかに入ると、王は聖船を納めた

カルナクとルクソール神殿を結ぶスフィンクス参道。遠くにルクソール神殿の塔門を見ることができる。毎年行なわれるオペトの大祭では、ファラオと神々が乗った船がこの道を行進した。

祠堂の前で肉を清めた。ひとつひとつの儀式を重ねることで、王はカーの精霊との結びつきを強め、最後に2つは完全にひとつに融合する。そこで初めて、アメンの前に進む用意が整う。王は神のために神酒を注ぎ、香を炊く。そしてその過程のなかで、王は神となり、若返る。王は白と赤の冠を被り、再び儀礼上の戴冠の儀が行なわれる。この祭礼は、王がカーの精霊と統合し、アメン・ラーから支配者として認められることによって、王の正当性を再確認し、宣言することを意図している。儀式が終わると、神殿の奥の暗い聖域から、太陽の光が燦々と射す外へと王が出現する。そこには王の再生を祝う大勢の人々が待っていた。そして王は、神々の像とともにカルナク神殿へと船で戻るか、あるいは、スフィンクスの参道を行列して戻った。

もうひとつの重要な王の祭礼は、セド祭であった。この儀式は、王が健康であり支配者としてふさわしいことを示す祭りであった。この祭りは少なくとも

次頁上：第3王朝のジェセル王が、セド祭を行なっている様子を描いたパネル。サッカラにある「南の墓」出土。同じような場面は階段ピラミッドの下でも発見されている。

次頁下：第1王朝のデン王が、セド祭において、周遊の儀式を行なっている様子を描いたラベル。

第1王朝のデン王の時代にまでさかのぼる。デン王に属する黒檀のラベルには、2ヶ所に置かれた3つのマーカーの周りを王が走って回る「周遊の儀」の様子が描かれている（26頁も参照）。祭礼の一環として、王は、さまざまな色の四角い布で飾った、ぴったりとした儀式用の衣を身に纏っていた。そのような衣装は、現在カイロ・エジプト博物館やオックスフォードのアシュモレアン美術館に所蔵されているカセケムイ王の彫像が纏っているのを見ることができる。ただし、色鮮やかな飾りは失われている。また、セド祭と結びついた祠堂の等身大の石のレプリカをジェセル王の葬送複合体に見ることができる。第3王朝に建てられたものである。そしてピラミッドの北側で発見されたジェセル王の像は、セド祭の衣を纏っている。セド祭の場面は、後のピラミッド複合体の壁にも描かれている。ただし、ジェセル王のようにレプリカを再現しようと試みた者はいなかったようである。さらに後の時代になると、デモティックやギリシア語のテキストのなかで、セド祭は「治世30年の祭り」と書かれている。伝統的にセド祭が、王の治世30年目に行なわれていたためである。その後は、一定の期間（一般的に3年）ごとに行なわれた。ラメセス2世は、13か14回の王位更新祭を行なっている。それに対してアメンヘテプ3世は3回である。しかし、王のなかには、30年を待たずに第一回目の祭礼を行なう者もいた。メンチュウヘテプ2世は、アクエンアテンと同じように、治世2年の後に1度セド祭を行なっている。それに対して、ペピ1世は、治世36年まで待ってからセド祭を行なった。王のなかには、実際に行なわれなかったセド祭を記念碑に残す者もいた。治世30年まで王として存在できることが彼らの願いであったと思われる。祭礼自体は、王の気まぐれで、異なる場所で行なわれた。アメンヘテプ3世は、純粋にセド祭を行なうために、マルカタに王宮を作っている。そしてラメセス2世は、ピ・ラメセスでセド祭を祝っている。しかし、多くの場合、祭りはメンフィスで行なわれたと思われる。

　セド祭を再現するには、つぎの4つの主な資料を活用できる。アブ・グローブのニウセルラーの太陽神殿の場面、ヌビアのソレブにあるアメンヘテプ3世の神殿（宮廷人の墓を含む）、東カルナクのアクエンアテンの碑文、オソルコン2世の治世のブバスティスの図である。これら豊富な資料があるが、行事がどのような順序で行なわれたか、また、儀式がどのような意味をもっていたか

は、完全にはわからない。儀式のなかには数度繰り返して行なわれたものもあるようだ。現在のところわかっているのは、祭りの最初の段階は、祭りの場にエジプト中の主要な神々の像を集めることから始まった。これは、王の即位記念日の前後数ヶ月におよんでいた可能性がある。夜明けに松明を翳して行列が行なわれ、その間、2つの玉座と2つの聖なる祠堂が清められた後、神々の像は、北からきたか、南からきたかによって、それぞれの祠堂に納められた。祠堂そのものが、上エジプトと下エジプトを表現するために、建築上、異なる形態をしていた。北と南の違いは、この祭りをとおしてひとつのテーマであり、王が乗る輿も、どちらの祠堂に向かっているかによって乗り換えられた。王はまず、赤冠を戴き、つぎに白冠を戴いた。そして2つの玉座のある基壇に座った。玉座は背中をあわせるように並べられていた。

　王による供物の奉納が終わると（それぞれの祠堂で、一人一人の神に対して供物は奉納された）、王は神々から続く支配に対する祝福を受けた。廷臣たちは、王に忠誠を誓い、王は国の境界を象徴する目印の周囲を走った（「周遊の儀」）。これは王が健康であることを示す行事であり、祭礼の一番重要な場面であった。祭りはその他多くの儀式を伴った。たとえば、ライオンの足の家具の行列、牛を追って町の周壁を4回めぐる行事、ミン神の行列、古代の町ペとデプの人々を象徴する男たちの闘いの儀式、4つの方位に矢と鳥を放つ儀式、などである。アメンヘテプ3世は、彼の王位更新祭が伝統にのっとっていることにこだわったが、同時に新しい要素を紹介した。彼は、巨大な人工湖ビルカト・ハブをマルカタ王宮に掘るように命じ、その上に神々の夕方と朝の船（そして王の船）を浮かべ、王宮へと向かわせ、つぎにそれぞれの祠堂へと向かわせた。祠堂では家畜が犠牲となった。王位更新祭の明け方、王と宮廷の人々は、安定の象徴であるジェド柱をオシリスの像の前に立てた。

　以上のような大きな祭礼の他に、王には、神々のために神殿を造営する役割があった。鎮壇の儀式においては、王が祭儀を進行するのが理想であったが、他の多くの儀式と同様に、神官が王の代わりをつとめることが多かった。完全な鎮壇の儀式は、7日から14日間続いた。その内容はわかっているが、順番にかんしては、学者によって考えが異なる。最初の儀式は、神殿の位置を決めるため、星がよく見える新月の夜に行なわれたと思われる。王と廷臣、そしてセシャト女神の役割を演ずる女神官が神殿の4つの隅に棒を沈めた。つぎに「縄張りの儀式」が行なわれた。これは儀式のなかで最も重要な部分であり、古代エジプト人は、鎮壇祭全体をこの名前ペジュシェスで呼んでいた。この儀式では、王は神殿の輪郭を明確にするために、4隅に刺した棒に縄を張って回った。この輪郭に沿って、溝が地下水に届くほど深く掘られた。つぎに王は、日乾レンガを作り、掘られたファウンデーション・トレンチに、模型の道具、供物、犠牲となったガンと牡牛の頭、そしてコーナー・ストーンなどを納めた。また、儀式上清いものと考えられていた砂も溝に入れられた。

　神殿が完成すると、王、あるいは、神官が1ヶ月にもおよぶ、一連の儀式を

行なった。最初に神殿は、ナトロンと化粧漆喰で清められた。つぎに、各部屋で「開口の儀式」が行なわれた。これによって神殿は、宗教儀礼のために正式に使用される準備が整った。最後に、神殿の神像が聖域に納められた。そして神官や職人たちのための晩餐会が開かれた。

神との交信

　神と人の仲介者として、王は直接、神から命令を下され、それを人民に伝える役割をもっていた。国家における決定事項がある時、神々はその中心にいた。「私は彼（アメン）の行ないなくして、事業を計画することはできなかった」とハトシェプスウトは語っている。しかし、いったい王はどのように神と交信したのであろうか？　そのひとつの方法は、古王国時代から宗教生活のなかで存在していたと思われる託宣である。新王国時代以前は、夢をとおして、神々は願いを伝えていた。たとえば、センウセレト１世は、エレファンティネに神殿を建てるように夢でお告げを受けた。後の王たちも眠りのなかで神々に出会っている。ギザの大スフィンクスの足のあいだに建てられている『夢のステラ』あるいは、『スフィンクス・ステラ』には、トトメス４世が王子の頃、既に砂に埋もれていた古代の記念碑の横で眠りに落ちた話が語られている。トトメスの夢では、ラー・ホルアクティ・アトゥム神が彼に話しかけ、スフィンクスの体を掘り出し修復すれば、王位を約束すると言った。同じように、メルエンプタハの場合は、夢のなかでプタハ神が訪れ、リビアに対する闘いの許可を象徴する、曲がった刀剣を差し出した。王たちはまた、神によって啓示を受けたことを語り、ビアイト（神からの印、あるいは「奇跡」）によって、神々の存在を感じたと語っている。そのなかには、トトメス３世が遠征中に目撃した彗星などがある。

ホルエムヘブが、アトゥム神の前で供物を捧げる姿勢をとっている。ルクソール博物館所蔵の像。人間の上にある存在であるファラオも、神々に仕える身であった。供物を奉納して神々を喜ばせ、神々の命令を人々に伝えるのがファラオの役目であった。

ギザの大スフィンクスの足下にあるトトメス4世の夢ステラ。まだ王子であった時に、ラー・ホルアクティ・アトゥム神が夢のなかに現われたことが記されている。

　新王国時代から、託宣は歴史の記録のなかに多く見られるようになる。これは、この慣習がこの時代に始まったことを示唆している可能性もあるが、王権の意味がこの時代変化していたことを反映している可能性もある。つまり、王を神の前にいる予言者と明言することが許される時代になったのである。第18王朝には、ハトシェプスウトがアメン神の命により、プントの土地に遠征している。また、カルナクにおいて、若いトトメス3世をアメン神みずから「王の地位」に導いたとされている。これによって将来の王位が約束された。ハトシェプスウトとラメセス4世も将来の王権を神によって告げられたとしている。託宣によって、（後から過去を振り返ってみれば）王の治世が正当化されているのである。ラメセス2世がネブウンエヌエフを任命した時のように、王はまた、神殿の人事の際に、神々にうかがいをたてる。また、軍隊を送る場合には、神の許しを得るのが一般的な慣習であった。トトメス4世は、ヌビアへの小規模な遠征を行なう前に、神のお告げを確認している。

王の食事：経済と食物

　理論上、王がエジプトのすべての土地の所有者であった。そして政府の必要に応じて、彼は、所有する土地に住む者から税をとりたてた。税金が正しく徴収されるように、宰相は、畑の境界線、土地、家畜の記録をきちんと保管した。毎年、ナイルの氾濫の後に、宰相は「マットの書記」と呼ばれる役人を送り、畑を測って、収穫を予測した。この予測は、後に、刈り入れの後の実際の収穫と比較された。貨幣は存在していなかったので、税は、穀物などの物品や、国家プロジェクトの労働力などの形でとりたてられた。物品は貯蔵保管され、官僚が軍人など、社会の「非生産者」や労働者を支持するために、政府によって再配分された。宰相レクミラ（第18王朝）の墓には、王の利益のために町や地域から徴収された特別な税にかんする記録が残されている。そのように所得を増す努力は、非常に稀なことであったが、王の宮廷が、町や地方の領土をとおる際、市長たちは必要な物品を供給しなければならなかった（158頁）。この制度にかんしては不平不満が多かったようで、ホルエムヘブはそれに対処して、地域の市長に課せられる要求を減らすようにと勅令を出している。

　一般的な税のほかに、王宮は、直接私有する土地や資源から利益を得ていた。中王国時代後期のブーラーク・パピルス18は、「王の財源」のうちの3つを明らかにしている。南の長の部門、人民の税の管理局、そして国庫。これらの財源から特別に、必要な額を引き出すことをイヌウと呼んでいた。この単語は、「貢ぎ物」や「公の贈り物」などとさまざまに訳されている。外国の要人がファラオに用意する贈り物が典型的なイヌウであった。これらの財源は、王の個人的な使用のためにあたえられ、平常の再配分制度の外に位置していたため、王の「個人的な財布」と位置づけることができた。王は、宮廷の人々の食事を賄い、神殿に寄付を行ない、ネクロポリスの職人に給料を支払うほか、多

アシャイト王妃の石棺に描かれた場面。カイロ・エジプト博物館所蔵。召使が穀物倉庫に穀物を運ぶ様子が描かれている。椅子に座っている役人が監督をしている。

様な用途にイヌウを使用していた。このイヌウにかんする記録は、宰相に届けられ、国庫のなかのゲス・ペルと呼ばれる場所に保管されていた。そこでは、記録書類が、内容ではなく場所によって分類されていた。

　セティ１世の時代の宮殿の記録には、王のパンのために使用された小麦の量が詳細に記録されている。小麦は、「ファラオの穀物倉庫」からパン工房へと送られた。そこでは、メンフィスの市長がみずから監督をした。これらの記録は特に詳細に記され、消えてしまうことの多かった穀物の流れのすべてが詳細に記録されていた。このリストから、毎日、100から190袋の小麦が王のパン工房に運ばれ、数日ごとに、2000から5000斤の小型のパンが王宮に届けられていたことがわかる。王家の谷のラメセス３世墓（KV11）には、若干損傷があるが、パン工房の場面が描かれている。巨大な桶に入れられたパン生地を召使いが足で練っている。生地は宮廷のパン焼き職人に届けられると、めずらしい形に整形される。仔牛の形のものや螺旋状のものなどである。小型のパンは焼かれていたようであるが、なかには、火であぶられたものもある。王家の台所は、ラメセス３世の墓に描かれている。肉を乾燥させている場面や、若い男性が巨大な鍋の中味をかき混ぜている場面がある。その近くでは、肉切り人が、屠殺された動物の血を器に貯めている。また、別の者が肉を切り刻んでいる。マルカタ王宮の貯蔵庫は、食べ物やまるまると太った雌牛を載せた台で飾られていた。また、アメンヘテプ２世の時代の王の執事スウエムヌウトは、その墓の壁画に、王宮の飲み物を確認している姿で描かれている。そのなかには、王の台所で作られた軽い口当たりのクリーム・エール（ビールの一種）があった。

ラメセス３世墓の場面には、王のパン工房の忙しい様子が描かれている。多様な形のパンが作られ、なかには仔牛の形のものもある。

第4章　ファラオであること

　王が消費した食べ物や飲み物は、アンク・ネスウト（王の食料品）と呼ばれ、王宮の客やスタッフ、そして王の家族のものとも別に用意されていた。ある実務記録によると、センウセレト2世のピラミッド複合体の祭礼の折に用意され、王宮に届けられたものをアンク・ネスウトと呼んでいる。同様に、ブーラーク・パピルス18によると、つねに宮殿に届けられていたもののひとつがアメン神殿から届くアンク・ネスウトであった。以上を見ると、王が個人的に消費する食糧は、神々の供物と同じレベルで儀礼的に清められ、用意されていたようである。これは、王の執事の形容辞が「手の清い者」であることにも反映されている。

　リストに載っている食糧は、王1人が毎日3食を食するのに充分な量である。100個のパンと10個のデス壺のビール。これらの量は、とてつもなく膨大な量に思えるかもしれないが、それぞれは、ごくごく小さかったと思われる。このような食糧は王の消費のために特別に作られたものであるが、役人の伝記を読むと、彼らが王の食卓、特に一般に朝食（1日の最初の主要な食事）を表わすアブウ・ラーから食べ物を頂いたことを自慢している記述が見られる。第18王朝初期の職人の監督官であるイネニは、「私は毎日陛下の思し召しを受け、王の食卓から王の『朝食』のパンとビール、脂ののった肉、野菜、様々な果物、ハチミツ、菓子にワイン、そして油を頂いていた」と記している。ハトシェプスウトの時代のセンエムイアフは、「私には、昼と夜、王自身の『朝食』の品々の一部が届けられた」と書いている。王の食卓から食べ物を頂くことは、明らかに、有り難い王の思し召しであったようである。

王の執事スウエムヌウトのテーベの墓の彩色を施された壁画。「清らかな手の者」と描写されている。永遠の生命のために、彼の前に山のような食物が積まれている。

王の晩餐会：「食べて、飲んで、休んで祝う」

　王は、「生命の館」と呼ばれる宮殿の1区画で日々の食事をとった。そこで王は、「王の豊富な食事」の主人によって給仕された。この人物は、王の食卓の監督官であり、充分な食糧があることを確認し、王の客をもてなすのが役目であった。彼は王の個人的な食糧係の長であり、かなり大きな組織を運営しい

新王国時代の王の健康

「あなたが受けている祝福に感謝し、[神々に]あなたの健康を祈りなさい。」『メリカラー王への教訓』には、上のように書かれている。王は永遠に続く神聖な王権を具現化していたが、社会の普通の人間と同様に病に冒される肉体をもっていた。しかしエジプトの大半の人々とは異なり、王には、専属の医師団がついていた。

古王国時代には、王宮の医師には序列があった。後の時代になると、彼らは王の医師と呼ばれるようになり、彼らを監督する監督官がいた。彼らは専門をもち、王宮の眼科医、王宮の腹部の医師、王宮の歯科医長などがいた。また、「生命の館」の医師長もいた。医師は、魔法の呪文、護符、そして実践的な処方を組み合わせた治療を行なった。彼らは、内臓の問題は、神々や、悪意のある神、悪魔、悪の目などによって引き起こされ、病気は、ウヘドゥという有害な物質が体のなかに入り込み、メトゥに浸透することによって起きると考えられていた。メトゥというのは、体内にある紐状の管を示し、静脈、動脈、そして腱などを指した。これらメトゥは、心臓に繋がっており、体のなかの液体や空気は、そのなかをとおると考えられていた。

骨折を含む、怪我の処方は定着していた。エーベル・パピルスには、特定の内臓と結びついた病気の処方が700リストされている。胃痛、蛇の咬み傷、あるいは避妊法でも、エジプトの医者は何らかの処方をあたえることができた。

新王国時代のファラオのミイラを分析することによって、ファラオたちが直面していた日々の健康の問題を明らかにすることができる。華奢であったイアフメス王は、膝と背中にリュウマチを抱えており、慣習に反して、割礼を受けていない。学者のなかには、割礼に耐えられるだけの強い体をもっていなかったとする者もいる。彼の妻イアフメス・ネフェルトイリは、脊椎が湾曲する脊柱側弯を患っていた。トトメス1世のものと思われていたが、現在では私人のものと思われ

新王国時代のファラオの一部、そして彼らが患っていた病気や状況

ファラオ	状況	ファラオ	状況
イアフメス	膝と背中のリュウマチ	セティ1世	動脈硬化
トトメス2世	虚弱体質、瘡蓋	ラメセス2世	腰のリュウマチ、足の動脈の動脈硬化、顎の膿瘍形成 抜け歯、強直性脊椎炎 あるいは びまん性特発性骨増殖症
トトメス3世	瘡蓋、椎間板の石灰化	メルエンプタハ	肥満、大腿骨骨折、リュウマチ、虫歯、動脈硬化
ハトシェプスウト	肥満、癌、糖尿病	シプタハ	左の内反足（ポリオ、あるいは、脳性麻痺による？）
アメンヘテプ2世	脊椎の圧迫骨折、瘡蓋、強直性脊椎炎	ラメセス3世	肥満
トトメス4世	骨盤傾斜、致命的な病気にかかる	ラメセス4世	歯の摩耗
アメンヘテプ3世	肥満、歯の膿瘍形成	ラメセス5世	天然痘、鼠径ヘルニア、腺ペスト
ツタンカーメン	マラリア、歩行困難		
ラメセス	左の大腿骨骨折、耳の奇形（耳の感染症による？）		

第4章　ファラオであること

る遺骸は、骨盤が骨折しており、胸には矢が刺さっていた。トトメス2世は虚弱体質で、体中が瘡蓋で覆われていた。病気が原因であると思われる。息子のトトメス3世にも同じような瘡蓋があった。彼にはまた、椎間板の石灰化が見られた。これは時に動きに制限をあたえ、痛みをともなうこともあるが、そうでない場合もある。現在、ハトシェプスウトと思われている王家の女性の遺体は、明らかに生前、肥満であり、ガン、瘢痕ヘルニア、ぎっくり腰、そして糖尿病を患っていた。アメンヘテプ2世は、はっきりと確認されていないが、脊椎を圧迫骨折していた可能性がある。またやはり瘡蓋に悩まされていた。彼にはまた、強直性脊椎炎の傾向が見られた。これは、脊椎の硬直化や目の炎症を引き起こす状態である。おもしろいことに、アメンヘテプ2世は、スポーツ好きであったが、定期的な運動は、この状態による背中の痛みの緩和に役立つ。トトメス4世は、30代で亡くなっている。おそらく致命的な病気に襲われたのであろう。彼はまた、骨盤が傾いていた。骨盤に骨折や亀裂があるか、あるいは、単に座っている時の姿勢が悪かったことが原因と考えられる。アメンヘテプ3世は肥満で、歯に膿瘍があった。孫のツタンカーメンは、悪性のマラリアにかかった。そして内反尖足であった。また、亡くなる直前に左大腿骨を骨折している。

ラメセス1世と思われるミイラの耳は変形している。おそらく死に結びついた耳の感染症と関連している。長寿であったラメセス2世は、その年齢のために、腰のリュウマチ、足の動脈の動脈瘤、顎の膿瘍を患い、また歯を失っていた。息子のメルエンプタハは、生前、そうとう太っていた。そして年齢に関係する病を患っていた。大腿骨骨折、脊椎のリュウマチ、虫歯、そして動脈瘤である。シプタハもまた、左足が内反尖足であった。子どもの頃にポリオ、あるいは脳性麻痺を患った結果であると思われ、若くして亡くなっている。ラメセス3世は、肥満であった。息子のラメセス4世は、50代で亡くなっているが、歯の摩耗が進んでいた。古代エジプトの年寄りによく見られた問題である。そ

セティ1世のミイラ、新王国時代のミイラのなかでも大変保存状態が良い。医学的な分析の結果、彼は動脈瘤を患っていたことがわかっている。同じ病は息子のラメセス2世や孫のメルエンプタハにも見られる。

してほぼ完全に禿げていた。ラメセス5世は天然痘を患ったことがあるが、彼の死因は、病気ではなく、30代前半に頭に受けた一撃であると思われる。この気の毒な王は、鼠径のヘルニアや、他の病気も患っていたようである。おそらく腺ペストで、右の足の付け根に横痃の破裂の跡が見られる。

これら新王国時代の王たちは健康問題を抱えていたが、栄養不良や病気による成長停止の兆候は見られない。そして彼らはこの時代一般的であった多くの病気にかかることもなかった。全体として、彼らは栄養が行き渡り、健康な生活を送っていたようである。

た。王宮の料理人が作った料理の正確なレシピはわからないが、王の食事は贅沢で豊富であった。パンは主食であり、宮殿のためのパンは、大きなパン工房で焼かれた。上記のラメセス3世の墓に見られるように、王や貴族のパンは多様な形に焼かれた。しかし一般にパン生地は円錐形の型に入れられた。また、ニンニク、タマネギ、セイヨウネギ、レタス、キュウリなど、豊富な種類の野菜があった。第2中間期から、スイカやオリーブの人気が高かった。また、ナツメヤシは菓子などに使用されて食されていた。砂糖の代わりにハチミツが使用され、バター、油、そして脂肪が肉を炒めるのに使われた。マルカタのアメンヘテプ3世の王宮の発掘からは、91の脂の壺が発見されている。貧しい者は滅多に肉を食べることがなかったが、富んでいる者は、定期的に肉を食べることができた。彼らのために、家畜はしばしば屠殺され、調理された。またアイベックス、ブタ、ガゼル、アンテロープや鹿などが食された。肉は茹でたり、煮込んだり、焼いたりして食された。また、カモやガンの焼いたものも好まれた。魚は国中でよく食されたが、ピイの勝利ステラによると、魚を食べた者は宮殿に入ることが許されなかった。当時、タブーであったことが示唆される。ビールは、富んでいる者も貧しい者も同じように飲んでいたが、ワインは金持ちの飲み物であった。

　王は謁見の間で公式の大きな晩餐会を催した。これは大掛かりで大変な出来事であった。ブーラーク・パピルス18には、60人の人々が晩餐会に集まった様子と、その時の食事の量が記されている。このような集まりでは、食べ物やワインの壺は召使いによって客に運ばれた。客は、自分のマットや小さなテーブルに座っていたが、食事道具はもっていなかった。召使いが、食事の後に客の手に水を注いで清めた。時には食事の前に洗うこともあった。食事の後、王の客は、ナトロンを混ぜた水で口をゆすいだ。宴会の参加者は、楽士や踊り子によってもてなされた。宮廷には、日々の楽しみのために楽士が常駐していた。ブーラーク・パピルス18によると、4人の楽士、フルート奏者、ハープを奏でる歌手、拍手で歌う歌手、そして女性の歌手がいた。アメンヘテプ2世のお気に入りの宮廷人である、ペルウネフェルの大家令ケンアメンの墓には、アメンヘテプの容姿についてハーレムの少女たちが歌う様子を王宮で王とともに楽しんでいる場面が描かれている。古王国時代の役人で、王宮の歌手とフルート奏者の監督官であったアンククフは、音楽は「日々の王の楽しみ」であったと記している。明らかに、王は音楽の演奏を頻繁に楽しんでいたようである。

　新王国時代の私人墓に描かれた宴会の場面には、酔っぱらいの姿が描かれていることがある。なかには、飲み過ぎで気分の悪くなった女性もいる。また、第18王朝のパヘリの墓には、女性が召使いに

優美な女性の踊り子を描いた石灰岩製のオストラコン。貴族の宴会では、このような余興は一般的であったが、時には、ばか騒ぎになることもあった。

第4章　ファラオであること

ネブアメンの墓に描かれた晩餐会の様子。女性のフルート奏者と2人の裸の踊り子が描かれている。そして綺麗に彩られたワインの壺が並んでいる。

盃を渡し、「ワインの盃を18もってきなさい。私が酔いたいのがわからないのかい？　私の喉は埃のように乾いているんだから」と言っている。宮廷人と同様にファラオも酒好きであった。新王国時代後期のピ・ラメセスには、「エジプトの食品管理所」として知られる、王の葡萄畑があった。ツタンカーメンは来世にまで赤ワインをもって行っている。ただし、ビールは墓に見られなかった。マルカタ王宮の発掘では、容器の中味を示す多くの土器片が出土している。その多くは、ワインであり、製造年、質（「良質」、「とても良質」、「真の」、そして「ブレンド」）と生産地が記されている。他の容器にはエール（ビール）が入っていた。

　しかし、王が酔っぱらうことはまれであった。アメンヘテプ2世から、クシュの総督となった子ども時代の友人ウセルサテトに宛てた手紙には、宮廷人と祭礼を祝う宴での王の「食べる、飲む、そして祝い楽しむ」様子が記されている。この手紙は内容が理解しにくいため、学者のなかには、王が酔っぱらって、この手紙を書いたのではないか、と疑う者もいる。ただし、これは推測の域を出ない。もうひとつの酔っぱらった王の逸話は、文学作品でありフィクションであるが、第26王朝のイアフメス2世にかかわるものである。デモティックで記された物語には、王が宮廷人に大樽のビールを飲むと宣言している。宮廷の人々は当然ながら、それは辞めた方がよいと言うが、ファラオは王の権限をもって自分に反対してはならないと命じる。そこでファラオと妻たちは一

緒に、海辺で樽からワインを飲む。そして彼らの顔は陽気になる。お祭り騒ぎも終わり、涼しい北風に吹かれて、王は海辺で眠ってしまう。予想どおり、翌朝目覚めた王は、あまりの頭痛で何の仕事もできない。イアフメスの酒好きにかんする逸話は、ヘロドトスにも記されている。「彼は、規則正しく仕事を行なった」とギリシアの歴史家は語る。「夜明けから市場が品物で一杯になる時間まで、

　午前中に彼は、あたえられた仕事を集中してかたづける。その後は、飲んだり、友人と冗談を交わしたり、愉快な楽しみに時間を費やした。」ヘロドトスはまた、第4王朝のメンカウラー王についても書いている。ブトの託宣によって残りの寿命が6年（7年目に死を迎える）と知った王は、朝晩寝ることも止め、一瞬一瞬を楽しみ、飲んで暮らすことにしたそうだ。

第18王朝のテーベの墓の壁画に見られるように、宴会の客は時に飲み過ぎ、食べ過ぎるようなこともあった。

語り

　宴会や音楽で十分満足できない場合は、王は、魔法使いの話、冥界への旅、

召使いが葡萄棚から葡萄を収穫している。テーベ、ナクトの墓。

幽霊話、神々や冒険の物語など、「語り」を楽しむことができた。古代エジプトの時代から残っている、多くの文学作品は、王宮の楽しみのために創作されたものと思われる。そして単に読み上げられるだけではなく、演じられていた可能性がある。中王国時代になって初めて、物語は書き留められるようになり、一定の形式ができた。しかしもともと、口承文学であるということは、その場の状況や、演じる者によって変化したことを意味する。語り部の気分次第で、物語は長くなったり、短く割愛されたりしたはずである。

『ネフェルティの予言』の序章には、退屈した王がどうやって楽しみを見つけるかが記されている。（第4王朝の）スネフェル王は、王宮で、いつもの朝のように、王の審議会と会議をしている。しかし、この日、廷臣たちが謁見の間を出た後、王は彼らを呼び戻す。廷臣たちは畏敬の念をもって王に頭を下げるが、彼らに王は気楽に話しかけ、辛辣な文句や秀でた言葉を使って王を楽しませる者を見つけてくるようにと依頼する。廷臣たちは再び礼をすると、「指の技能に長ける」書記、バステトの大司祭が適任であると推薦する。王は承諾し、ネフェルティが王の前に連れてこられる。彼は、未来と過去の出来事のいずれについて語りましょうか、と王に尋ねる。王は未来の話を選ぶ。予言が語られると、すっかり夢中になった王は、パピルスと書記のパレットを用意させ、みずからその話を書きとる。

ウエストカー・パピルスに記されている『不思議な物語』では、（第4王朝の）クフ王が、息子たちの語る、朗誦神官の魔法の手柄の話で楽しむ様子が描かれている。朗誦神宮とは、聖典の知識に長け、宗教の祭典において、聖典を朗唱する者を指す。それぞれの王子が交代に、過去の王たちの時代に起きた出来事を語る。最初の王子の話は、妻と不倫をしている男を捕まえるために、朗誦神宮が蝋で作った魔法のワニの話である。つぎの王子は、スネフェル王の王宮で起きた話を語る。スネフェル王は、何か楽しいことはないか、王宮のあらゆる部屋を探してまわるが、何もおもしろいことがない。そこで朗誦神宮を呼び出して相談すると、王宮の20人の美しい女性をともに船遊びに行くように勧める。スネフェルは朗誦神宮の助言を聞くが、さらに計画を面白くするために、船を漕ぐあいだ、女性たちには網のほかは何も身につけないようにと言う。しばらくすると、女性の1人が魚の形の護符を水のなか、深く落としてしまい、この護符が帰ってくるまでは、もう船を漕がないと言う。困った王は、再び朗誦神宮を呼ぶと、朗誦神宮は魔法を使って、湖の半分をもう半分の上に載せる。そして乾いた方の湖の底から落とした護符をとり戻す。もうひとつの話はクフ王の時代の朗誦神宮の話で、彼は切り落とされた動物の頭を再び元に戻し、生き返らせることができた。

王はまた、文学作品の題材ともなった。しかしファラオが触れることのできない神として描かれることはまれであった。『ペピ2世とサセネト将軍の物語』では、王は毎夜、1人で外に迷い出る。ある夜、王は、チェティという名前の男に後をつけられる。彼は、王の夜の徘徊の噂が事実であるか知りたかったの

である。こっそりと王をつけたチェティは、王がサセネト将軍の家に到着し、梯子を上って家のなかに入るのを目撃する。梯子は、王がレンガを投げ、足踏みをすると初めて、降ろされてくるのである。王は、将軍と「彼が行ないたかったことを成し遂げる」と王宮へと戻る。この物語には性的な意味合いがあると言われてきた。ただし、それは具体的には描かれていない。しかし、テキストによると、この家に辿り着くのに王は、4時間歩いている。そして将軍と4時間の時間を過ごし、宮殿に戻るのに再び4時間かかっている。つまり全部で12時間を要していることが強調されている。王の冥界の書では、夜の12時間というのは重要な要素である。そこで、この物語は、真夜中にラーとオシリスが合体することをほのめかして風刺しているのかもしれない。

『セトナとシ・オシレ』というローマ時代に写本されたデモティックの物語にも王権に対する畏敬の念が見られない。この物語では、シ・オシレという魔法使いが、第18王朝のトトメス3世の治世を舞台とする魔法の物語をラメセス2世に語る。この物語では、ヌビアの魔法使いが、魔法を使ってトトメス3

ファラオのペット

ファラオはペットとの時間を楽しんだ。壁画では、ペットは首輪をしており、野生の動物とは区別されている。第11王朝のアンテフ2世は、テーベの葬送の礼拝所から出土したステラに、5匹の犬とともに描かれている。そのなかには、リビアから連れてこられたものもあり、外国の名前がつけられている。グレイハウンドのアブティウは、古王国時代の王（名前は不明）の番犬で、王に非常に愛されていたため、ギザに、犬のための墓を建てるように命令が下された。そればかりでなく、石棺に犬を納め、一般には人間だけの慣習であった副葬品を納めるようにと命令が下された。

ネコ科の動物もまた、人気のあるペットであった。アメンヘテプ2世は、ステラにペットのライオンとともに描かれている。また、アメンヘテプ3世の息子、トトメス王子は、彼のネコのために、「オシリス、婦人のネコ（タ・ミト）」という碑文で飾られた石棺を注文している。アメンヘテプ2世と同様に、ラメセス2世と3世もまた、時にライオンとともに描かれている。シリアの遠征地におけるラメセス2世の図には、飼育係によって世話をされているライオンが描かれている。ライオンのほかにも、アメンヘテプ2世は多くのペットを飼っていたようである。3つの「動物墓」が、王家の谷の彼の王墓の近くで発見されている。そしてミイラにされた動物の遺骸のなかには、3匹のサルと犬がいた。第21王朝のアメン神の妻は、ミイラにされたヒヒとともに埋葬されている。

第18王朝においては、王は馬と第一番に結びついていた。スカラベに描かれたトトメス1世は馬とともに描かれている。ある文学作品の一遍では、トトメス3世が馬の餌のことを語っている。アメンヘテプ2世も、馬に餌をやっている姿でスカラベに描かれている。また、アメンヘテプのスフィンクス・ステラでは、彼が王になる前に馬を調教した時のことが記されている。トトメス4世は、自分のスフィンクス・ステラで、戦車に乗っていた時の馬の早さを自慢している。ラメセス3世は、王の厩の馬を監督したことを語り、みずからの手でこれらの馬を馴らしたと語っている。ラメセス2世は、カデシュの戦いで、馬が彼を見捨てなかったので、その褒美に宮殿において馬に餌をあたえたと記している。そして2頭の馬の装飾がある指輪を作っている。ヌビアの王ピイもまた、限りなく馬を愛していた。そして勝利ステラに馬の絵を描いている。彼は、エジプト遠征時に、ニムロト王の宮殿を占拠した時、敵の馬の扱いが酷かったのにショックを受けている。「そして陛下は、厩や子馬の小屋に進んだ。そこで馬達が飢えているのを見た時、彼は

世をヌビアへと運ぶ。そこでトトメスは公衆の前で、500回鞭うたれる。6時間後にトトメスは、エジプトへ返されるが、「尻を酷く叩かれた」トトメスはホルスの休息所で横になっている。宮廷人は、これ以上のヌビアの魔法から王を守るために、魔法使いを呼び出す。すると彼は、王の「尻」に誓って、問題を解決すると宣誓する。

スポーツとゲーム

　王宮の外では、ファラオは多くのスポーツを楽しんでいた。あるいは、少なくとも楽しんでいるように描かれている。彼らは川の近くに住んでいたため、水を使った活動を楽しんでいた。これはまったく驚くに値しない。第1中間期の州侯ケティは、「王が、私を王子たちとともに、川に連れて行って水泳を教えてくれた」と書いている。また、毎年のオペトの祭りの時に、アメンヘテプ2世は、その強健さを誇示して、200人乗せた船を10mの長さの櫂で、30キ

『私が生きているように、ラーが私を愛するように、私の鼻が命で若返るように、あなた（ニムロト）が気まぐれで冒したどのような罪よりも、馬たちが飢えていることに、どれほど私の心は痛むか』」と語った。ヌビアの王たちはまた、自分たちの小さなピラミッドの墓の近くに馬を埋葬した。

　ピ・ラメセスには、王の動物園があったと考えられていた。ハイエナ、キリン、アンテロープ、ガゼル、アイベックス、鹿、ライオン、そして象などの骨が出土したためである。しかし、動物の骨は、毛皮を求めた狩りの旅の戦利品であったと考える方が妥当のようである。

皇太子トトメスが可愛がっていたペット、タ・ミト（「ネコ」）というネコの石棺。ネコは供物台の前に座っている。碑文は彼女をオシリスと同一視している。

ロも漕いでみせた。ツタンカーメンもオペトの大祭で船を漕いだことが、ルクソール神殿に記されている。しかし、これはスポーツというよりも、祭儀のひとつである。走ることにかんしては、古代の資料にあまり触れられていない。しかし、すぐに自慢をするアメンヘテプ２世は、走ったら誰にも負けないと言っている。また、走ることは、上記に記したセド祭の重要な要素である（97～98頁）。タハルカ王の治世のステラには、走行競技の最も詳細な描写があたえられている。軍隊の選抜チームは、健康維持のために毎日ランニングをしていた。ある日、王はこれらの部隊を視察に訪れ、ファイユーム・オアシスからメンフィスの王宮まで走って、彼らの強さを見せるようにと伝えた。ファイユームの端から約50キロの距離である。競技のあいだ、王は応援のために、二輪馬車で彼らの横を走り、時には短い距離を馬車から降りて、彼らとともに走ったようである。勝者は、王の護衛たちとともに飲み食いすることを許され、上位入賞者には褒美がつかわされた。

　王の弓術の技術を誇る慣習は、第18王朝に始まった。トトメス１世の皇太子アメンメスとトトメス３世が弓矢を楽しんでいたことが記されている。アルマントのステラによると、トトメス３世は、３本の指の太さの銅の的を射当てたばかりでなく、あまりの力に矢は的を貫き、３本の手の幅ほども反対側に突き出たと記されている。しかし、歴代の王のなかで最高峰にいるのは、アメンヘテプ２世である。アメンヘテプは、若い頃、ティニスの州知事であるミンから弓術を習った。そして父と同じ偉業を成し遂げた。３本の指の太さの銅の的を３本の手の長さうち抜いた。しかし、これでは飽き足らなかったアメンヘテプは、メダムードのステラによると、宮廷人を集めて弓の競技を行なった。そしてさらに深く銅の的に矢を射当て、みずからの（そして父の）記録を更新した。スフィンクス・ステラによると、彼は、４枚の銅の皿を重ねたものをうち抜いている。ツタンカーメンが同じような偉業を成し遂げたとする断片的な資料は、王たちの自慢話をさらに飛躍させているようだ。そしてアイ王が二輪戦車に乗って矢を放っている姿を描いた金箔片がある。おもしろいことに、アイ王の金箔片や、後の時代のラメセス２世の円筒印章に描かれた王が立って矢を放っている図には、王の的をささえる棒に捕虜が縛られている。これが支配を象徴するモチーフなのか、残酷な処刑を意味しているのか、明言することは難しい。

　王が釣りを楽しんだという資料は少ないが、アメンエムハト２世は、宮廷の人々とともに、魚釣りの網を作ったと記録している。（現在ルーヴル美術館にある）ラメセス朝のオストラコンには、王が背のない椅子に座って網を作っているスケッチがある（ただし、これは明らかに風刺を意図している）。しかし、ファラオは狩猟が大好きであった。（第１王朝の）デン王の治世の円筒印章には、王が船の上に立って、カバを銛で突いている場面が描かれている。第５王朝のサフラー王のピラミッド複合体のなかには、砂漠で狩りをする場面が描かれている。王は、狩猟犬や、投げ縄や棒をもった召使いにつき添われ、弓矢を

もって立っている。古王国時代後期の太陽神殿やピラミッド複合体、そして第11王朝のメンチュウヘテプ2世の葬祭殿にも、同じような王の狩猟の場面が描かれている。中王国時代の物語『スポーツ王の物語』では、アメンエムハト2世の宮廷と家族がファイユームまで狩りに出かける様子が描かれている。しかし、本当の意味で、王の狩猟の技能に注目が集まるのは、新王国時代になってからであった。

シリア遠征中に、トトメス1世は、ニヤ湖畔で象狩りを行なった。同様に孫のトトメス3世は、「一瞬のうちに7本の矢を放ち、7頭のライオンを仕留めた。彼はまた、12頭の野生の牡牛を朝飯前に捕獲し、その尻尾をうしろに引きずって歩いた。そして120頭の象を外国の領土であるニヤで殺した。」アルマントの石のブロックに、サイの図像が大きさを示す碑文とともに描かれていることから、トトメスはサイも捕獲したようである。これらの狩猟はいつもうまく行ったわけではない。トトメスはニヤにおいて象に襲われ、アメンエムヘブという名前の兵士が、象の鼻を切り落として俊敏に王を救ったことが記録されている。アメンヘテプ3世は、2つの記念スカラベに狩猟の旅のことを記している。最初のものには、王の治世の最初の10年に、102頭のライオンを殺したことが記録されている。そしてもうひとつのものには、ファイユーム・オアシスの近くの砂漠で見つけた170頭の野生の牛を狩るために、王と宮廷の人々が出かけたことが記されている。野生の牛を溝で囲った周壁の内側に追い込んだ後、王はそのうちの56頭を殺し、それから馬を4日間休ませた。ヌビアのソレブでは、アメンヘテプ3世時代の狩りのための囲いの跡が発掘されている。発掘資料とメイルの中王国時代のセンビという人物の墓に描かれた同じような囲いから、王の狩猟がどのようなものだったかを再現できる。王は囲いのなかにいる獲物を柵の外側から狙い、決して危険に身をさらすことはなかった。このような状況下で、王の狩猟が成功したのは当然である。

牡牛とライオンは、多くの王のお気に入りの獲物であった。ラメセス朝のディール・アル＝マディーナのオストラコンには、赤冠を被った王が、忠実な狩猟犬に助けられ、槍でライオンを突いている図が見られる。マディーナト・ハブには、ラメセス3世が牡牛とライオンの狩猟をしている姿が非常にていねいに描かれている。さらにめずらしい光景は、ツタンカーメンがダチョウを狩猟している場面である。この図は、ツタンカーメン王墓出土の扇に描かれていた。ツタンカーメンの狩猟の図は、彩色を施した豪華な箱や、弓の箱にも描かれていた。投げ棒を使って鳥を獲るのは、古代エジプト人にとって、さらに楽しい娯楽であった。実物の投げ棒は、ツタンカーメン王墓で発見されている。

カルナク神殿出土のブロックに描かれたレリーフの図。アメンヘテプ2世が銅の的を矢で射抜いている。新王国時代においては、弓術の自慢をするのが王の慣わしであった。

アメンヘテプ2世は、ファイユームの市長セベクヘテプとともに、タ・シェという場所に行き、投げ棒で鳥を獲り、船に乗って魚を槍で突いている。

スポーツ競技は、祭礼において人々に楽しみをあたえた。アマルナでは、ヌビアからの貢ぎ物を王が受けとる場面が描かれているが、そのなかには、レスリング、棒術、ボクシングなどの競技の場面もある。このような競技は、「ファラオの御前」で行なわれたと記されている。祝儀の褒美があたえられる場である、マディーナト・ハブの第1中廷の「臨御の窓」の前には、審判がレスラーに注意をあたえている場面が見られる。「気をつけなさい。ファラオの御前である。生命！ 繁栄！ 健康！ 陛下！」マディーナト・ハブに見られる場面の多くは、ラメセウムの図を写したものであり、ラメセウムにおいても同じ競技が行なわれていたと思われる。

アビュドスのウンム・アル゠カーブの第1王朝の王墓で発見された塔の形の駒に見られるように、古い時代から、王たちは盤上遊戯を楽しんだようである。ツタンカーメンの王墓からは、4組のセネト・ゲームのボードが発見されている。それぞれに盤を載せるテーブル、2つのアストラガル（仔羊のうしろ足の骨でできたサイコロ）がついている。王妃の谷にある、ラメセス2世の妻ネフェルトイリの墓には、見えない対戦相手とセネト・ゲームを行なっている彼女の姿が描かれている。ラメセス3世は、葬祭殿の高い門の内側の壁に、ハ

狩猟時、牡牛を槍で突こうと準備しているラメセス3世。すでに別の2頭が近くに傷ついて倒れている。マディーナト・ハブ。ラメセスは、優秀なハンターとしての肖像を見せつけることによって、力強い戦士であり、混沌の力からエジプトを守る者として自らを誇示している。

第4章　ファラオであること

ツタンカーメンの王墓で発見された金箔を施した木製の扇。戦車に乗り、狩猟犬を伴って、2羽のダチョウを追いかける王の姿が描かれている。ダチョウの1羽には、2本の矢が刺さっている。

ーレムの女性とセネト・ゲームと思われる盤上遊戯をしている姿が描かれている。

ラメセス2世の偉大なる王の妻、ネフェルトイリ王妃がセネト・ゲームをして遊んでいる。王妃の谷の彼女の墓に描かれた場面。対戦相手は描かれていない。彼女は、死を相手に闘っており、相手を打ち負かすことによって来世における再生復活を獲得している。

第5章

遠征におけるファラオ

　戦いの神メンチュウの保護の下、戦場へと戦車を乗りつけ、恐れる敵を蹴散らすファラオは、世界を支配するエジプトを象徴していた。ファラオの活動の結果、外国の敵によって象徴される混沌の力は追い払われ、エジプトの人々は安寧のうちに暮らすことができた。神から許しを得て、遠征に向かうことは王のつとめであった。兵士を集め、軍事力を蓄え、異国の領土へと遠征を指揮する。しかし、王は実際、軍隊とともに闘ったのであろうか？　それとも王は単なるシンボルであったのだろうか？　戦いの日に部隊の士気を鼓舞する王。しかし、危険からは守られている。危険を冒すには、あまりにも重要な存在だ。

初期の戦争

　国家の統一を行なったエジプトのファラオの初期の図は、王を戦争と結びつける。ナルメルのパレットには、敵の髪をつかみ、棍棒を振り下ろそうとしている王の姿が描かれている。また、頭を切り落とされた2列の敵の前を行進する王の図もある（18頁 参照）。他にも逃げている敵や、すでに殺されている敵が描かれている。絵画に見られる軍事的要素は、「戦うホルス（ホル・アハ）」など、初期王朝時代の支配者の名前にも見ることができる。しかし、初期の戦争において、ファラオが果たした役割は少なかったと思われる。古王国時代には、永続的な軍隊は存在しなかった。兵隊は、必要が生じた時に、王の命令下、地方の首長によって召集された。第6王朝の首長のなかに、ウニという人物がいた。彼は、アジアからきた遊牧民に対してエジプトとヌビアの軍隊を指揮した。この軍隊を「起こした」のは、ペピ1世であったが、王はウニに軍を統率するように命じた。実際に指揮をしたのは自分であると、ウニはアビュドスの自分の碑文のなかで述べている。明らかにペピは、出陣しなかったようである。これはめずらしいことではなく、他の古王国時代の王たちも遠征に出向いてはいないようである。
　中王国時代になると、指揮官としての王の役割は大きくなる。彼らは、第1中間期の軍閥的な地方豪族出身の王たちであった。王のステラの2つの破片から、メンチュウヘテプが、外国の敵に対して軍隊を統率し、オアシスやヌビア

ヒエラコンポリスで発見されたナルメルのパレット。現在はカイロ・エジプト博物館にある。白冠を被った王が敵の髪を片手でつかみ、もう一方の手に握った棍棒を頭の上にうち降ろそうとしている。敵をうち砕く場面は、エジプトの敵によって人格化された混沌をファラオがうち負かすことを象徴していた。

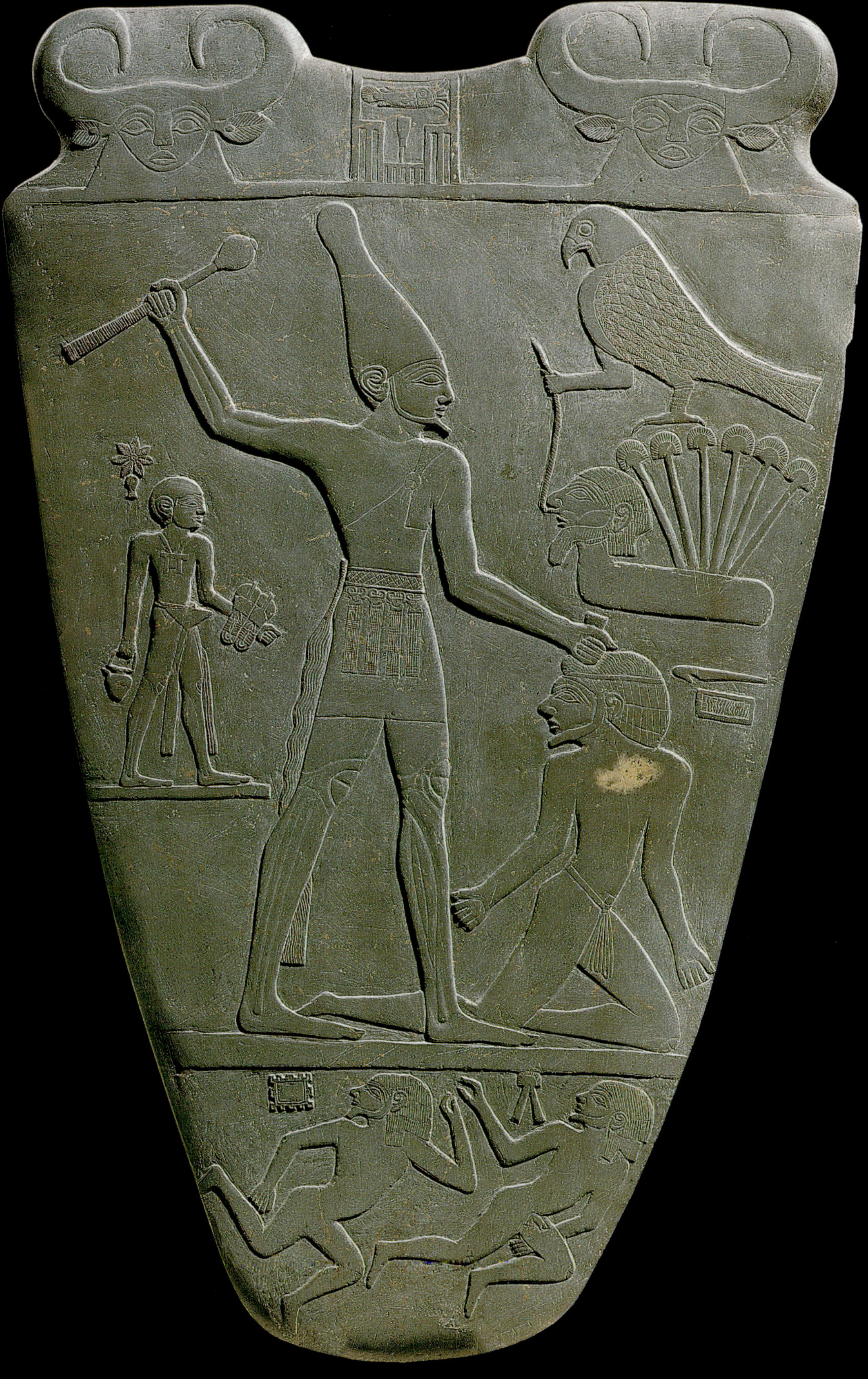

の一部をエジプトの領土としたことがわかっている。この碑文には、王と軍隊の対話が記されており、そのなかで戦略を語っている点で非常に興味深い。この形の碑文は、第2中間期後期になるまで見られない。しかし、後に続く王たちは、メンチュウヘテプの例には倣っていない。そして第12王朝になると、王ではなく、王の息子たちが軍の指揮をしたようである。『シヌへの物語』には、後にセンウセレト1世となったセンウセレト王子が、リビアに遠征に行ったことが書かれており、戦士としての王に対する讃美が記されている。「大軍の敵を見た時、その心は強健なものとなり、決して萎えることはない。戦いの場面を見ると、心は弾み、弓を引く手は喜びに満ちる。盾を握り締め、しっかりと地面を踏みつける。敵を一撃の下に仕留め、誰も彼の矢から逃げることはできない。誰も彼の弓を斥けることはできない。」ここには、新王国時代の戦士王と結びついた、大言壮語の讃美文の種を見ることができる。

　王になったセンウセレト1世は、ヌビアに遠征軍を送り、みずからを「アジアにおいて喉を切り裂く者」と誇示したが、みずから軍隊を率いて南に行った証拠はない。明らかに、彼の遠征軍のひとつは、メンチュウヘテプという名前の将軍によって指揮されていた。後の中王国時代になると、ヌビアのセムナの要塞に立てられたステラに、センウセレト3世が、自分の軍事業績や、王としての能力を振り返り、つぎのように語っている。「私は、私の境界線を作った。先祖の誰よりも南に。私は、先祖から受け継いだものを越えた。私は王である。私の言葉は行動である …敵を捕える時は容赦ない。その成功は素早い。私の眠りが不安に妨げられることはない。臣下のためにつねに心を配り、慈悲深い。しかし襲ってくる敵に対しては容赦ない。敵が戦いを仕掛ければ、こちらも戦う。敵が静かな時は、こちらも静かである。状況に応じて私は行動する… 戦うことは勇気であり、退却することは恥ずべきことである。」

　王が直接、軍事にかかわっていることを示すより詳しい資料は、中央政権が崩壊し、アジアからきたヒクソスが北を支配していた第2中間期に見られる。メンチュウヘテプ王と（王名表には名前の見られない）イケルネフェレト女王のいずれも、軍隊によって愛され、敵を倒し、テーベを救い、アメンの守護の下にあった。同時に、この時代の兵や廷臣は、王について遠征に行き、報償を頂いたことを記している。ヒクソスの支配を深刻に脅かした最初の王は、「勇者」セケネンラー・タアであった。彼のミイラの状態から、劇的な死を遂げたことがわかる。暗殺、戦死、あるいは敗戦による処刑が考えられる。彼は、おそらく遠征に赴いている。彼の後継者であるカーメスは、ヒクソスに対して海軍を率い、ヒクソスの支配者アポピスを愚弄したと碑文に記している。「見よ。私はお前の葡萄畑のワインを飲んでいる」と彼は言う。「お前の住処をたたき割り、お前の木々を切り倒している。」戦争の指揮官としての王の役割は、この激動と戦乱の時代に生まれ、新王国時代に成熟期を迎えた。そして王を定義する主要な要素となった。外国による支配は、王の精神にトラウマをもたらした。それは明らかにマアトに対する冒涜であった。まさに王が守ると誓った秩

序を壊すものだったのである。新王国時代の王にとって、エジプトの国境を守るだけでは、もはや充分ではなかった。外国の敵によって象徴される混沌の力を効果的に追放するには、エジプトは、その支配を広げなければならなかった。

ヒクソスは、エジプトを追われ、パレスティナへと追放された。しかし、エジプトはそこで留まらなかった。トトメス1世はレヴァントを縦走し、ついにはユーフラテス川に到達した。このような行為によって、帝国の形成の準備はできた。まずヌビアが落ちた。つぎにシリア・パレスティナの一部が続いた。都市国家の王たちは、ファラオに服従を誓った。同盟の誓いを立て、貢ぎ物や自分たちの子どもをエジプトに送り、忠誠の証とした。ひとたび確保した帝国は維持しなければならなかった。新王国時代の500年のあいだ、領土は増し、また減少した。そしてファラオの戦争における偉大な物語が、絵や文によって記録された。

セケネンラー・タアのミイラには、その劇的な最後を示す傷が見られる。戦場で死亡したか、戦いに敗れて処刑された可能性がある。あるいはまた、王宮において暗殺された可能性も否定できない。

戦いの準備

新王国時代の軍事行動に関する物語のなかで現存しているものは、外国の反乱を知らせる使者の到着で始まるものが多い。トトメス2世は、王宮で座っている時に、ヌビアの反乱を知らされる。トトメス4世は、神々に供物を捧げている時に、使者によって邪魔をされる。この文学的モチーフは、秩序ある状態が、混乱によって乱されることを象徴している。秩序こそ、王が再び勝ちとり、維持しなければならないものである。この知らせに対する王の典型的な反応は、怒りをあらわにすることである。そして重臣と問題を話しあう。カーメスは、廷臣を召集し、ヒクソスと戦うべきかどうか論争する。しかし望んでいた積極的な答えを得ることができない。廷臣たちは、現状を維持することに重きを置き、いつ果てるとも知れない、長く血なまぐさい戦争に巻き込まれることを躊躇する。怒った王は、アメン神の所に赴き、神の支援を得ようとする。そして神の許可を得て、戦争は始まる。同様に、ヌビアにおける反逆の知らせを聞いて、トトメス4世は、遠征が成功するという神の言葉を求めて、アメンの助言を求める。アメンの言葉を得て初めて、軍隊を召集する命令を下す。

王や宮廷によって戦争に行くことが決定されると、つぎに神の許可を受ける必要があった。これはラメセス朝の戦争のレリーフに、明白に記されている。王はアメンからケペシュとして知られる、鎌状の刀を受けとる。それは遠征に対するアメンの承認を象徴する。勝利を約束する剣が、王にあたえられるのをムウトやコンスなど、他の神々が見守っている。ラメセス3世の葬祭殿であるマディーナト・ハブでは、この場面が非常にていねいに描かれている。神から

左・次頁：遠征の承認と王の将来の成功を象徴するケペシュ刀をアメンから受けとるラメセス3世（左）。そして王は、戦争の準備のために戦車に乗る（次頁）。2つの場面は、マディーナト・ハブ神殿の壁画である。

　ケペシュを受けとると、ラメセスは神の前を離れ、剣と弓を手にもち、戦争の神メンチュウに従われ、行進する。その前には、神々の標章をもつ神官が行く。つぎの場面では、王は戦車に乗り、役人が馬の準備をしている。王の護衛と戦車隊の貴族たちが近くに立ち、見守っている。王が遠征の準備をするあいだ、トランペットが鳴り響く。つぎに、戦車に乗り、軍隊とともに行進する王が描かれている。先頭の戦車にはアメンの標章が立てられている。このように様式化したレリーフは、実際に王がアメン神殿を訪れ、神の託宣を伺い、戦争を開始する承認を得た、という事実を反映しているものと思われる。
　神の承認を受けると、王は軍隊を召集した。王が自身で遠征に赴かない場合は、簡単な勅令によって指揮者を送ることもあった。トトメス2世は、1人の男性も生かしておかないように、という勅令をもって軍隊をヌビアに派遣した。しかし、王はいつも超然的な態度をとっているわけではなかった。勝利ステラに見られるピイは、遠くから具体的に命令を下し、遠征を指揮している。テフナクトの領地拡大の行動の知らせを聞き、王は司令官につぎのような手紙を送っている。「戦いを開始せよ。戦闘に入れ。[…]を囲め。人々を捕えよ。家畜や川の船を奪え。農夫を畑に出すな。百姓に畑を耕させてはいけない。ノウサギ・ノモスを再構築せよ。日々、戦え。」さらに、具体的な作戦を指示し、密かに動くな、盤上遊戯を戦う者のように、こちらから相手を頭脳でうち負かそうと思ってはいけないとつぎのように伝えている。「遠くから挑戦しろ。相手が歩兵や戦車隊を他の町に待機させているなら、じっと敵の部隊がくるまで待て。相手が仕掛けたら戦え。また、敵の援軍が他の町にいるなら、待たせておけ。用意した援軍やリビアの部隊を先に戦わせろ。そして敵に告げよ。『名

もなき者たちよ。厩の最上の馬に馬具をつけ、戦線を準備せよ。われわれを送るのは、アメンなのだから！』」以上を見ると、戦闘の場所と時間は事前に合意することができたようである。

　ピイはまた、伝令によって司令官から戦闘の状況と結果の報告を常時受けとっていたことを明らかにしている。ピイは遠征には行っていないが、軍隊を個人的に指揮していた。それに対して、第26王朝のプサメティコス2世は、ヌビアに送った軍からの知らせを待つあいだ、アスワンのエレファンティネ島周辺で観光をしていた。勝利ステラには、沼地や氾濫の後の土地を見学して回り、この地にある神の領域のシコモアイチジクの木々を訪問したことが記されている。そうこうしているうちに、遠征の成功の知らせが到着し、「まるで水のなかを歩むように、敵の血のなかを歩んだ」という報告が届いた。

　プサメティコス2世とは異なり、多くのファラオは軍隊に同行して遠征に向かった。遠征に行くことは、王にとって魅力的なことだったようである。たとえば、セティ1世は、シャスとのあいだに差し迫った対立のことを聞くと、「私の心は幸福を感じた。良き神は、戦争を行なうことに喜びを感じる。神に対する違反をかえって喜ぶのだ。不満を抱く輩の頭を切り落とす時、その血に満足する。祝祭の日よりも敵を踏みつける瞬間を好むのだ。王は奴らを1度に殺した。子孫を残すことを許さなかった。彼の手を逃れた者は生きて捕虜となりエジプトに連れてこられる。」

軍の召集と軍備

　戦争布告の会議が終了し承認されると、軍隊が召集され、行軍の準備のために一定の場所に集められた。メルエンプタハは、部隊と戦車をペル・イルウのノモスの近辺に集めたとされている。メンフィスやピ・ラメセスのような首都は、王の武器庫があった場所であり、間違いなく重要な集合場所であった。マディーナト・ハブには、遠征の準備のために馬の視察をするラメセス3世が描かれている。また、演壇から兵士に武器を手渡す姿も描かれている。そして王は命令を下す。「武器を集めよ。エジプトを知らぬ反抗的な国家を破壊するために軍隊を送れ。我が父なるアメンの力において。」王の前に立っている皇太子が、すべての勇敢な兵はファラオの前をとおり、武器を受けとるように、と告げる。描かれた武器のなかには、ヘルメット、槍、弓、ケペシュ刀、鎧胴衣、矢、そして盾などがある。

　さらに多くの新王国時代の武器の図を王家の谷のラメセス3世墓や、アメンヘテプ2世に仕えた役人ケンアメンの墓に見ることができる。このなかには、鱗状の金属片を赤、青、黄の帯模様に縫いつけた、彩り鮮やかな膝丈のチュニックがある。マルカタの発掘で出土した実物から判断して、これらの金属片は銅でできていたと思われる。金属片は、麻や革などに縫いつけられていた。トトメス3世の遠征の戦利品のリストには、革を示す決定詞のある「見事な戦闘用のブロンズのコート」という句がある。銅製の鱗片が革をぴったりと覆っていたと思われる。ツタンカーメンは、亜麻のシャツに厚い革製の鱗片を縫いつ

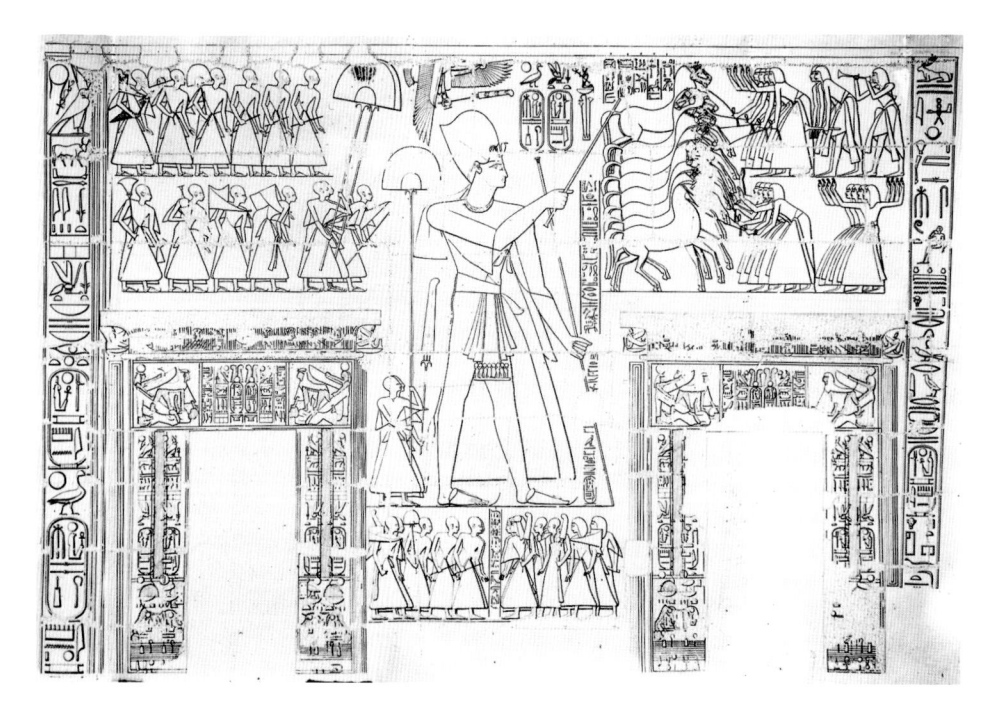

次頁：19世紀に描かれた、ラメセス3世の墓に描かれた軍服などの図。色鮮やかな鎧も描かれている。

ラメセス3世が、遠征の前に馬の状態を視察している。マディーナト・ハブに描かれている場面。

けた、袖のない胸当てとともに埋葬されていた。金属製の鱗片は、ピ・ラメセスの戦車部隊に関連した場所の発掘で発見されている。ラメセス2世のカルトゥーシュが刻まれた金属製の鱗片が、近年、ギリシアのサラミナ島で発見されている。エジプト軍に従事していたマケドニアの古参兵の土産だったと思われる。鉄の鱗をつけた鎧は、シェションク1世の治世以降知られているが、銅製のものも平行して使用されていた。ペルシア時代のメンフィスのアプリエスの王宮から、鉄製と銅製の鱗片がともに発見されている。

ラメセス3世墓やケンアメンの墓には、ヘルメットも描かれている。銅製のものと思われる。ヘルメットは、赤か緑の地に黒の縞模様が描かれていた。いずれも天辺から飾りリボンが垂れている。シェルデンの戦士（地中海の傭兵）は、ラメセス朝の戦争のレリーフのなかで、角をつけたヘルメットを被っているが、エジプトの兵士は、滅多にヘルメットを被った姿で描かれない。しかし、王の馬の世話をしている兵士のなかには、ヘルメットを被っている者が描かれていることがあ

下左：（現在のカンティール）ピ・ラメセスで発見された鱗状の金属片。骨、土器、銅などさまざまな素材で作られている。

下：皮革製の胸当て。ツタンカーメン王墓で発見されたもの。

る。鎧と同様に、戦車隊の兵であることを誇示しているものと思われる。王自身、ラメセス３世墓やケンアメン墓に描かれているようなヘルメットを被って描かれることはない。しかし、青冠を被って戦っている姿を見ることはできる。時には、普通の鬘を被って戦っていることもある。

　ラメセス３世の葬祭殿マディーナト・ハブのなかでも特によく残っている、美しく彩色された図から、エジプト人が理想とした遠征中の王の姿を見ることができる。透明なシャツの上に、王はぴったりとしたチュニックを着ている。チュニックは腰までの丈で、チュニックを飾る羽根模様は、鱗状の銅片ではなく、装飾用の羽根であると思われる。チュニックは２枚の太い縞模様のバンドで留められており、上のバンドは羽根に見えるようにデザインされている。それぞれのバンドの端は、王の腕の上でハヤブサの羽根の形になるように終わっている。胸の横には、２羽のハヤブサの頭が見えている。全体を見ると、２羽のハヤブサが王を翼で抱くように保護しているデザインとなっている。腰布の上には、腹帯が巻かれ、前で結ばれている。豪華な腕輪が二頭筋を飾っている。そのうちの２つは、鎌首を擡げたウラエウスの形をしている。首にはビーズでできた幅の広い襟を飾っている。頭には鬘を被り、長く胸まで垂れた髪がはっきりとした縞になって見える。ヘルメットは被っていない。彼が身につけている衣装とラメセス３世墓やケンアメン墓に見られる典型的な戦車部隊の装具の明確な違いは、このようなレリーフがあくまでも理想を描いたものであることを示している。もちろん、王の戦争における武装が、一般の兵士のものより豪華であったことは否めないが、実際にそれほど異なっていたのであろうか？　もし実際に王が戦っていたのであれば、王も兵士と同様に身を守る装具をつけていなければならない。あるいはさらに頑強に身を守らなければならない。そうであれば、王もまた、戦車部隊の兵のように、銅の鱗片を縫いつけた長い革のチュニックを着て、銅製のヘルメットを被っていたはずである。

　武器は単に戦争の道具であるばかりでなく、贅沢品であった。すでに第３王朝では、セケムケトが、シナイ半島のワディ・マガラにおいて、ベルトに短剣を差した姿で描かれている。また、イアフメスやカーメスに属したと思われる実際の祭儀用の短剣が発掘されている。ツタンカーメンの副葬品には、２本の短剣があった。ひとつは金の刃、もうひとつは鉄の刃でできていた。そしてケペシュ刀が２本。１本は普通の大きさで、もうひとつは小型のものであった。

　１４本の弓（１本の木から作られたものと、異なる材質をあわせたもの）のうちの１本は他のものよりも小さく、ツタンカーメンが少年時代に使っていたものと思われる。矢を放つ時、彼は手首に保護用のサポーターを巻いていた。図のなかに見

房飾りのついたヘルメット。戦車隊の標準的装備であった。王家の谷、ラメセス３世墓に描かれているもの。王は戦車に乗った姿で描かれることが多いが、このようなヘルメットをつけている姿は見られない。

戦いのための服装を身に着けたラメセス３世。王の胸の前で２羽の守護のハヤブサの翼が交差して、チュニックを留めている。その下には、透明なシャツを着ている。

られるだけでなく、墓から革製のサポーターが発見されている。イアフメスのものは、さらに凝っており、黄金と宝石で装飾されていた。ツタンカーメンの墓から発見された他の武器には、2本の金箔を施した木製の棍棒や盾がある。盾のひとつには、敵を踏みつけるスフィンクスの姿のツタンカーメンが描かれている。

　ケンアメンの墓には、アメンヘテプ2世の専属の護衛や王自身が使ったと思われる豪華な装飾を施した武器が見られ、戦争におけるエジプトの兵士の華麗な姿を伝えている。数多くの武器のなかには、動物の皮革でできた4つの盾、雄牛の皮革の盾、皮革製の矢筒（その内2つはヒョウ皮製である）、白色合金でできた葉の形の6本の短剣、銅製の短剣、柄の部分がハヤブサの頭で装飾されている短剣、戦闘用の斧2つ、弓術用の手首のサポーター2つ、馬具（そのなかには、くびきの上を留める象牙の鋲や革製の遮眼帯がある）、2本の鞭、シリア製の弓、王の名前を記した手首のサポーター、戦車、めずらしい剣などがあった。

　遠征のためには、以上のような戦争の武器、さらに行軍のための食糧などを集めなければならなかった。充分な備蓄や装備が整い、戦いの命令が下り、アメンの承認も得て、軍隊はついに、危険な領土へと旅立つ準備ができたのである。

上：皮革でできた戦車部隊の装備。カイロ・エジプト博物館。

左：戦車に乗ってヌビアの敵に襲いかかるツタンカーメン。召使いが扇であおぎ、狩猟犬が彼を手伝っている。ツタンカーメンの墓で発見された彩色を施した箱に描かれた場面。

下：青銅の刃と金箔を施した柄頭をもつ儀式用の短剣。カーメス王のミイラが身につけていた。

王と彼の軍隊

　軍隊の主体は、歩兵であった。彼らは、上部がアーチ型の大きな革の盾をもち、槍、ケペシュ刀、斧などで武装していた。ただし、腰布の他には、体を保護するのは、胸の周りに巻いた革紐程度であった。他の者は射手として訓練を受けていた。これは体力を必要とする役目であった。しかし、軍隊の誰よりも尊敬を受け、憧れの的であったのは、戦車部隊であった。第18王朝の中頃から、戦車隊は軍隊の重要な部門となった。戦車は隊列を組み、軍の他の部門とは別に独自の等級法をもつ戦車兵によって操縦された。戦車部隊は独立していたが、兵士は歩兵隊のなかを上の位へと昇り、いつか戦車隊に入ることも夢ではなかった。そのあいだに、新しく作られた弓部隊の司令官や要塞の司令官などの地位を経て階級昇進していった。その特別なステータスで、戦車隊は中世のヨーロッパの騎士にたとえることもできる。彼らは、戦闘部隊のなかでも、非常に鍛え上げたエリートであり、銅の鱗片をつけた皮革製の胴衣を着て、銅製の鈍く光るヘルメットを被り、戦場を走り回った。新王国時代の王子や王が、この誉れ高い戦士の1人として認められたいと望んだのは自然なことである。時代とともに、王と戦車隊との結びつきは強くなり、戦車の様々な部分と王の側面を対比する詩が書かれたほどである。

「彼（王）が勝利のなかで戦場におられる時、
　王の強さはわれわれの心を強靭にした。」
　　　　　第18王朝の兵士アメンエムヘブ

　中世の騎士と同様に、戦車部隊は、多様な武器で武装し、従者の一団を引き連れていた。各戦車は2頭の馬で引かれ、2人の人間が乗っていた。1人は馬を御し、矢を放つ、もう1人は自分たちを守るために盾をもっていた。さらに走者がいた。走者は後から走り、ジャヴェリン（投げ槍）で敵から馬を守った。馬車には2つの箱が置いてあり、ひとつには弓、もうひとつには矢が入っていた。さらに、戦争のレリーフに見られる、球形の先端と房飾りのついた槍が万が一に備えて用意されていた。戦場に出ると、戦車は敵の前線に沿って進み、走りながら矢を放つ。正面から攻撃するのではない。王はつねに矢筒を背にかけた姿で描かれている。しかし、戦車に1人乗り、手綱を腰に巻きつけ、弓矢を手にもち、まっすぐに敵に向かって行く王の姿は、まったくのフィクションである。
　海軍はエジプトの歴史の初めから知られていた。やはり独立した部門であった。船上の船乗りも、陸で戦う兵士と同じ称号をもっていたが、彼らは船荷を運ぶ役割を果たしていた。船は、陸での戦闘の準備のために兵団を輸送するのが主な役割であった。エジプトの海軍が本格的に始動するのは、外国の影響や

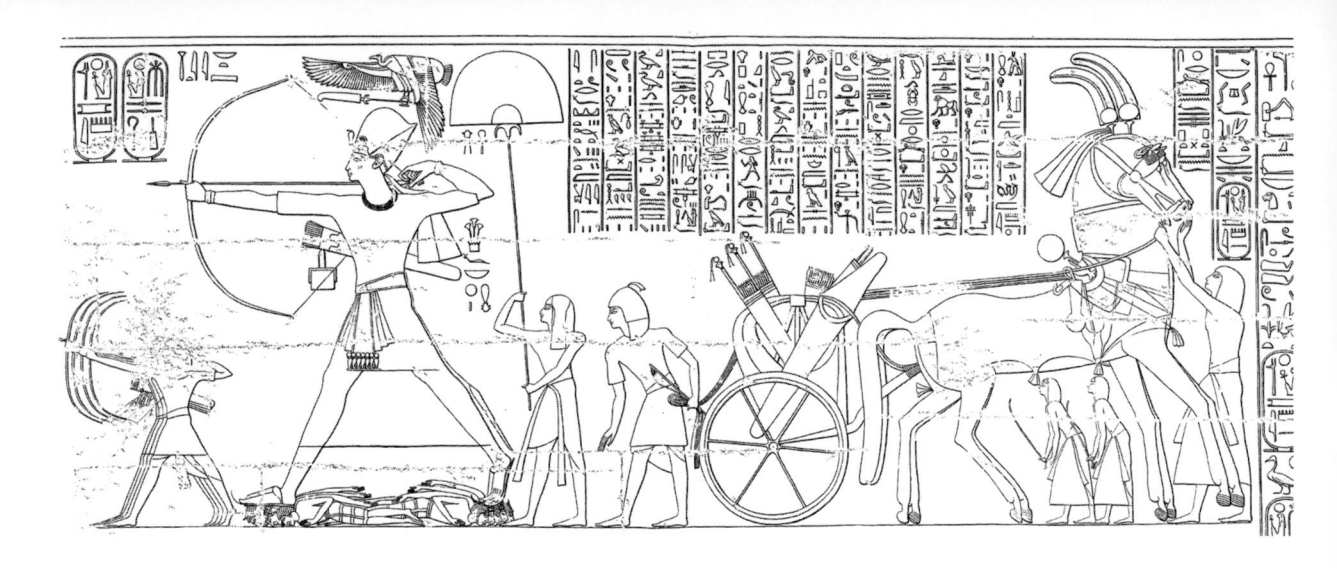

技術の発展によって、戦争の形態が進化した第26王朝になってからである。おそらく、この時代、あるいは後の第30王朝になってから、エジプト人は初めて三段櫂のガレー船を使うようになる。巨大な船体で激突するガレー船は、三段の櫂で勢いよく前進した。この時代、30人で漕ぐ一段のガレー船、トリアコントルもエジプトでは使用されていたと思われる。

　外国人の傭兵もエジプトの軍隊には欠かせない存在であった。古王国時代においてもヌビア人の傭兵は弓矢の技術で名高かった。また、リビア人の傭兵もエジプトのために戦った。ラメセス朝になると、捕虜となった外国の戦士が軍隊に配属された。シェルデンの戦士（地中海の傭兵）も角をつけたヘルメットを被り、剣と円い盾をもって、カデシュの戦いにおけるラメセス2世の護衛として活躍している。末期王朝になると、エジプトの軍隊は非常に国際的な存在となる。プサメティコス1世は、リュディアのギュゲスの援軍を得て、アッシリアからのエジプトの独立を勝ちとった。その後、ギリシア人の傭兵は軍隊の常連となり、また、カリア人、ユダヤ人、フェニキア人も同様であった。ヘロドトスによると、ネコ2世はブランキダエ（トルコ西岸にある現在のディディム）においてアポロ神に鎧を奉納した。彼の軍隊に多くのギリシア兵が戦っていたことを示唆している。末期王朝においては、エジプトの戦士たちと外国の傭兵とのあいだに、しばしば摩擦が生じた。後のイアフメス2世となるイアフメス将軍によってアプリエス王の政権転覆が起きたのも、エジプトと外国の傭兵とのあいだに感じられていた不平等感に端を発している。

　ファラオには、軍隊の他に、軍の書記が供をした。そして日々の動きや活動を記録した。「日誌」と呼ばれる記録は、最終的には宮殿の古文書館に納められた。そして後に、神殿の壁やステラに刻まれる、王の活動を記録する偉大な叙事詩や記念碑の碑文を作る際に参考とされた。そのような軍の書記のなかにチャヌ

海の民と戦うラメセス3世の場面。戦車部隊が王のうしろに立ち、王の馬の手綱を抑えている。この人物が王の戦車を御していた可能性がある。しかし、王が戦車に乗っている場面に、このような人物が描かれることはない。

シェルデンの戦士たち。角のついたヘルメットを被り、剣と円い盾を持っている。彼らはラメセス朝の軍隊において重要な援軍であった。

ウニがいた。彼はトトメス4世の治世に亡くなっているが、トトメス3世についてレヴァントに行き、王の勝利を記録した。

われわれは偉大なエジプトの軍隊を想像することができる。戦車に乗った王の後には、王子たちや将軍、軍隊の監督官、宰相、そして戦車部隊がいた。彼らとともに、歩兵隊、多様な国籍で構成された弓の部隊、そして書記、さらには、物資を載せた荷車を引く牛やロバがいた。約5000人で構成されている各部隊には、神の名前がつけられていた。そのなかには少なくとも50の戦車隊と50人から成る一連の小部隊がいた。そして（それぞれ司令官によって監督されている）200人から250人の中隊。この全軍が、それぞれの部隊の神の旗を掲げ、行軍したのである。

遠征における作戦会議

行軍のあいだ、王は、司令官たちと戦略会議を行なったはずである。トトメス3世は毎朝、テントのなかで戦況の報告を受けた。それはエジプトの宮殿において、重臣から近況報告を聞いていたのと同じであった。パレスティナのメギドに向かう道中、反乱軍の王子たちが連合を組んだことを知り、トトメス3世は、イェヘムの町に立ち寄り、司令官たちと進軍の方法を相談した。多くの選択肢があるなかで、最も挑戦的な道程は、軍隊が一列で行軍しなければならないため危険の多い、細いアルーナの道であった。しかし、もし敵に出会うことなく、この道をとおり抜けることができれば、トトメスたちは、戦略的に圧倒的に有利になる。トトメスは、この案について部下たちの意見を求めた。彼らの答えは？「我が勝利に満ちた王が、望まれる道を進むように！（しかし）この困難に満ちた道をわれわれに踏ませないように！」であった。彼らが渋ったにもかかわらず、使者によって新しい機密情報がもたらされ、王の意見が正しいと判断された結果、決定がなされた。王は軍を率いて困難な道を進む誓いを立てる。しかし彼について行くのを不安に思う兵士には、安全な道を行く選択肢をあたえた。しかし誰も安全な道を行く者はなかった。そしてトトメスは無事に道をとおり抜け、翌朝の戦闘に備えて準備を行なった。

軍のキャンプ

メギドの戦いの前に、トトメス3世は、キイナ川の畔でキャンプを張っている。そこで王は全軍に対して演説を行ない、役人や従者に食糧を配った。キャンプの出口には見張りを置き、警戒するようにと命じた。残念なことに、この遠征の「年代記」には、キャンプにかんする詳細や、王のテントのなかの様子などが記されていない。しかしラメセス2世の戦闘レリーフや、サッカラのホルエムヘブの墓のキャンプ生活の図によって、欠けている情報を埋めることができる。以上の場面を総合すると、キャンプの周囲には、地面に突き立てた盾

次頁：カデシュの戦いのレリーフに描かれたエジプト軍のキャンプの様子。盾で作った周壁、そして中央の王のテントが特徴である。

第5章　遠征におけるファラオ

を隙間なく並べた周壁が築かれ、外界と遮断されていた。テントのなかは、中心にある王のテントで交差する2つの道によって分けられた4つの区域に分けられていた。このなかで男たちは、ワインを飲んだり、戦闘訓練をしたり、眠ったりしている。馬は戦車の横に、またロバや牛は荷車に繋がれたままであるが、重い荷を引く仕事から解放され休息している。ラメセスの飼っているライオンは、王のテントの外で静かに横たわっている。テント内のあちこちに食糧などが積み上げられている。兵士にはテントがない。おそらく地面に寝ていたと思われる。

　王のテントは、それ自体が長方形の周壁のなかにあった。その周りを小さなテントが囲んでいた。おそらく将軍たちのテントであったと思われる。この制限区域には、入口が2つしかなかった。それぞれの入口を守るのは、巧みな棒使いの兵士である。王のテント自体は布製か革製であり、なかが2つの部分に分かれていた。片方の部分は低く、長く長方形であり、もう一方の部分は正方形で高くとがった屋根がついていた。ホルエムヘブのキャンプのレリーフを見ると、指令テントの中央には、大きな柱があり、テントに独特の形をあたえていた。これらのレリーフはまた、テント内にあった家具を教えてくれる。折りたたみ式の椅子や備蓄品が見られる。ツタンカーメンの墓からも同じような折りたたみ式の家具が発見されている。そのなかには、小さくなる遠征用のベッドもあった。ラメセス2世のレリーフには、王のテントのなかで玉座に座る王を描いたものがある。王は青冠を被り、長い杖を手にもっている。足は足台に載せている。ファラオはエジプトに贅沢を残してきたわけではなかったのだ。

上：サッカラのホルエムヘブの墓のレリーフ。指令テントのなかの様子が描かれている。中央の柱がテントをささえている。また、折りたたみ式家具や備蓄食糧が見られる。

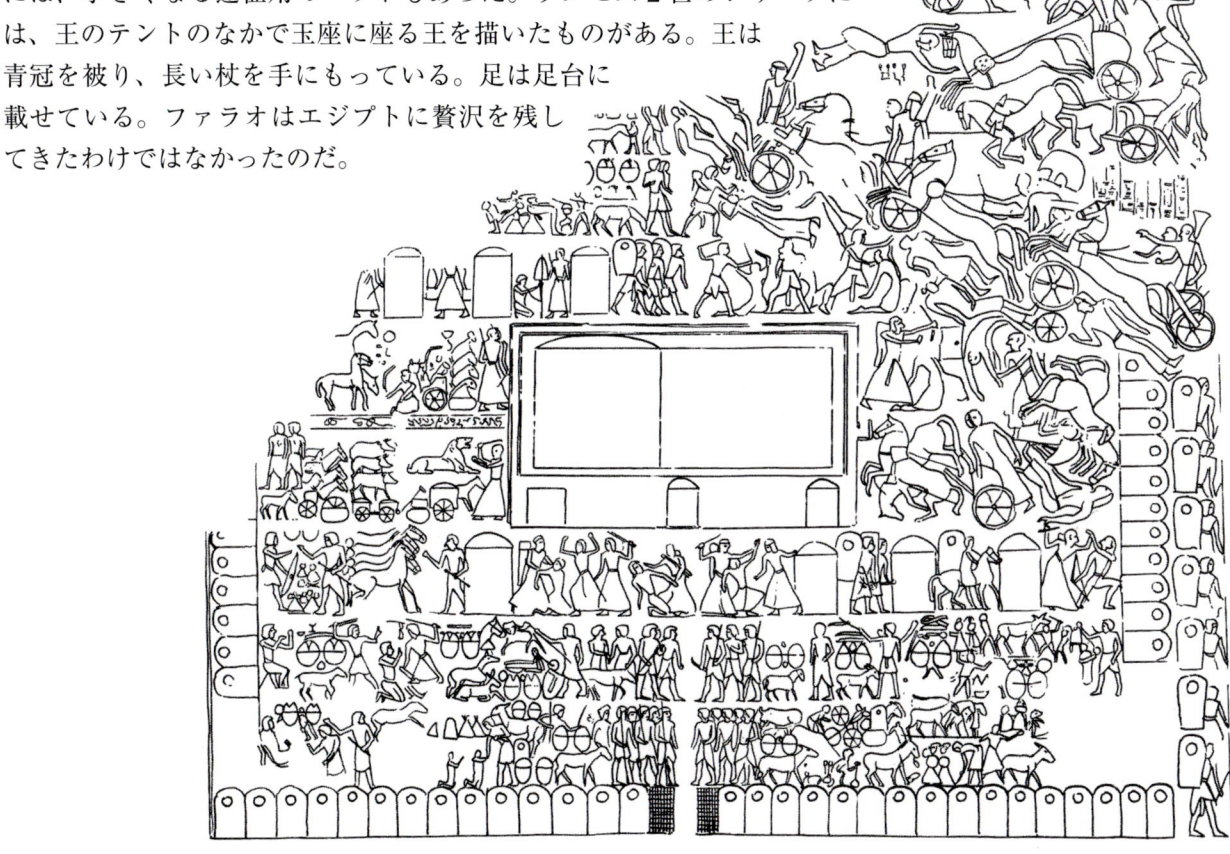

戦闘

　メギドの戦いの前に、トトメス3世は軍隊に向かって演説を行なった。「準備をせよ。武器を研げ、朝になれば、敵と戦いを交えるのだ！」カルナク神殿のアメンの聖船の至聖所の周りの壁に刻まれた戦争の「年代記」には、戦闘の様子が劇的に伝えられている。「陛下は、武装して、黄金と琥珀金の戦車に乗って出発した。最強の武装をした行動の神ホルスのように、そしてテーベのメンチュウ神のように、彼の父（アメン）が彼の腕を屈強にする。」つぎにエジプト軍の配置が記されている。南の部隊は、キイナ川の南の丘に、北の部隊は、メギドの北西に配置された。「陛下はその中央にいた。アメンが大混乱のなかで王の身を守られた。」これだけの前置きの後で、戦闘の描写は、わずか1文で終わっている。「そして陛下は、軍の前線で敵に勝利した。」明らかに、敵は王の姿に怯え、メギドの周壁の内側に退去したようである。そして7ヶ月に及ぶ包囲攻撃が始まった。

　戦闘の様子が、碑文に詳しく記されていることはまれである（ただし、「カデシュの戦い」を参照。134～35頁）。メルエンプタハは、彼の弓部隊が6時間矢を放ち続け、侵略してくるリビア人や海の民を「完全に破壊した」と語っている。そして生き残った者は刀の餌食となった。ラメセス3世は、治世8年の海の民に対する海上戦の準備を自慢げに語っている。「我が命により、ナイルの河口には、軍艦、ガレー船、そして沿岸航行船が強靭な壁のように並んだ。そしてすべての船は、船首から船尾まで武装した勇敢な兵士で溢れていた。エジプト中から選ばれた男たちは、山の頂上で吠えるライオンのようであった。戦車部隊は、走者、選ばれた男たち、そしてすべての優秀で有能な戦車兵で構成された。」つぎにラメセスは、敵が激しい戦闘に巻き込まれ、沿岸に引き上げられ、とり囲まれて、殺戮された様子を詳しく語っている。そして敵の死体が山のように積み上げられた。ピイは、戦場には赴かなかったが、勝利ステラのなかで、メンフィスを攻撃する軍にあたえた指令を記録している。「弛まず前に進め！　壁をよじ登れ！　川の向こうの家々に入れ！　お前たちの1人が壁の内側に入れば、誰もその近くには立たないであろう。どんな軍隊もお前たちを撃退することはできない。立ち止まることは禁物である！」

　ラメセス朝の戦争レリーフには、戦争における王の理想の行動が描かれている。戦う王は、場面のなかでつねに一番大きく描かれている。勇壮に戦車に乗り、敵を蹴散らしている。王は、王子たちが見守るなかで、たった1人で敵と戦っていることが多い。場面に戦車隊と歩兵がいる場合は、小さく描かれている。王は青冠を被り、あるいは、簡単な鬘を被っている。そして腰に巻いた手綱で馬を操っている。手は自由で矢を放っている。もちろん、矢が的を外れることはない。王はまた、ケペシュ刀で武装している。これらの図は、伝統に則った形式的なものであるが、ひとつひとつの場面は、細部まで生き生きと描か

れている。特に外国の兵士の描写がていねいで、新王国時代のファラオたちが生きて戦った時代、背景にあった広い世界の情報をわれわれにあたえてくれる。

時に、神殿の壁には、より独創的な場面が描かれている。そのなかで、戦場で特別な行為を行なっている王を見ることができる。たとえば、マディーナト・ハブでは、ラメセス3世が敗れた敵の死体の上を踏みつけて、戦車を降りている姿が描かれている。別の場面では、死体の上に立って、王子たちに援護されながら、侵略してくる海の民に向かって矢を放つ王が描かれている。王のうしろでは、扇持ちが矢を射る王を扇いでいる。そして別の男が王の馬の手綱

エジプトは、近隣諸国と良い交易関係を結んでいた。特にメソポタミアとは、先王朝時代から関係をもっていた。古王国時代には、木材はレバノンから、贅沢品はプント（紅海沿岸のどこか）から輸入していた。中王国時代になると、ヌビアと東デルタには、（「支配者の壁」と呼ばれる）一連の要塞が建てられ、輸入品や移民の規制が行なわれた。センウセレト3世の治世になると、規制は厳しくなり、ヌビア商人は特別な条件を満たさないと、入国が許可されなかった。新王国時代は帝国拡大の時代であり、ファラオは近隣の強国と接触をもつ機会が多くなった。新しい政治的現実のなかで、外国人は混沌を象徴する無価値な存在ではなく、外交や戦争で相対さなければならない相手となった。

新王国時代の墓には、遠くはクレタ島からの使節団が朝貢品をもってファラオの王宮を訪れている様子が描かれている。また、ファラオは、しばしばヒッタイトやミタンニなどの外国の王女と結婚した。それによって双方の王家の結束が増した。トトメス3世やアメンヘテプ2世の治世から、エジプトとヒッタイトのあいだには、正式な協定が結ばれていたようである。ラメセス2世は、治世21年にヒッタイトと主要な和平条約を締結している。その写しがカルナク神殿とラメセウムの壁に記されている。そしてハッティによってもうひとつの写本が保存されていた（38頁参照）。条約は隷属国の王たちとは交わされなかった。彼らはファラオに忠誠を誓うように強要された。

テル・アル＝アマルナ出土の楔形文字で記された粘土版、アマルナ書簡は、第18王朝後期の外交にかんする主要な資料である。エジプトとレヴァントの隷属王や、中東の「大国」であるバビロンやミタンニの王との書簡の記録である。後者のグループとは、おもに外交的結婚や贅沢品の交換について手紙がやりとりされていた。また、互いの協力関係にかんする協定にかんしても述べられている。アマルナには手紙のやり取りを管理する役所（ファラオの手紙の事務局）があったが、これは外務事項を専門に扱うために設置された役所と考えてはいけない。外国の大使はエジプトに常駐していたわけではなく、外国からの使者は、特定の用件のためにエジプトに送られてきたが、要求や依頼に対するファラオの答えを得るために、エジプトに何年も滞在することも多かった。

アマルナ書簡。この例のように、粘土版にはアッカド語の楔形文字が刻まれていた。第18王朝後期の国際外交を知る上で重要な資料である。

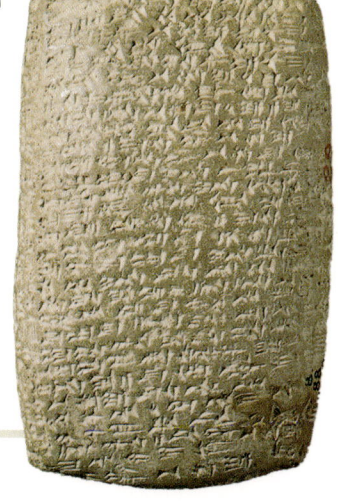

左：戦車を操りながら、リビア人を攻撃するセティ1世。片手にケペシュ刀、そしてもう一方の手には弓をもっている。

上：捕虜の腕を縛るラメセス3世。大股で戦場を歩き、足下の敵を踏みつけている。

を握っている。この人物はヘルメットを被っていることから、ラメセスの戦車の盾持ちの可能性がある。王自身が戦車に乗っている場面では決して描かれることのない人物である（127頁参照）。レリーフの別の場面では、ラメセス3世が敵の首長を戦車に引きずり上げている様子が描かれている。戦場のセティ1世の場面も革新的な内容である。ある場面では、倒れている敵を踏みつけながら戦場を大股で歩き、投げ槍で敵の首長をうとうとしている王が描かれている。もうひとつの場面では、捕虜を1人ずつ腕で抱え、戦車に載せようとしている。また、弓とケペシュ刀で武装し、アジアの捕虜を縛っている王が描かれている。碑文は、「陛下がみずからの足で連れてきた戦利品」と捕虜のことを描写している。

　陸や海で熱い戦いを行なう王に加え、町を包囲する王の姿が描かれている。ベイト・アル＝ワーリの神殿の壁には、ラメセス2世がシリアの要塞よりも大きく描かれている。シリアの首長の髪をつかみ、建物の屋根から外にはみ出している。彼の下の城壁にいるシリア人たちは、和平を嘆願している。そして役人の1人が降伏の印に香炉を差し出している。その下では、若い王子が斧で壁を切りつけている。マディーナト・ハブの壁に描かれた、シリアのチューニプをラメセス3世が包囲している図では、エジプトの兵士たちが梯子を昇り、門をたたき割り、木を切り倒している。ベイト・アル＝ワーリの場面と同様に、シリアの首長が、戦いの終結を願って、香炉を王に差し出している。

ファラオは戦ったのか？

　レリーフや碑文に刻まれた、王の戦いの大言壮語で大袈裟な様子を見ると、実際にファラオが軍とともに戦った証拠があるのかと聞きたくなる。宮廷が用意した王にかんする資料は慎重に扱わなければならない。それは王の業績を讃えるために特別な方法で提示されている（18頁参照）。マアトとエジプトの擁

護者として、王だけが戦闘場面のなかで人を殺害することができた。すべての矢は王によって放たれている。そして軍隊を伴うことなく、敵に向かって、しばしばただ1人で戦っている。図と碑文もまた相互に関係があり、それぞれが、最高の戦士である王というモチーフを強化している。碑文は、書記の「日誌」を参考にしていることがあり、正確な日付や軍隊の動きなどの情報を提供している。しかし王の行為はすべて、完璧なる王の姿にあうように編集されている。そこで、王が戦ったか否か、碑文だけでは判断することができない。碑文は戦闘の重要な場面を理想化して描いているのである。資料は明確な答えをあたえてくれない中立的な資料である。王は戦場で戦ったかもしれない。あるいはまた、戦わなかったかもしれない。

　この理想主義に挑戦して、別の方面から答えを導くことが可能である。他の証拠を集め、確率から判断する方法である。たとえば、王のミイラを見ると、セケネンラー・タアを除いて、戦場で戦死、あるいは負傷した形跡は見られない。セケネンラー・タアの場合も戦死とは限らず、致命的打撃は敗戦後の処刑によるもの、あるいは、王宮内で暗殺された可能性も否めない。エジプトの偉大な解放者イアフメスは、実際の戦闘で戦うには、あまりに虚弱であったと思われる。また、レヴァント遠征で栄光の地位を築いているトトメス3世、アメンヘテプ2世、ラメセス2世などの「ファラオ戦士」にも、傷や骨折の跡が見られない。前線で敵と戦った形跡がないのである。この事実と、エジプト内外において、専属の護衛が数多くいた事実が示すように、王の安全を第一に考慮しなければならないという当然の要求が優先するため、エジプトの王が、公式な碑文のなかで見られるように勇猛に戦ったとは考えにくい。戦場にいたとしても、彼らは戦闘行為には積極的にかかわっていなかったと思われる。

　王がみずから遠征を率いたかどうかという疑問は、「ジョッパの占領」というラメセス朝の文学によって、さらに複雑なものとなる。この物語では、トトメス3世の王笏が、王を代表し、まるで王がそこにいるかのように語られる。他の描写では、王のバウ、すなわち、秩序の喪失によって現われる王の激怒、が軍隊を勝利に導くとされている。これは、王が実際エジプトを離れることなく、外国にいる軍隊を率いたとする時に、書記がとる方法である。軍の司令官の名前は、王の碑文には決して現われない。しかし、司令官自身の碑文のなかには、彼らの軍における役割が記されており、彼らが軍を率いていたことを明らかにしている。しかし王がそこにいたかどうかにかんしては、はっきりと述べられていない。

　以上のようにすべての資料が曖昧で、理想化された性格のものであることから、実際に王が戦ったか否かを明確にすることは不可能である。彼らが勝利を得たとする遠征に、実際に行っていたかどうかさえ不確かである。

カデシュの戦い

カデシュの戦いは、ラメセス2世支配下のエジプトと、ムワタリ2世率いるヒッタイトとその同盟軍によって戦われた。戦いの様子は、ルクソール神殿、カルナク神殿、ラメセウム、アブ・シンベル、そしてアビュドスのラメセスの神殿の壁に詳細に描かれている。現存する2つの記録、報告書と叙事詩でこれらの場面の内容を補うことによって、戦闘の様子を再現することができる。

ラメセス2世の治世5年に、王と軍隊はレヴァントへと遠征行軍を行なった。エジプトからヒッタイトへと寝返ったばかりのカデシュの町を占拠せんと、ラメセスはシレの要塞から出発する。ラメセスの軍は5つの部隊に分かれていた。アメン、ラー、プタハ、そしてセトの部隊は陸を行軍し、それとは別に援軍がフェニキアの沿岸を航行し、カデシュで合流する作戦であった。進軍の間に、王とアメンの部隊は、他の部隊より先頭を行き、シャブトゥナの町で2人のシャス(ベドゥイン)に出会う。彼らは、ヒッタイトと同盟を組んでいたが、エジプト側に翻りたいと考えていた。彼らはエジプトに対する忠誠心を伝えるために、ヒッタイトがアレッポにいるという情報をラメセスに伝える。アレッポは193キロ離れた地点であり、彼らの情報によると、ヒッタイトはファラオと戦うのを恐れて遠のいており、カデシュの町が陥落容易なターゲットとして残されていた。

シャスを解き放ち、ラメセスは行軍を続け、カデシュの北西にキャンプを張った。翌日、町を包囲する予定であった。すべてが順調に進んでいると思った時、エジプト軍の偵察隊が2人のヒッタイトのスパイを発見し尋問する。そして実はヒッタイトがエジプトを欺いて、カデシュの北東でエジプト軍を待ち構えていたことを知る。これを聞いて王は、部下を集めて叱りつける。そして宰相を送り、他の部隊の到着を早めるように指示する。しかし宰相が彼らの所に着く前に、ラーの部隊が攻撃を受ける。生き残った者たちは、王とアメン部隊に合流する。しかし彼らが到着した頃には、エジプトのキャンプはヒッタイトとその戦車部隊によって侵略を受けていた。

王は戦車に飛び乗り、反撃のために軍隊を再編成し

2　近くのヒッタイトのキャンプ、エジプト軍から見えない場所にある。

4　ラー部隊がキャンプに到着する前に、ヒッタイト軍によって不意うち攻撃を受ける。プタハ部隊とセト部隊はまだ後方にいて掩護することができない。

7　ラメセスは敵を攻撃するが、1人になり、アメンに祈る。

1　アメンの部隊とともに、ラメセスがキャンプを張る。

6　エジプトのキャンプがヒッタイト軍と戦車隊によって侵略攻撃を受ける。

8　ヒッタイトは大きな犠牲を被る。

5　ラー部隊の生存者は、王とアメン部隊に合流する。

カデシュの戦いの再現図。
異なる段階を示している。

第5章　遠征におけるファラオ

ようとした。全速力で敵に突進した王であったが、ヒッタイトの戦車に囲まれ、孤軍奮闘することとなったファラオは、自分を見捨てた兵士達に怒り、アメン神に助けを求めて祈った。「何と心の弱い者たちだ！　我が戦車隊よ！　お前たちのなかには信頼に値する者がいないのか！」しかし、王はまったく見捨てられたわけではなかった。盾持ちのメンナが王とともにいた。しかし恐れにおののいた彼は、王に退陣するように懇願する。しかし、王は答えた。「しっかりと立て！　心を落ち着けよ。我が盾持ちよ！　ハヤブサが急降下するように私は奴らに突撃する。殺戮し、切り刻み、地面に叩きつける。王である私がものともしない軟弱な兵士の大軍をなぜお前は恐れるのか？」

　そう言うと、ラメセスは敵の大軍のなかに6度入っていき、敵を蹴散らした。そしてやっと沿岸から掩護隊が到着する。周りを囲まれる危険を感じたヒッタイトは退却を余儀なくされる。その間にエジプトは軍を立て直し、さらにヒッタイトを追いつめる。敵はオロンテス川を泳ぎ安全な対岸に逃げる。物語では、アレッポの王子は、逃走の途中にあまりにもずぶぬれになったため、逆さ吊りになって体を乾かさなければならなかったと語り継がれている。

　残りのエジプト部隊も再編成され、王の成功を讃える。しかし、王は彼らの臆病に対して怒りを露にする。「私はお前たちに良き行ないをしてこなかったか？　それなのに戦いのただなかで私を1人を置いて行くのか？　お前達みんな生きているだけで幸せだと思え。私はたった1人で、私の偉大な2頭の馬「テーベの勝利」と「幸福のムウト」にささえられて、何百万という国々と戦ったのだ！　私独りで多くの国と戦ったのだ。私の馬たちはその行ないによって、私が宮殿にいる時は、私の前で食事をあたえられる。戦いのなかで私が見つけたのは、2匹の馬と、盾持ちであり戦車兵士であるメンナだけだ！」

　ヒッタイトとエジプトは翌朝再び、戦闘を開始するが、こう着状態となる。エジプトの記録によると、結局、ムワタリがエジプトのキャンプに使者を送り、外交的に戦争を終結する提案をする。ラメセスがこれに合意する。それから何年もへて、ヒッタイトとエジプトは重要な和平条約を調印する。これによって無期限に停戦が約束される。その写しがヒエログリフと楔形文字の2つの書類の形で残されている。

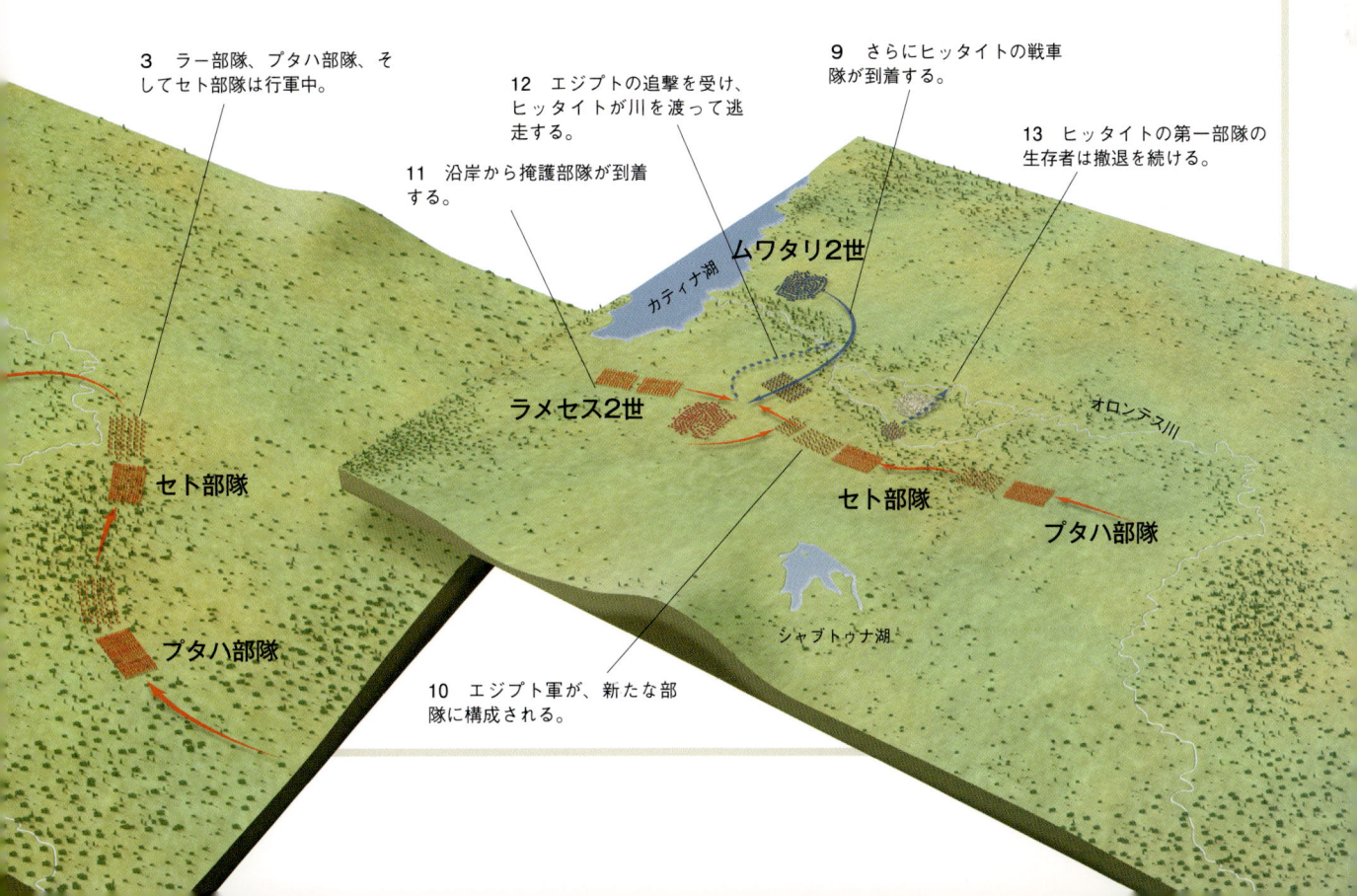

3　ラー部隊、プタハ部隊、そしてセト部隊は行軍中。

9　さらにヒッタイトの戦車隊が到着する。

12　エジプトの追撃を受け、ヒッタイトが川を渡って逃走する。

13　ヒッタイトの第一部隊の生存者は撤退を続ける。

11　沿岸から掩護部隊が到着する。

ムワタリ2世

カティナ湖

ラメセス2世

オロンテス川

セト部隊

セト部隊

プタハ部隊

プタハ部隊

シャブトゥナ湖

10　エジプト軍が、新たな部隊に構成される。

戦いの後

　戦争の後、戦利品が集められ、王によって再分配される。そして敗れた国の首長は、ファラオに忠誠を誓う。兵士たちは、死骸から手やペニスを切りとり、敵を殺害したことを証明しその努力に対する報償を得る。切りとられた手足は、王の使者に届けられ、積み上げられて、書記によって数えられる。これは、マディーナト・ハブに描かれている劇的な場面である。捕えられた捕虜は、腕に王のカルトゥーシュの焼き印を押され、労働に課せられる。彼らは、時には、王子や宰相に導かれて、長い行列を成して王の前に連れてこられる。なかには、もっと残酷な運命が待っている者もいる。マディーナト・ハブの碑文によれば、リビアの首長は全員、心臓をえぐられ、火あぶりの刑に処されている。捕虜のなかにはつぎのように語る者もいる。「われわれは、みずからの意志で、みずからのために、みずからの死を願ったのだ。われわれの足は、我が身を炎へと運んで行く。」アマダにあるメルエンプタハの治世の碑文には、生存者がその罪に対して手や耳、目を切りとられたことが記されている。その後、彼らはクシュに連れて行かれ、「移民地で十把一絡げに積み上げられた」とされている。

　王が捕虜を点検した後、エジプトへの長い帰路が始まる。「ロバを前にして追い立てながら」軍隊は行軍した。「リビア（リブ）の割礼を施していないペニス、そして（あらゆる）外国人の手をまるで魚のように籠に載せて。」カルナクには、捕えたリビア人を戦車に乗せて、エジプトへと帰るセティ１世の姿が描かれている。これは、アメンヘテプ２世の時代に初めて現われた場面である。すべての捕虜がそのような楽な思いをしたわけではない。イバナの息子、兵士イアフメスは、トトメス１世が、（おそらく敵の首長である）ヌビア人を船の舳先に逆さ吊りにして、カルナクに帰航したことを語っている。アメンヘテプ２世も同じように、捕虜を侮辱した。エジプトに戻る帰路「父（アメン）の心は喜びに満ちた。王はみずからの棍棒で７人の敵を殺し、陛下のハヤブサの船の舳先に遺体を逆さ吊りにし、さらにそのうちの６人をテーベの城壁の前に吊るした。その手も同様に。」残る１人は、ヌビアまで連れて行かれ、ナパタの城壁に吊るされた。これはファラオの力を見せつけ、警告をあたえるためであった。

　そしてついに軍隊はエジプトの国境に着いた。カルナクのセティ１世の図では、ワニが棲むエジプト側の運河に王が到着すると、神官や役人が勝利を納めた王を歓迎している。エジプトに帰還するとまもなく、偉大な祝宴が開かれ、遠征で活躍した兵士が

黄金のハエ。テーベ西岸のイアフヘテプの墓で発見されたもの。勇敢な兵士に対して、遠征の後に勲章として授与されたもの。時には繋いで首飾りとして身に付けられた。

マディーナト・ハブに描かれた壁画。倒れた敵から切りとられた手の数を数え、戦死者の数を書記が確認している。切り取られた手足やペニスはエジプトにもち帰られ、おそらくカルナクのアメン神の前に差し出された。

カルナクのアメン神の前で敵をうちつけるセティ1世。混沌に対する秩序の勝利を象徴して、実際の捕虜が神殿で殺害された可能性がある。

臨御の窓の王の前に並び、現在の勲章にあたる黄金のハエを授与された。勇気や能力を発揮した兵士には、土地や奴隷もあたえられた。イバナの息子、兵士イアフメスが記録するように、イアフメス王がシャルーヘンの町を強奪した後、「私は戦利品をもって帰った。2人の女と手である。そうすると勇気の証の黄金があたえられた。そして捕虜が奴隷として私にあたえられた。」反逆者テティ・アンの打倒にかかわったイアフメスは、さらに奴隷と土地をあたえられたことを記している。王の近くに仕え、王の目の前で能力を見せる機会をあたえられる兵役は、社会の階段を昇る機会を意味した。新王国時代を通じて、比較的身分の低い者が、褒美や土地をあたえられるだけでなく、宮廷内において重要な地位を得ている。

　王はまた、戦利品の多くを神殿に寄進した。特にアメン神は多くの寄進を受けた。遠征の後に、トトメス3世が気前よく奉納した品の数々は、カルナク神殿の壁に細かく記載されている。また、ラメセス朝の戦争レリーフには、テーベの三柱神の前に王が連れてきた長い捕虜の列が描かれている。このような場面では典型的に、王は捕虜の首に巻きつけた縄を握って立っている。捕虜はさらに枷を嵌められ苦しい姿勢を強いられている。アメンの前で行なわれた最後の行為は、捕虜の何名かを処刑する儀式であったと思われる。それは王がすべての外国の国々を支配することを象徴した。カルナクでは、下エジプトの赤冠を被ったセティ1世が、彼にケペシュ刀を授けるアメン神とテーベの女神の前に立っている。彼の前には、杭に縛られたさまざまな国籍の捕虜が、頭の上に王の棍棒が振り下ろされる時を恐怖におののきながら待っている。ベイト・アル＝ワーリには、同様な場面があり、ラメセス2世がリビア人をうち倒している。そして抵抗のできない捕虜をファラオの犬が咬んでいる。

第6章

王の町

　エジプトの偉大な都市の数々は、古代社会に知れ渡っていた。交易と人口の中心地である都市は、その大きさと光景で人々を圧倒し、それと比較して村はまるで小人のように感じられた。政府の中心地には、数々の役所が立ち並び、国庫や穀物倉庫があり、国が運営するエジプトの神々の家である壮大な神殿がそびえ、ファラオの偉大な王宮があった。そこには多様な機能が集結しており、王の権威を象徴していた。しかし、今日、これらの偉大な都市は当時のように知られていない。何千年という長い時代に亘って、同じ土地に造営が繰り返されてきたため、古代の遺跡は、現代の村や町、都市の下に深く埋もれている。そのためエジプトの古代の住居にかんする考古学的資料は非常に限られている。デルタ地帯においては、湿気が多く、また古い日乾レンガが肥料として使用されたこと、さらには石材も繰り返し再利用されたため、古代の住居を再現することは難しい。その結果、われわれが理解しているエジプトの都市は、発掘が行なわれた数少ない住居址の資料と古典古代の作家の記録に頼っている。

神殿、王宮、そして宇宙

　王と従者は、しばしば王宮から王宮へと旅をした。また、多様な都市は、それぞれ別の理由で同時に重要な役割を果たしたため、メンフィスを除いて、ただひとつの「首都」について語ることは困難である。メンフィスは、どの時代においても、首都に近い存在であった。しかし、エジプトには、王の主要な居住地である王の町、ロイヤル・シティーが多数存在した。そして、それぞれの町に政府関係の役所や国家神を奉る主要な神殿があった。王宮と神殿が町の建築の中心にあった。
　王が、町の中心となる神殿複合体を訪れる際は、軍隊に警護され、キオスクや輿に乗って、王宮と神殿の間の狭いとおりを向かったはずである。とおりは日常、行き交う人々で賑わっている。騒音と人ごみ、埃と熱い空気。しかし、王の行進の時は、いつもとは異なる雰囲気に町が包まれたと思われる。警護の兵士が長い列を組み、人々を抑制するあいだから、地元の人々は目の前に広がる光景を畏敬の念をもって見守ったはずである。人々の肩越しに従者の姿を見

ルクソール神殿の正面玄関にあたる塔門が、そびえるように訪れる者を見下ろしている。その向こうに第1中庭を見ることができる。

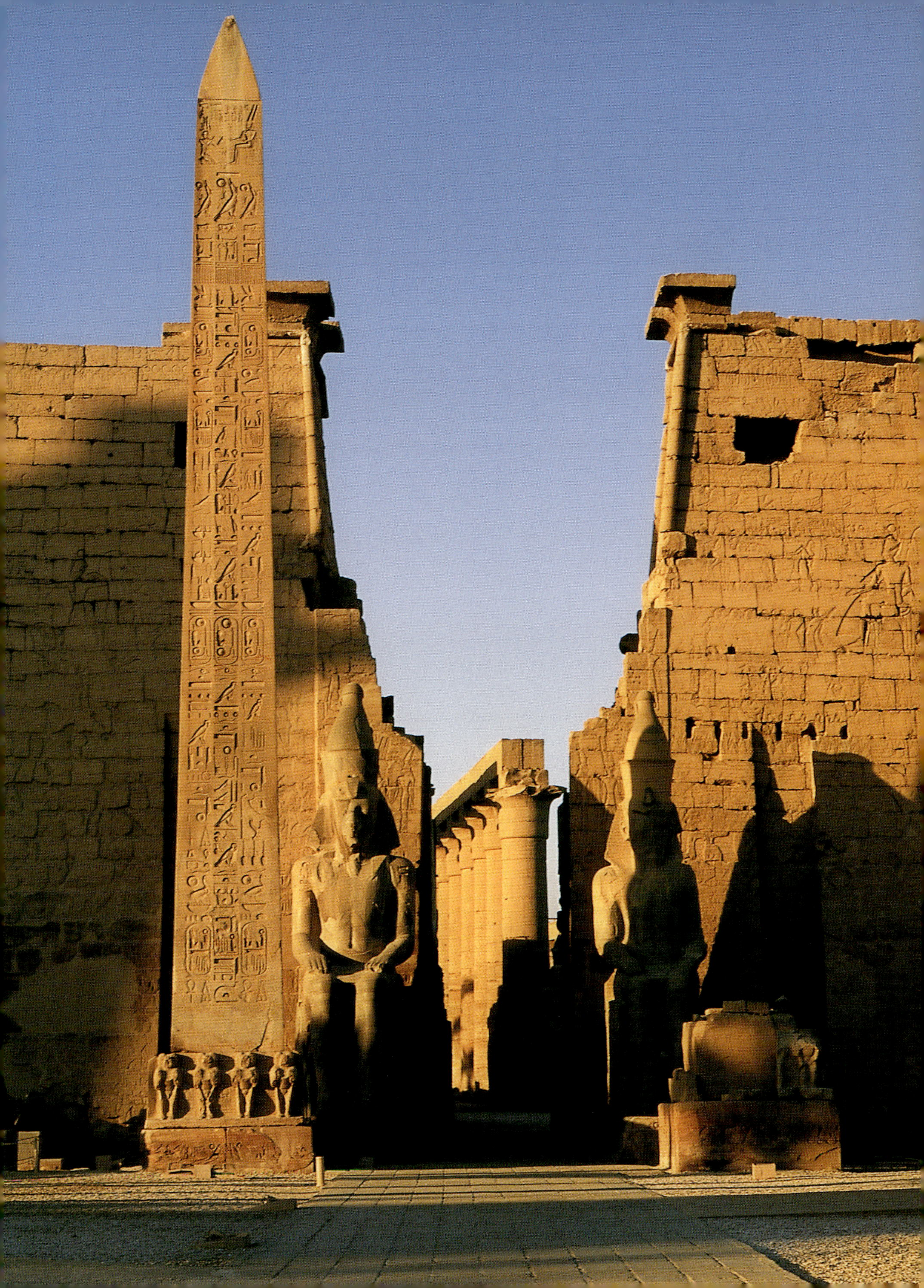

つめる観衆の中には、眩い光景に満足した者もいた。12人の男に支えられた長い台は、彼らの肩に背負われた棒によって高く掲げられていた。高いキオスク、そのなかには、ゆっくりと歩むライオンの彫像で飾られ、神々の像で守られた玉座に座る王の姿があった。王の前とうしろには、長い棒の先にあるダチョウの羽根の扇を扇ぐ従者の姿があった。王の周囲にはつねに涼しい風が吹いていた。そして前を行く神官は時折体をうしろにねじ曲げ、王の方に向かって香の煙を送っていた。空気を清め、生活の匂いの混ざったとおりをやさしく香しい匂いで満たした。

見晴らしの良い王の席から、キオスクを運ぶ者たちの歩みとともに、軽く左右に揺れながら、王は町の様子を眺めた。市場を訪れる男女、商売に熱中する人々、日用品を売っている人々。埃っぽいとおりを歩く家族、遊んでいる子供たち。王の周りには日乾レンガで出来た家が立ち並び、なかには何階もある高層の家もあった。家々は、地元の人々によって空いている空間に次々と建てられ、まるで生き物のように成長していき、まったく統一性のない即興的な建築を創り上げていた。不要になった土器は割れたまま地面に放置され、食べ残し、骨、腐ったパンや野菜とともに転がっていた。それをガリガリに痩せた野良犬が食いついていた。このような世界はファラオにとっては別世界であった。

遠くに見えていた神殿が王の目の前に近づいてくる。同じ聖なる地に繰り返し建築や改築を繰り返した神殿である。神殿は通常、周辺の町よりも高く

旅をする時、王は召使いによってかつがれる椅子に乗っていた。王の玉座には、このオストラコンに描かれているように、しばしばライオンの装飾が施されていた。

サッカラの第5王朝のニアンククヌムとクヌムヘテプの墓に描かれた賑やかな市場の場面。野菜、魚、そしてイチジクなどを入れた籠の横で売り手が座っている。場面右下では、生地の長い反物を広げ、客に売りつけようとしている商売人がいる。一番上の段では、マニキュア、ペディキュアを施す人物、そして理髪師が忙しく働いている。

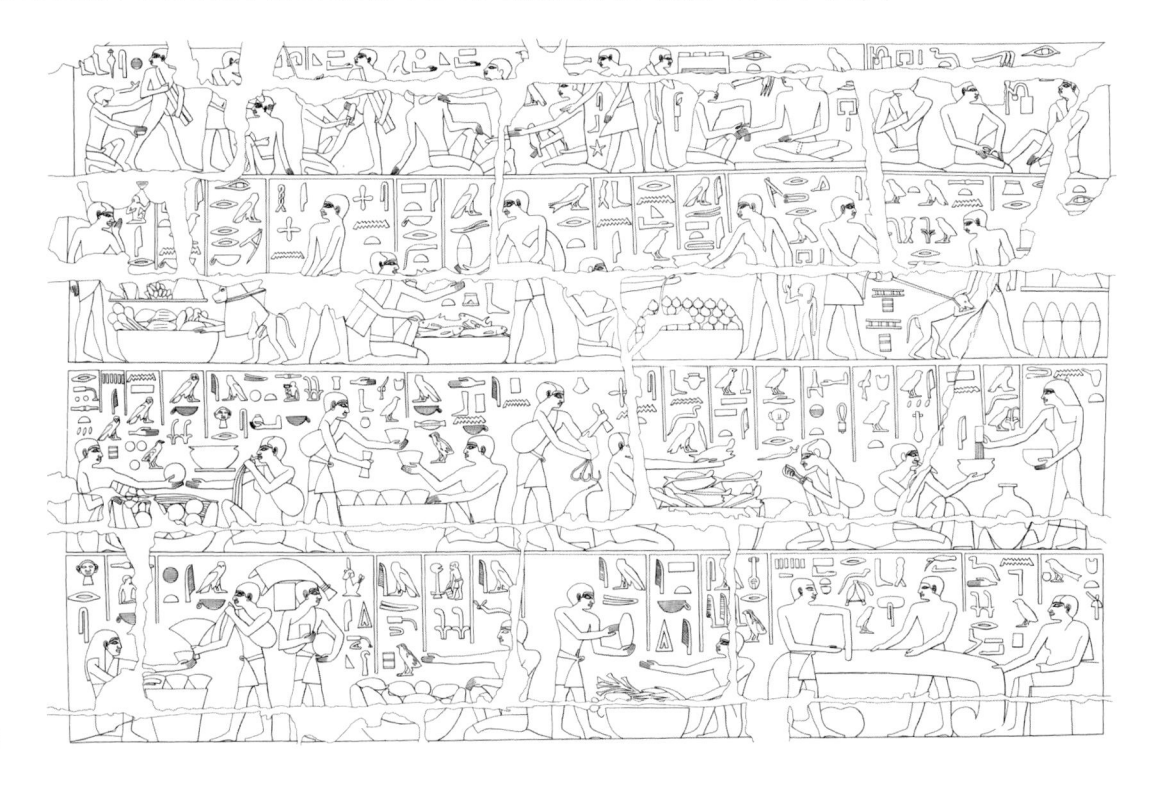

第6章　王の町

そびえていたが、しばしば台形の日乾レンガの周壁が目隠しとなっていた。王の到着が迫ると巨大な木製の扉が開き、巡礼者や神官等が崇拝の念に頭を下げる。王の側近は、この外の門をとおり抜け、2つの巨大な石の塔に向かって進む。いずれも旗がはためく長い旗竿で飾られ、神々に供物を捧げ、敵をうちつける王の姿を描いた色鮮やかなレリーフで装飾されている。2つの塔門とその間の門が、神殿の本殿の壮大な入口となっていた。エジプト学者は、ギリシア語の名前をとって、この構造物をピュロンと呼んでいる。ここで王は玉座を降り、神殿に入る。多くの従者はここで待つことになる。

　塔門をとおり過ぎ、神殿の奥に向かう時、王はまず、眩い太陽の光が射す、中庭をとおる。そして貴族によって寄進された彫像の横をとおり過ぎる。彫像は、寄進者と神々の間に繋がりを築き、寄進した者の永遠の信仰を明らかにしている。次に王は、薄暗い列柱室に入る。そびえ立つ石柱の森が、遥かに高い天井をささえている。この暗く、閉ざされた空間に、天窓の格子の間から斜めに差し込む光が静かに動き、彩色を施された多様なレリーフにスポット・ライトを当てていく。供物を捧げる王の図や、深く刻まれ、鮮やかな彩色を施され

カルナクのアメン神殿。王は、右下に見える雄羊の頭のスフィンクスの参道をとおり、パイロン（塔門）をとおり抜け、神殿の主軸に沿って神殿の一番奥にある神の聖域へと進む。ここに入ることができる者は限られていた。

たヒエログリフで記された讃美歌が光のなかに浮かび上がる。朝の儀式で使用された香の残り香をたどるように進むと、遂に巨大な木製の扉に到達する。この扉の向こうには、神殿の奥の暗い、人の侵入を許さない神の聖船を納めた聖域がある。ここは王と特定の神官しか入ることの許されない聖なるなかの聖なる場である。一般のエジプト人は、神殿の第1中庭より先に進むことを禁じられていた。中庭より先に入ることができるのも、すでに特定の人間に限られていた。聖域の中は、閉ざされ、常に夜のような暗闇に覆われていた。天井は低く、床が高く上がっているその聖域のなかで、エジプトと人民に対する神々の加護とを願って、王は儀式を執り行なった。

　塔門、中庭、列柱室、聖域という構造は、新王国時代以降の国家神殿の定型の様式であった。このうちの最初の3つの要素は、数度繰り返して現われることが可能である。そこで神殿のなかには、複数の中庭や塔門をもつものがあった。そして王が神殿内で行なうひとつひとつの行為に特別な意味があったように、神殿の要素にもひとつひとつ意味があった。たとえば、聖域は、創造時に現われた、世界の始まりである原初の丘を象徴している。列柱室の高い柱は、原初の時に成長した植物を意味する。塔門は、ヒエログリフの地平線のサインの形をとっており、毎朝、塔門から太陽は昇り、神殿の軸線の上を旅して、聖域の方角に沈んだ。神殿はその建築様式によって、宇宙の秩序を世界に発信しており、宇宙の営みを模していた。

　神殿を後にしたファラオは、再び輿に乗り、あるいは戦車に乗って、近くの王宮へと行き、つぎの公務に備えたと思われる。あるいは、必要に応じて、主

カルナク神殿の大列柱室の荘厳な柱。時の初めに原初の沼から初めて出現したパピルスを象徴している。ホールには、元来、屋根があった。当時、光は天窓から差し込むだけであった。

に祭儀の目的のために建設されている神殿内の小さな王宮や、町の行政区域にある公務用の王宮に行った可能性もある。このような小王宮には、寝室と食堂など、必要な部屋だけが完備しており、短期間の滞在に使用された。王が夜間休息をとりたいと望めば、この地の主要な王宮に帰宅したはずである。そこは、町の喧噪を離れた、王宮のための特別な区域であった。

多くの場合、王の王宮複合体は、壁龕のある塔、ところどころに凹みや、マットがカーテンのように掛かっている隠し扉などのある、壮大な周壁の内側にあった。この独特な姿は、エジプトの歴史の初めから、王の権力の象徴となった（16頁参照）。エジプト学者は、これを「王宮の正面」の装飾と呼んでいる。「王宮の正面」は、王のホルス名を囲む枠として、聖なるホルスのハヤブサが止まる宿り木の役割を果たしている。この図はまた、古王国時代や中王国時代の一時期において、個人の墓の外壁、偽扉、そして石棺の装飾にも使用された。

王宮の外の大きな門は、門柱で守られていた。主要な門の前の空間は宰相によって監督されていた。ここは待合所の役割を果たしていた。王宮に入る許可をもたない者は、伝言がなかへ伝えられ、返事がくるまでのあいだ、ここで待たされた。ここはまた、王宮のなかで決められた公式決定が発表される場でもあり、日用品が受け渡しされ、役人が罰せられる場でもあった。王宮の周壁のなかに入ると、宰相は、多くの倉庫や役所に迎えられる（なかには宰相の執務室もある）。そして国庫などが広い土地のなかに広がっている。この部分は、王や宮殿の実務を行なう場であり、ペル・ネスウ「王の家」と呼ばれている。周壁のなか、王の居住区域は、ペル・アア「偉大なる家」と呼ばれ、ペル・ネスウに囲まれている。あるいは、隣接している。「王の家」に入るには、巨大な二重の門をとおらなければならない。神殿のように旗竿が飾られ、戦いに敗れる敵の場面を描いた門は、外界の混沌と門の内側を分ける魔法の結界の役割を果たしている。

神殿とは異なり、王宮の部屋の多くは、自然の場面で装飾されていた。しかし神殿と王宮には構造的な類似点があった。典型的な王宮は長方形であ

新王国時代以降のエジプトの神殿の標準的な図面。塔門から一番遠く離れた、奥にある聖域の神に近づくほど、外の光から遮断され、暗闇が増し、天井が低くなり、床のレベルが高くなった。

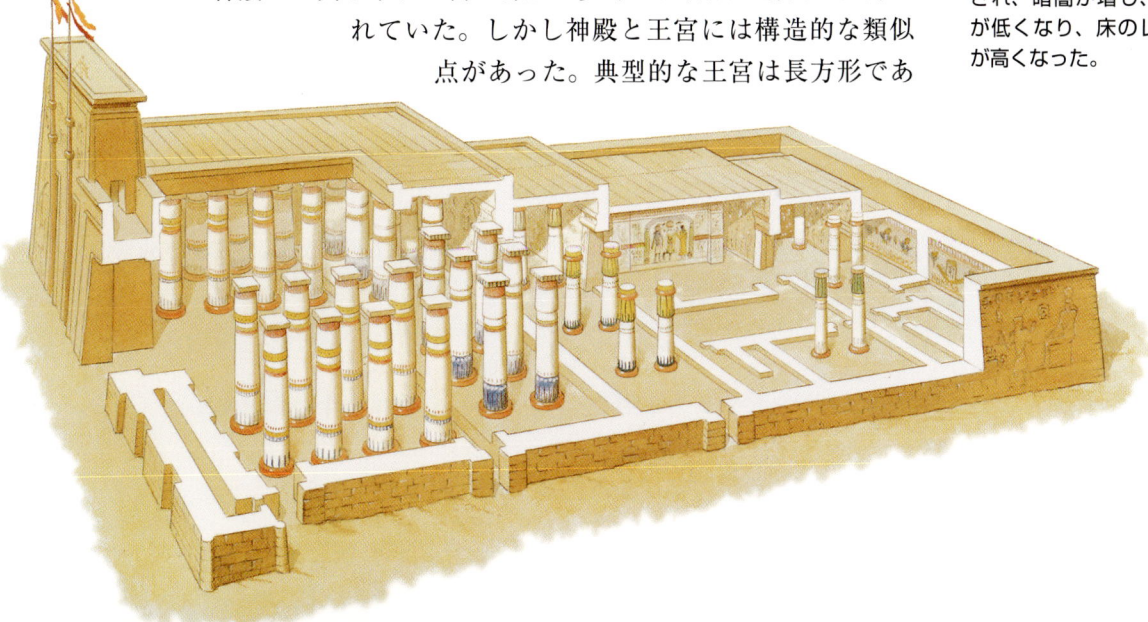

失われた町イチ・タウイ

アメンエムハト・イチ・タウイ（「アメンエムハトは二国を掌握する」）、あるいは省略してイチ・タウイの周壁に囲まれた町は、アメンエムハト1世によって作られ、第2中間期まで王宮としての役割を果たした。この町は第12王朝との結びつきが非常に強く、トリノ王名パピルスは、この王の系譜を「イチ・タウイの系譜」と記している。

この町は考古学的に発見されておらず、その配置や、主要な建物に関する知識は乏しい。しかし、この町は工匠や職人の中心として知られており、『アメンエムハトの教訓』のなかで、アメンエムハト1世は、王宮のひとつを描写している。「私は黄金で飾られた宮殿を建てた。その門はラピス・ラズリ、その壁は銀、その扉は、銅製で、ボルトは青銅でできている。」アメンエムハトのピラミッドが、ファイユームの北のリシュトに造営されていることから、失われた町が、付近のナイル西岸の畑の下に埋もれている可能性がある。

イチ・タウイにかんする最後の言及のひとつは、第3中間期のピイの勝利ステラに刻まれている。そのなかで、イチ・タウイは、デルタの小王たちを制圧するために北に向かったピイに降伏した町のひとつとしてリストに載っている。「陛下は、北へと航行しイチ・タウイに到着した。町は閉ざされ、その周壁は勇敢な下エジプトの軍隊で守られていた。彼らは要塞を開き、王に向かってひれ伏した。王は、この町の神々に供物を捧げた。そのなかには長い角を持つ家畜、短い角を持つ家畜、鳥などがあった。いずれも上等で清い物であった。そして町の財宝は国庫に、穀物は父なるアメン神[ラー、二国の玉座の主人]に寄進された。」

り、天井は空を表わすために青く塗られていることが多かった。そして床は奥に向かって高くなっていった。神の聖域に相当する部分には、玉座の基壇があった（81頁参照）。いずれも創造神が世界を創った時の原初の丘を象徴している。列柱室は宮殿の中心であり、一番奥にある王のプライベートな空間の前に配置されていた。この部分に入れるのは、ごく限られた人々であった。このような対比によって、宮殿内で行なわれる政府の実務が聖なる高みに引き上げられた。神殿と王宮はいずれも宇宙の秩序を守る重要な役割を果たしていたのである。

メンフィス

エジプトで最古の「王の町」は、ラメセス朝の詩のなかで、「プタハ神の笑顔に捧げられた、果実で満たされし盃」と描写されているメンフィスであった。伝説では、エジプトを統一した偉大なメネス王が創建した町とされている。町は、ナイル川がデルタ地帯へと広がる地に位置し、メネスの偉大な業績を象徴するように、北と南を結ぶ地点にあった。後にあたえられた名前のようにメンフィスは、「二国の均衡」を保つ町であった。ヘロドトスによると、この町は、メネス王がナイル川を迂回させ、堤防を築いて氾濫を防いだ時に出来た埋め立て地に建てられている。ローマ時代になると、これらの堤防には、メンフィスの様々な地区の名前がつけられた。そしてメネス王からローマ人の到

来までの何千年という長い間に、メンフィスは、商業、王権、宗教、軍隊、そして学問の中心地として成長した。

　メンフィスは元来、「白い壁（イネブ・ヘジュ）という名前で知られていた。町、あるいは、王宮の周囲を要塞のように守る、白いプラスターで塗られた壁を示す名前だったと思われる。その後の数世紀の間に、町は広がり、近隣の町を吸収していった。そのひとつがペピ1世のピラミッドの町メン・ネフェルであった。そしてこの名前がギリシア語化したものが、メンフィスとなった。また、ナイル川の流路が東へと移動したために、町は川との接触を維持するために、川を追いかけるように、東へと徐々に広がった。

　第3中間期のピイ王の時代には、町はまだ巨大な周壁に囲まれており、敵の攻撃を受ければ、外界から完全に町を遮断することが可能であった。ピイの勝利ステラにはつぎのように記されている。「陛下はご覧になり、壁は強固であると言われた。壁は新しい建設によって高く、胸壁には警護の兵がおり、どこからも攻撃される隙はなかった。」これは明らかに、古王国時代の町の古い周壁とは異なる壁である。町は拡大し、移動していた。ひとつには、ナイル川の流れが変化した結果であるが、また同時に、メンフィスのような大きな居住地が、しっかりと守られ、要塞で囲まれていたことをこの碑文は示している。

> メンフィスのような町は見たことがない…穀物倉庫は大麦とエンメル小麦で満たされており、湖にはロータスのつぼみがあふれている…ロータスの花が開き、香油は甘く、豊かな脂肪がある。メンフィスのアジア人は自信に満ちて、ゆったりと過ごしている。ロータスの花飾りを首にかけ…メンフィスのご婦人たちは、ゆったりと座り、その手にはずっしりと重い（祝祭の）葉の飾りや緑を持っている。
>
> 　　　　　　　　　　　　　　サリエ・パピルス　Ⅳ、ラメセス朝

　新王国時代以前のメンフィスを再現することは不可能である。新王国時代の町の様子も正確にはわかっていない。限られた資料を古典古代の作家の記述で補うことができる程度である。町の中心的存在は、「白い壁」の旧市街の東にある処女地に、新王国時代に建造されたプタハ神殿であった。ヘロドトスは、この神殿を訪れた時の様子を記している。神殿には多様な入り口があり、そこには巨大な像が立てられていた。前1世紀後半には、ストラボンが、神殿のなかにあった聖牛アピスを飼育する牛房について語っている。また、プタハ神の具現化である牛が、観光客のために1日1回解き放され、見学の対象になっていたことを記している。やはり崇拝を受けていた牡牛の母もまた近くの牛房で飼育されていた。面白いことに、これらの動物が神聖なものであることから、神殿の前では闘牛が行なわれていた。

　エジプト学者ケネス・キッチンによる新王国時代のメンフィスの再現では、プタハ神殿の東に、王宮と王の私有地である「ファラオの美しい地域」があ

る。キッチンは、プタハ神殿の東で発掘されたメルエンプタハの王宮の位置を基に、河岸に沿って北から南に一連の新王国時代の王宮があったとしている。さまざまな資料で言及されているトトメス1世の王宮は、おそらく北の端、プタハ神殿の北東にあった。それに対して、メルエンプタハの神殿は南の端にあり、その間に他の王宮の数々があった。しかし、実際に発掘が行なわれているのは、メルエンプタハの王宮だけであるため、この地域には、役所や倉庫、そして家々が並んでいた可能性もある。いずれも町のなかで重要な機能をもち、河岸にあるべき建物である。もう1人のエジプト学者デイヴィッド・オコーナーは、トトメス1世の王宮は、プタハ神殿のすぐ北にあり、後に同じ場所にアプリエスの王宮が建てられたとしている。キッチンの意見とは異なる。

　プタハ神殿の南は、約12の区に分かれた南の地域である。それぞれの区には、区長がいる。木材の明細書であるラメセス朝のパピルスが残っており、そこには、この地域の家々やとおり、さらには礼拝所の名前が残されている。ホルエムヘブ、ラメセス1世やセティ1世（他）の王の領地の他にも、約70の貴族の館、宰相、朗誦神官長、行政官、執事、ファラオの穀物倉庫の代理人、軍人などの不動産があった。また、一般の役人もこの地区に住んでいた。そのなかには、王宮と関連した役職の者たちもいた。たとえば、旗持ち、厩の主人、商人、そして、建築にかかわる職人などである。これらの家々は官舎であり、役職とともにあたえられていた可能性もある。

　「ペル・ネフェルのドック」は、上の地区とは別の川沿いにある郊外の貴族の居住区の近くにあったと思われる。町のナイルに面した河岸には、倉庫やドックが並んでいた。ここに世界中から品々が集まって来た。プトレマイオス王朝においては、川にある料金所が港を管理していた。やはりプトレマイオス王朝では、プタハ神殿の東には、市場や住居、そして競馬場があった。

　メンフィスには、北の地域と北の郊外もあった。しかし新王国時代のこの地域にかんしては資料が乏しい。末期王朝時代になると、アプリエス王が北に宮殿を建てた。宮殿は、周囲の町の上にそそり立つように日乾レンガを積んだ台の上に建てられていた。プトレマイオス朝の王宮もおそらくその付近、もう少し東に寄った場所にあったと思われる。しかし、ストラボンの時代になると、これらの王宮は既に廃墟となっていた。ペルシア支配時代には、メンフィスの北の地域は、行政の中心となっていた。さらに北側には庭園があった。プタハ神殿の他にも町中に小さな信仰の中心地があった。たとえば、プタ

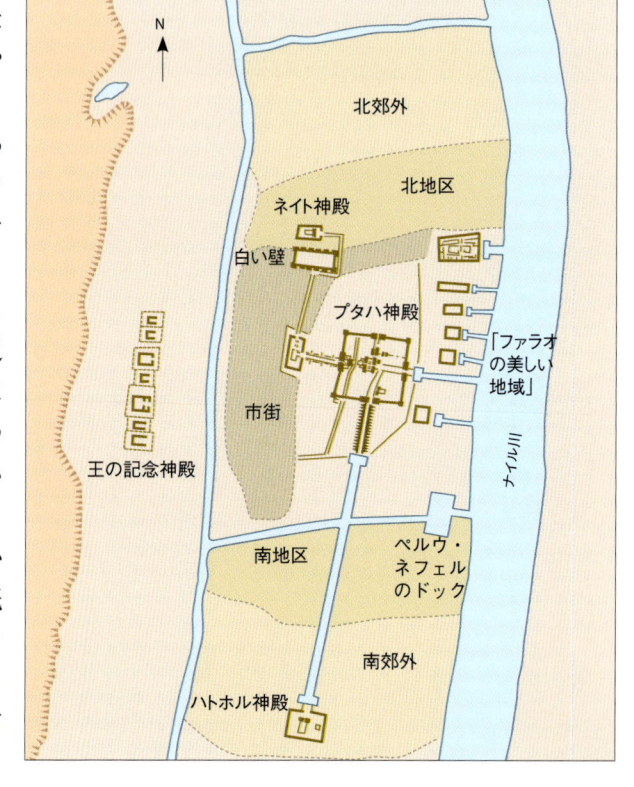

新王国時代のメンフィス。想像による再現図。プタハ神殿の領域が町の中心にある。その右には「ファラオの美しい地域」が描かれている。

ナクトの「死者の書」のパピルスの場面。ナクトと妻が、オシリス神とマアト女神を拝んでいる。ナクトの家と池のある庭が描かれている。

ハ神殿の南にあった、
「南のシコモア・イチジクのハトホル」や「壁の北のネイト」などである。新王国時代には、耕地の端と砂漠の間の地域に「アンク・タウイ：二国の生命」と呼ばれる王の葬祭殿が建てられていた。

新王国時代のメンフィスのバザール（市場）、とおり、広場にかんしては、まったく資料がない。わかっているのは、一般的な家が2階以上の高層で、平らな屋根をもっていたことである。また、金持ちは、涼しげな池やプライベートな庭のある、広い領地と館をもっていた。町のあちこちで、商人や外国の移民は集まって生活する傾向があった。それぞれの居住区は周壁で囲まれて、他から遮断されていた。厚い日乾レンガの壁には門があった。現在のところ、このような地域が8ヶ所明らかにされている。一般的に、それぞれの商業地区には、その地区独特の市場があった。塀のなかのとおりは碁盤の目のようにとおっており、清潔とは言えなかった。家々のゴミは単に外に窓から放り出されていたようである。

テーベ：ルクソール

初期王朝時代から、テーベには、いろいろな村が点在していたが、この地域出身の第11王朝の成功によって、町は大きな存在へと成長した。地元の神アメンは、その成功の甘い汁を吸うことになる。カルナクの偉大なアメン神殿の最初の段階は、中王国時代までさかのぼることができる。発掘によると、テーベの東岸の居住区は中王国時代に建てられたもので、約1000×500メートルの面積の中に碁盤の目のように配置されており、その計画段階において国が管理していたことを示唆している。しかし、中王国時代の町は、新王国時代のファラオが、古い居住区に壮大なアメン神殿を造営しようと決めた時に完全に破壊されてしまった。

新王国時代に、アメン神殿は大きく広がり、それに伴って周辺の人口は移動し、神殿の周辺の低い土地に住居を構えた。神殿の周壁の内側の聖なる空間

に、いくつかの王宮が建設されていた。いずれも祭儀のための建物であり、また、神殿の儀式を行なう王の休息所であった。さらに多くの王宮が、神殿近くのナイル川東岸にあったはずである。王には、簡単な休息所だけでなく、住居であり、公務を執行する場である広大な邸宅が必要であった。また、役所、倉庫、パン工房、職人の工房、などが必要であった。その周辺に（アメンヘテプ3世の治世で）約90,000と言われているテーベの人口が住んでいた。彼らはどこにでも場所があれば家を立て、生活を行なっていた。（現在では失われてしまった）ウンスウのテーベの墓の壁面には、町のとおりの両側にぎっしりと並んで建てられた家々の図が描かれている。どの家も隣の家にぴったりと隣接して建てられ、高さもそれぞれ異なっている。ここに描かれている世界は、現在のルクソールの町の下に消えてしまっている。しかし、古代の「聖都」の国家的構想は、カルナクとルクソール神殿を結ぶ、スフィンクスの並ぶ壮大な行

「テーベはどの都市よりも強固である。彼女は勝利によって唯一の主人をこの地に与えた。弓を取り、矢を握った彼女。彼女の近くで戦う者はいない。それは彼女の持つ力の偉大さゆえである。」

ライデン・パピルス1、ラメセス朝

テーベの町の家並みを描いためずらしい場面。ウンスウの墓（上）。
そしてミンナクトの墓の彩色画。庭に囲まれたテーベの荘園の平面図（下）。

第6章　王の町

テーベ東岸の再現図。（遠くに見える）カルナク神殿と（前方の）ルクソール神殿を繋ぐ行列の道が見える。そして川岸にある2つの神殿の間や周辺を埋めるように立つ家々が見える。

列の参道に現在でも見ることができる。この参道は、王の再生復活を祝う年中行事であるオペトの大祭において重要な役割を果たしていた（95頁参照）。

　ナイルの西岸もまた、この壮大な行列の計画において、同じように重要な場を占めていた。ナイルに近い地域は、農耕に使用されていた。しかし、川から離れた西の砂漠の端に、第11王朝の王たちは自分たちの墓を建てた。そして第17王朝の王たちもその例に倣った。その後まもなく、新王国時代のファラオたちは、神官が王の信仰儀礼やアメンの崇拝を行なう場である、大きな葬祭殿をテーベの丘の下の平地に作った。そして実際の墓は、王家の谷に隠されていた。美しい谷の祭りのあいだ、テーベの聖なる三柱神であるアメン、ムウト、コンスは、東岸のカルナク神殿を出発し、対岸の王の神殿を訪れる。これは、偉大な行列の周遊の一部となる。それぞれの葬祭殿には、第1中庭に隣接した王宮があった。これらは、象徴的な目的をもち、王の精霊カーが休む、儀礼上の休息所となっていた。アメンヘテプ3世がその宮殿複合体を建造したのもナイルの西岸である。今日ではマルカタとして知られ、その横には、巨大な人工湖であるビルカト・ハブがある。西岸の農耕民にかんしては、資料が乏しい。しかし、大英博物館のパピルス10068によると、第19王朝のセティ1世

と第20王朝ラメセス3世の葬祭殿のあいだに約1000人の人々が住んでいた居住区があった。その多くは神官や行政官であった。

アケト・アテン：テル・アル＝アマルナ

　最も資料の豊富な王の町は、中部エジプトにある現在のテル・アル＝アマルナ、すなわちアケト・アテン（「アテンの地平線」）である。この町は短期間で放棄されたため、第18王朝の終わりのエジプトの都市生活の様子をよく残している。町は、アクエンアテンによってまったく新しい王宮都市として、またアテン神の信仰の中心地として創建された。この土地は、他の神との繋がりを持たない処女地であったため、アクエンアテンの目的に見事に叶った場所であった。最初に、王は一連の境界碑を立てて、町の領域を明確にした。このようにして町の面積が決まった。大きさは、16 ×13 キロで、ナイル西岸に広がる耕地と、その東側にある町の中心部で構成されていた。

　町は計画の時間もそこそこに猛スピードで建造された。「北の住宅区」、「中央区」、そして「南の住宅区」の3つの区画に分けられている。全体は、北から南へと走る「王の道」によって結ばれている。一番北の部分に「北の河岸王宮」があった。これがアクエンアテンの主王宮であり、周囲を巨大な城壁で囲まれていた。その付近には穀物倉庫を含む数多くの倉庫や、政府の役所があった。王宮には、町とは独立した専用の食物倉庫があったようである。そこから少し離れたところに貴族たちの荘園があった。王の道に沿って少し南には、「北の王宮」と呼ばれるもうひとつの王宮があった。これは長女であるメリトアテン王女と家族が住む王宮であった。ハーレム王宮と分類すること

青冠を被ったアメンヘテプ3世。アクエンアテンの父親。

下：古代のアケト・アテン、テル・アル＝アマルナの航空写真。「王の道」が水平に町の「中央区」を横切り、奥にある「大王宮」と手前にある「王の家（右）」や「アテンの館（左）」を分けている。「大王宮」と「王の家」は、「王の道」を渡る橋によって結ばれていた。

第6章 王の町

も可能である。さらに南には、役人たちが住む「北の住宅区」があった。

「中央区」が町の政治や宗教の中心であった。そのため、一番念入りに計画されている。河岸沿いに、複数の大きな中庭と巨大な彫像で飾られた、アクエンアテンの「大王宮」があった。これは迎賓や祝祭の宴を行なう場であった。「大王宮」は、「王の道」を渡る橋によって付近の「王の家」に繋がっていた。「王の家」は、小さな宮殿と中庭、そして一連の大きな倉庫や武器庫で構成されていた。おそらく複数階ある建物であったと思われる。なかには多くの着替え室があった。ここでアクエンアテンは廷臣たちと会議を行なった。また、臨御の窓から王が出現し、下の中庭に集まった群衆に報償や食糧を配る場でもあった。このような交流は、人々が王に依存していることを強調し、象徴する目的があった。「王の家」は、このように政治的な色合いが濃かった。いわば、他の政府の建物の間にある王の執務室の役割を果たしていた。これはアケト・アテンの商業や政治の中心地であり、「ファラオの書簡の事務局」や「生命の家（公文書館であり、書記の学びの場）」がここにはあった。また、専属の役人しか入ることのできない武器庫がずらっと並んでいた。軍の兵舎や警察、その他の施設もあり、おそらく、それぞれに専属の官舎が用意されていたものと思われる。

アテン（太陽円盤、アクエンアテンの治世の宗教の中心）に捧げられた2つの神殿「アテン大神殿」と「アテンの館」は、「中央区」に建てられていた。後者は「王の家」の近くにあり、着替え室と臨御の窓をもっていた。南には、マル・アテンと呼ばれるもうひとつの神殿があった。これは、緑や池に囲まれた王の別荘であった。「中央区」で働く政府の高官たちの家は、「南の住宅区」にあった。彼らは大きな一階建ての別荘に住んでいた。別荘には、庭、池、穀物倉庫、井戸が完備しており、なかには王や王家の人々を崇拝するための祠堂の用意されているものまであった。このような荘園のひとつに彫刻師トトメス

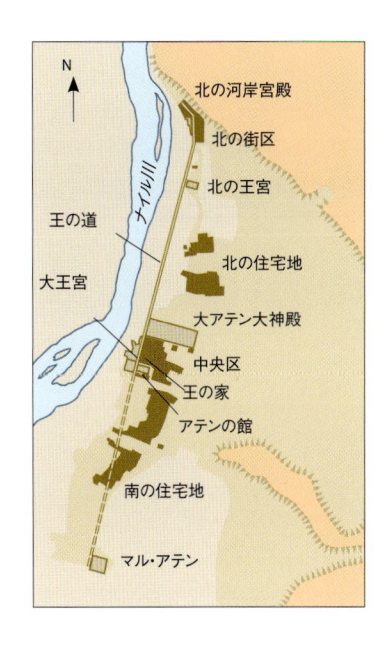

アケト・アテンの簡略図。主な建物が示されている。

アマルナの「北の王宮」の模型。メリトアテン王女の主な住居であったと思われる。

に属したものがある。現在ベルリンにある有名なネフェルトイティの胸像はここで発見された。しかし、アマルナの人口のほとんどは小さな家にみ、空間さえあれば、どんどん家を建てた。しかし驚くほど、その構造は大きな荘園のものと似ている。

アマルナにおいては、王の家族は一般の人民とはまったく隔離された生活を送っていた。そのほとんどの時間、彼らは「北の河岸王宮」の巨大な城壁の奥にひっそりと隠れていた。しかし時に彼らは戦車に乗って「王の道」を行進し、多様な儀式や祭儀を行なった。そして公務を行ない、再び隠れ家へと帰っていった。アマルナの貴族の墓には、アクエンアテンの王の行列が、第18王朝初期にテーベで人気のあった神々の大行列に代わるものとなっていたことを示唆する壁画が残されている。

アクエンアテンは、アケト・アテンを自分や宮廷人の埋葬地にしたいと考えていた。町の北と南の丘には、岩窟墓が掘られている。アクエンアテンの家族の墓は、町の中心の東にあるワディに掘られている（177頁参照）。これらの墓を掘り、装飾をしていた職人たちは、「南の住宅地」の東に自分たちの町をもっていた。

アケト・アテンは、その創設者より長く生き残ることはなかった。アクエンアテンの息子ツタンカーメンは、子供時代をアマルナで過ごしたかもしれないが、王になって数年後には、メンフィスへと宮廷を移した。そしてメンフィスのトトメス1世の古い宮殿の玉座から、伝統復古の勅令を発令した。異端王アクエンアテンは、忌み嫌われ、その名残は積極的に消し去られた。そしてアクエンアテンの偉大な町は、日乾レンガひとつひとつが組織的に破壊され、その土台を残すのみとなった。砂の下に埋もれた町は、何世紀も後になって、考古学者によって発見されるまで、その姿を消すことになる。

王は、大きな祭礼の折り、臨御の窓から宮廷の人々に褒美を与えた。この場面では、アクエンアテン、ネフェルトイティ、そして3人の娘が襟飾り、盃、手袋、指輪、護符などを宮廷人アイ（後の王）とその妻ティイに与えている。高官達は、崇拝の眼差しでその様子を見つめ、召使いたちは祝いの踊りを踊っている。

ピ・ラメセス：カンティール

　第19王朝に創建されたピ・ラメセスは、デルタの北東のラメセス朝の先祖の町の跡に創られた。ヒクソスの中心地であるアヴァリス（テル・アル＝ダバア）に近い場所である。セティ1世は、王宮と軍の兵舎を建設したが、町が本格的に発展したのはラメセス2世の治世になってからである。最近の地球物理学的探査の結果によると、町の主要な部分はナイル川の楕円形の中洲に位置している。そして周壁に囲まれた大きな神殿が川を渡った北の端に位置していた。他の王の町と同様に、国家が運営する産業地域は、碁盤の目のように計画されていた。それに対して、ほとんどの住居は、その周辺に無計画に有機的に成長していった。調査は、「西の町」にある大きな荘園が集まる地域の存在を明らかにしている。おそらく貴族の居住区であったと思われる。また、「東の町」は、少し小さな家々の集まる居住区であった。さらに、日乾レンガの武器庫に囲まれた、もうひとつの神殿が「東の町」にあった。

陛下は『偉大なる勝利』という名前の宮殿を建てられた。それはシリアとエジプトの間にあり、豊かな食糧に恵まれていた。町は上エジプトのテーベを模範として、メンフィスのように長く続く町となった。太陽はその地平線に昇り、その地平線に沈んだ。

パピルス・アナスタシⅡ、ラメセス朝

　新しい王の町であるピ・ラメセスは人気の高い町となった。その様子を古代の書記が記している。「誰もが自分の町を捨てて、隣町へと引っ越した。」残念ながら、ピ・ラメセスの建築学的栄光の名残を見ることはできないが、古代のテキストにその描写を見つけることは可能である。書記たちは、ピ・ラメセスをラピス・ラズリで輝く、バルコニーの町と描写している。セト、プタハ、ラー、そしてアメンの神殿の町であり、軍隊が召集される町、そしてこの地から北は地中海、南はメンフィスへと海軍が出航した。最近の発掘から、町が軍事的に重要な場所であったことが明らかになっている。町の南には、セティ1世やラメセス2世の時代の戦車隊の駐屯地の跡が見られる。そこには広い、柱のある練習場や、広大な厩があった。戦車隊と関連する遺物も発見されている。短剣、矢尻（鏃）、そしてめずらしい物としては、ヒッタイト様式の盾を製作するための鋳型などがある。

　ガラス工房や青銅の製作所、そしてミケーネ、キプロス、レヴァントの土器の存在が示すように、この町は製産や交易の中心地であった。必要に応じて町を訪れ、そして去って行く外国商人の他に、ピ・ラメセスには多くの外国人が永住しており、町に国際的な香りをあたえていた。アシュタルテを奉納した外国の聖域があり、外国の要人の住居も町のなかにあった。そのなかにはシドン

の首長の家などがあった。

　しかし、ピ・ラメセスの栄光も短かった。新王国時代の終わりになると、町に豊かな生産物をあたえ、供給してきたナイルの支流が干上がり、宮殿や貴族はこの町を放棄するしかなくなった。石材のほとんどは近くの町タニスに移され、ここがナイル・デルタの新しい王の中心地となる（156頁参照）。

旅する王

　ファラオは、エジプト全土を定期的に旅してまわった。祭礼や地方の行事に参加するなど、多様な目的でナイルを上ったり下ったりして都市や町を訪問した。これらの旅の準備のために、王の警護にあたる軍隊が召集された。王の船の船長や、その他の軍の要人に、出発前の指示をあたえるのは、宰相の役目であった。さらに他の廷臣も王の旅の準備にかかわっていた。王の伝令官アンテフは、王に先だって旅立ち、野営のための王の住まいを準備する役目をあたえられていた。アンテフによれば、借りの宮殿は、「エジプトの宮殿以上に飾られていた。神殿のように清められ、掃除され、秘密の聖なる場であった。」建築家カーの墓で見つかった黄金のキュービット尺には、ある王のキャンプの様子が記されている。「陛下が到着された。王の心は喜びに満ちていた。気高い父アメンの家から、まるでイナゴの大軍のような軍隊に先導され到着された。陛下はヘルモポリスに停泊され、2日のうちに、「アアケペルウラーの要塞」と（呼ばれる）住居を建てられた。長さは1ショイノス（schoenus）、幅も1ショイノスであった。」これは広大な面積であり、野営地として使用された土地全体の面積であると思われる。このような借りの住居の他にも、王は国中に「ファラオの停泊地」と呼ばれる住居を多数持っていた。これらは小さいが、王や従者が旅の折りに泊まる、永住可能なきちんとした住居であり、新王国時

ピ・ラメセスの厩の跡の発掘現場。矢尻、槍先、短い剣など、いずれも戦車部隊の武器。

代の葬祭殿に隣接した小さな王宮に似たようなものであったと考えられる。あるいは、アマルナの「王の家」のようなものであったと考えられる。王はまた、ハーレム王宮に泊まることもあった（92頁参照）。

　王の到着は、町の大事な行事であり、充分な準備を必要とした。「ファラオの到着のためにすべてを用意せよ！」ある役人は、その部下に命令し、必要な物品の膨大なリストをあたえた。すべてふんだんに用意された。花束、さまざまな種類のパン、ケーキ、干し肉、ミルク、クリーム、イナゴ豆、葡萄、ザクロ、そしてイチジク。特定のノモスに王が滞在する折りには、州侯がその費用を負担した。時には、地方の機関から食糧などを調達する必要もあった。地方の市長から食糧などを調達する慣習は、第18王朝の終わりのホルエムヘブの治世に禁止された。おそらく宮廷の要求がエスカレートしていったためだと思われる。

　「王の巡幸」—すなわち、王の宮廷が国を周遊することは、エジプト統一国家のごく初期の時代から、王権に伴う主要な役割であり要素であった。第5王朝に属するパレルモ・ストーンには、2年に1度の国の巡幸である「ホルスの後を追う」行事についての言及がある。その目的は、課税のための人口調査であったと考えられる。しかし同時に、地域の支配者に王の権威を見せつけ、その行動を制限する狙いもあったと思われる。また、このような折りに、王が法廷における審理を行なった可能性もある。後の時代の王の旅の記録も残っている。セティ1世の時代の記録には、王はメンフィスのトトメス1世の王宮に1日滞在し、つぎに東のデルタ地区、つぎにルクソールへ向かいオペトの大祭に参加している。ラメセス2世は、戴冠式の後まもなくオペトの大祭に参加し、つぎに父の葬祭殿の作業を視察するためにアビュドスに泊まり（下を参照）、カルナクのアメン神殿に任命された地元の神官に辞令を伝え、さらに北へと旅を続けた。また、テーベからヌビアへと旅したトトメス4世は、祭礼に参加す

ラメセス3世の息子たちが、ミン神の祭礼の折りに、玉座に座る父親を運んでいる。マディーナト・ハブに描かれた場面。王の玉座の側面はライオンで飾られ、豪華なキオスクの下にある。キオスク自体がライオンで装飾され、天井部分にはウラエウスが並んでいる。

新王国時代以降の王の町

タニス：サン・アル＝ハガル

ラメセス朝後期のタニスに関する資料は、ごく少数の貧しい埋葬に頼る他ない。しかし、この小さな交易港は、第3中間期の初めから、主要な王の町へと変貌し、ピ・ラメセスから引いて来た石材で建造が行なわれた（153頁）。北とテーベの間の緊張感のなかでプセンネス1世以降のファラオは、この地にアメンに捧げた自分の神殿複合体を造営した。これはカルナクの複合神殿の模倣であり、ムウトやコンスの神殿も完備されていた。王たちは、神殿の領域内に作られた、石積みの地下の埋葬室に埋葬されていた。これは末期王朝の終わりまで続いた新しい王墓の傾向となる。彼らの墓は、1939年にピエール・モンテによって発見され、現在でも多くの副葬品が残されている。そのなかにはプセンネス1世の黄金のマスクがある。この王は、第19王朝のメルエンプタハ王に属した石棺を再度彫刻した棺のなかに埋葬されていた。第26と第30王朝に行なわれた造営の他には、第22王朝以降、タニスで大きな建築が行なわれることはなかった。町は、プトレマイオス朝に復興の兆しを見せたが、ローマ支配時代には再び衰退する。タニスの政府関係の建物や住居に関しては、何も知られていない。現在でも町は、遺跡を見下ろす2つの巨大な考古学的な塚の下に眠っており、発掘の時を待っている。

ブバスティス：テル・バスタ

東デルタに位置し、現在では失われているナイルのタニス支流の沿岸にあったブバスティスは、初期王朝時代から都市として存在していたが、この都市が有名になったのは第22王朝からである。町は、ネコの女神、あるいは、ライオンの頭の女神バステトの信仰の中心地であった。町の中心に建っていたバステトの神殿は、ヘロドトスによれば、2つの運河に挟まれた、エジプトの中で最も魅力的な神殿であった。最近の野外調査によって古い運河が発見され、ヘロドトスの記述が正しかったことが確認されている。毎年行なわれ

右：サイスの「巨大ピット」

前頁左：赤外線探知衛星から見たタニス。地下の未発掘の建物やとおりを見ることができる。

前頁右：システィルム（聖なるガラガラ）をもったバステト女神の青銅製の小像。ブバスティスはバステト女神の信仰の中心地であり、女神を奉る人気の高い祭礼が毎年行なわれた地であった。

たバステト女神に捧げられた大祭には、何百、何千という巡礼が集まった。ヘロドトスによれば、彼らはこの祭りの間に1年分のワインを飲み干したとされている。巡礼者たちはまた、バステト女神にネコのミイラを捧げて彼女の栄誉を讃えた。これらのミイラは神殿の北西の広大な墓地に埋葬された。この墓の近くには産業地区があり、巡礼者のためのファイアンスや青銅製の奉納品が製産されていた。さらにヘロドトスの記述を読むと、町には、並木のある、石で舗装した道路が東の方に向かって神殿から市場まで伸びていた。この地域の考古学的な調査は行なわれていないが、おそらく町の中心的な住宅地であったと思われる。さらに、末期王朝やギリシア・ローマ時代においては、神殿の南に住宅地があった。

サイス：サ・アル＝ハガル

サイスの遺跡は、西デルタのナイルのロゼッタ（ラシード）支流の東岸に位置する。サイス出身の支配者である第26王朝のファラオたちが都市の建造を主に行なった。もともとあった小さな居住区の真上に都市を建てている。第30王朝とプトレマイオス王朝において、さらなる建設が行なわれた。彼らの支援によってサイスは、偉大な王宮、神殿、そして行政の建物の中心地となった。しかし、これらの建造物も時の流れとともに衰退していった。町は、メンフィスと同様に、神殿地区、住宅地区、行政地区と、いくつかの地区に分かれていた可能性がある。ヘロドトスは、「偉大で華麗なアプリエスの王宮」について言及している。ま

た、第26王朝の王墓があったネイト女神の神殿についても語っている。他にもアトゥム、ラー、そして紅玉髄と思われる貴石で装飾された包帯で包まれた神の形を取るオシリス・ヘマグを奉った神殿があった。「ランプの祭」と呼ばれるオシリス受難劇とネイトの祭が町の主要な行事であった。

碑文と考古学的資料をもとに、2つのサイスの再現図があり、論争の対象となっている。そのひとつは、大きな「北の周壁」が、（タニスのように）王墓やその中庭とともに、ネイト神殿を囲んでいたとするものである。オシリス・ヘマグの神殿は、ネイト神殿の北、聖なる池の横にあり、その東、砲郭の土台の上に宮殿があった。「北の周壁」の外側、北東には、墓地があった。町の住宅地や産業地区は、南の現在「巨大なピット」として知られる地区にあったと考えられている。他の神殿もこの地区にあった可能性がある。そして大きな廟があったと思われる。もうひとつの解釈では、ネイト神殿が「巨大なピット」にあり、オシリス・ヘマグの神殿がその南にあった。行列の道は、王墓に囲まれるように、神殿から北へと向かい、北の周壁まで行った。そこには、ネイト女神のもうひとつの神殿が、オシリスの「墓」の横に建てられていた。王宮はおそらくこの神殿の横に位置していたものと思われる。この再現図では、サイスの主な地区は、南の神殿の周壁の周りに集中していた。そこにはファイアンスや土器の製作所があった。

るためにエドフに滞在した。ラフーン出土の記録によれば、おそらく儀式を行なうためにセベクの湖に巡幸が行なわれたことが記録されている。

　中王国時代後期のブーラーク・パピルス18には、王の巡幸のことが記されているが、メジャーイ（ヌビアの人々）がエジプトに訪れた時には、王は王宮にいたことがわかっている（ただし、どの王宮かは不明である）。そして王はメダムードで過ごすことが多かった。さらに遠くの地に赴くこともあった。セティ1世は、エドフの東の金鉱を訪れている。ラメセス4世は、治世3年に遠征の準備のためにワディ・ハンママートをみずから事前調査している。ヌビアの第1急湍に記された古王国時代の碑文によると、メルエンラー王は、この地を2度訪れている。具体的な日付もわかっている。また、パレルモ・ストーンは、王がエレファンティネを訪れたことを記録している。

　古王国時代には、ピラミッドの造営の状況を視察するために、王が現場を訪れている。この事実は、役人の墓に記録されている。このような時、王は輿に乗り、扇持ちや軍隊の警護に守られて旅をした。宮廷人デベヘンはつぎのように語っている。「私のこの墓のために、上下エジプトの王メンカウラー（王の生命よ、永遠なれ！）がこの土地をあたえて下さった。それはメンカウラー王のピラミッドの視察に、王が台地を訪れた時のことであった。」その後、王は、デベヘンの墓の建造の視察に訪れている。宰相ウアシュプタハは、アブ・シールにあるネフェルイルカラー王のピラミッドを王が視察した折りに突然不調で倒れている（90頁参照）。ファラオはまた、神殿の造営の視察にも赴いた。第3中間期の王、セベクヘテプ8世のカルナクの洪水ステラには、洪水の被害の状況を視察するためにアメン神殿の前庭を訪れたことが記されている。また、第13王朝の神官アメニセネブは、ケンジェル王が「アビュドスの神殿」の復興工事を視察したことを記録している。王たちはしばしば、神殿が廃墟になったと語る。彼らは、修復を命じ状況の改善をはかる。そして生じた混乱に秩序をもたらそうとするのである。神殿の状況にかんする言及は、普通、短く型にはまった文章で記されている。しかしラメセス2世は、アビュドスで遭遇した神殿の悲惨な状況に関して詳細に記している。「彼は過去の王達が葬られている墓に付属する建物を見た。アビュドスの王達の墓は廃墟と化していた。また、未完成のものもあった。壁は建設途中のまま、レンガとレンガの間に隙間のある状態で横たわっていた。メンマアトラー（セティ1世、ラメセスの父）の神殿は、その前と後の部分が未完成なままに、王は天に召されている。記念碑は未完成であり、テラスの上の柱はまだ立っていない。彫像は床に横たわったままである。」これら神殿をすぐさま修復するようにラメセスは命じた。

第5王朝のパレルモ・ストーンの碑文には、2年に1度行なわれた「ホルスの後を追う」行事の様子が記されている。おそらく税金を徴収するために、王と宮廷がエジプト全土をめぐった。

ファラオと人民

　ファラオは、ローマの皇帝とは異なる。彼らは、贅沢な劇場、入浴施設、スポーツ施設などを国民のために建造したわけではない。ファラオと人民の関係はまったく異なっていた。王の主な務めは、神々を喜ばせ、秩序を保つことであった。そのために王は供物を捧げ、神殿を造営し、エジプトの国境を確保した。国が安定して豊かである限り、王はその務めをまっとうしていることになり、国民が不満を感じることはなかった。

　しかし古王国時代においては、国家は神殿の維持にあまり貢献していない。神殿を建造し、維持することは地元の人々に任されていた。この時代の王は、自分の墓と神殿の葬祭複合体を建設することに心を奪われていた。そしてその事業に、国家の建設力は注がれていた。これらの神殿内で行なわれた宗教的行事は、宮殿の生活を反映していた。召使いである神官が、彫像の姿の王を清め、着替えを手伝い、食事を捧げる。中王国時代になると、王は石材やその他の品々を神殿に寄進するようになる。それでも中心にあったのは、王の要求であった。神殿が国家の運営になり、神官が専門職になるのは、新王国時代になってからである。この時代から王の主要な役割は、神殿の造営、そして全ての神々への供物の奉納になる。そして神々の前にいる王の姿を描いた神殿の壁画がどこにでも見られるようになる。

　新王国時代には、日常の風景のなかで、王が人々を圧倒する手段は神殿となる。壮大な神殿には、王が責任を果たしていることを示す視覚的な象徴が満ちていた。神殿の塔門の前に立つ地元の人々は、巨大な彫像、高くそびえるオベリスク、神々の前で敵をうちとる王を描いた極彩色の壁画を見上げることになる。目の前に描かれた叙事詩を眺め、彼らは畏敬の念に満たされたことであろう。そして同時に、終わることのない混沌に対する宇宙の戦いが続いていることを確認し、安堵を覚えたことであろう。王は自分たちの味方である。そして自分たちのために戦っているのだ。このように圧倒的な王の力を示すことは、必ずしも国家プロパガンダではなかった。王は一般人に対して、支配者としての価値を説得する必要はまったくなかった。良い王であろうと、悪い王であろうと、王は、土や空のように、世界の一部であったのである。支配者として個人的に能力があるか否かなど、一般の村の人々まで伝わることはまずなかった。神殿に飾られた作品は、永遠に続くものであり、神々を喜ばせるものであった。そして神殿を訪れた者の目に、王の偉大な業績が焼き付くことを目的としていた。センウセレト1世が語っているように、「その作品によって人々の心に残る王は、滅びることがない。」一般の人々は神殿内に入ることができなかったが、神殿の造営は、人民が平穏に生きるために必要であると認識されていた。

　神殿の造営の重要性とは相矛盾しているが、国は神殿の維持には無頓着であった。古王国時代の終わりには、多くのピラミッド複合体がすでに荒れ果てて

いた。アブ・シールのネフェルイルカラーのピラミッドの神官たちは、木製の柱や屋根が壊れてきたのを自分たちで修復しなければならなかった。メンカウラーの河岸神殿は、王の死後、急ピッチでレンガを使って完成させたため、周辺に広がるピラミッド・タウンのなかに呑み込まれてしまった。すでに記したように、王はしばしば「廃墟となった」神殿を見つけ、修復を命じる。しかし、国家が費用を出す、エジプト全土にある神殿修復の事業は、ごく散発的なものであったと思われる。

　古王国時代から、エジプトの人々の生活は国家の干渉を受けていた。税の徴収のため、土地、運河、木々、湖、そして井戸の使用に関する資料が公文書館に保管されていた。中王国時代になると、家単位の人口調査のリストや所有財産の記録まであった。また、人々は軍に徴兵され、あるいは政府が主催する事業のための労働にかり出されることもあった。もし徴兵を拒み、逃走すれば、国家の農場や強制労働収容所に送られ、一生重い労働を課せられることになった。税は、社会の「非生産者」を支援するために使用された。このなかには、役人、兵士、警察などがおり、ファラオが行なう聖なる事業を敢行するために必要な経費をまかなった。税を払うことによって、一般の人民もファラオに課せられた宇宙の義務に貢献することになった。それに対して、不作の年には、国家の穀物倉庫に貯えてあった余剰作物が供給された。つまり誰もが「最低賃金」という形で配給を受けることができた。エジプトの歴史の初めから、収穫を豊かにするために、灌漑は国家プロジェクトとして行なわれた。ヒエラコンポリス出土の棍棒頭（17頁参照）には、灌漑用の運河の切り出しを行なう0王朝時代のサソリ王の姿が描かれている。また、センウセレト2世は、ファイ

壮大な神殿を造営し、巨大な彫像を立てることによって、ファラオはエジプトの風景を変えた。そして神殿は、ファラオが神々のために行なった、信仰に満ちた行為の永遠の象徴となった。ルクソール神殿。

ユームにおいて灌漑事業を始めている。交易のための航路の確保も国家の仕事であった。古王国時代に、第1急湍に運河が掘られ、中王国時代と新王国時代に、船が通過できるように修復が行なわれている。このような国家プロジェクトのために働く労働者には、住宅が供給されることがあった。位の高い役人には、町の郊外の荘園、あるいは、国家プロジェクトのために建設された専用住宅地の小さな家が与えられた。王家の谷の王墓の建設に従事していた職人の町、ディール・アル＝マディーナがその良い例である。彼らは配給を受け、奴隷もあたえられていた。

　一般の人々に対して娯楽を供給することはファラオの義務ではなかったが、娯楽は王の行為の副産物となることもあった。主要な宗教的祭礼は、一般国民も参加する楽しい行事であった。それは国民のために特別に用意されたものではなかったが、レスリング、棒術、ボクシングなどの競技を伴った。しかし、プトレマイオス2世が父の栄誉のために4年に1度の「プトレマイエイア」を始めた、プトレマイオス王朝まで、オリンピックのようなスポーツを中心とする年中行事は存在しなかった。

毎年行なわれるエジプトの多くの祭礼において、棒術やその他のスポーツ競技は大変人気が高かった。

第7章

死におけるファラオ

　ファラオは、自分のためにふさわしい墓を用意するあらゆる資財を集める力を有していた。墓は彼の永遠の王宮であった。神々が見守るなか、副葬品に囲まれ、ファラオの遺骸は墓に納められた。副葬品の中には、生前に愛用した品々もあれば、埋葬のために特別に注文されたものもあった。王墓を建造し、装飾を施し、さらに多様で膨大な副葬品を準備するために、王は、戴冠するとまもなく、おそらく数ヶ月のうちに、王墓の準備にとりかかった。墳丘で覆われたピット墓、ピラミッド、王家の谷の岩窟墓、そして神殿の周壁内の埋葬まで、ファラオの墓の様式は世紀を越えて変遷していった。そして進化したのは、建築様式だけではなく、王の死後の世界に対する思想概念であった。

最初の王墓

　アビュドスの人里離れた平原に建てられた0王朝時代のエジプトの王墓は、大きさや構造において、同時代の貴族の墓と変わることなく、判別するのが困難である。基本的に地下に埋葬された四角い日乾レンガを積んだ墓で巨大である。しかし、被葬者を特定するものが何もなかった。アビュドスのU-j墓（16頁参照）は、大きさや備えられていた食糧や飲み物の量から、ほぼ間違いなく王のために作られたものであると思われる。そしてアビュドスB墓には、0王朝のナルメル、イリホル、カーや、第1王朝のアハのために製作された副葬品があり、王墓であったことが明白である。その後の第1王朝の王たちもアビュドスに埋葬されている。

　これら第1王朝の墓は、それぞれ独立した2つの主要な部分で構成されていた。埋葬自体と小型の礼拝所を囲む日乾レンガの長方形の周壁である。周壁は埋葬地の約1.5キロ北に位置し、その機能は明らかではない。しかし、何らかの葬送儀礼と関係していることは明らかである。実際の墓は、日乾レンガを積んで部屋を作った大きなピットにある。中央に埋葬室があったが、その周りに倉庫が作られていることもあった。ごく初期の王たちも、容器、宝飾品、象牙や木製の品々など、贅沢品を持って来世へと向かった。埋葬室は、おそらく杉材と思われる木製の厨子のような作りで、壁には王宮を模して葦のマットが掛

王家の谷のラメセス4世の埋葬室と花崗岩製の石棺（KV2）。埋葬室の壁は、『アムドゥアトの書』と『門の書』からの抜粋で飾られている。天井には、アーチ状に描かれた2人のヌウト女神がおり、『ヌウトの書』と『夜の書』からの抜粋が飾られている。いずれも昼と夜の時間を行く太陽神の旅を描写している。

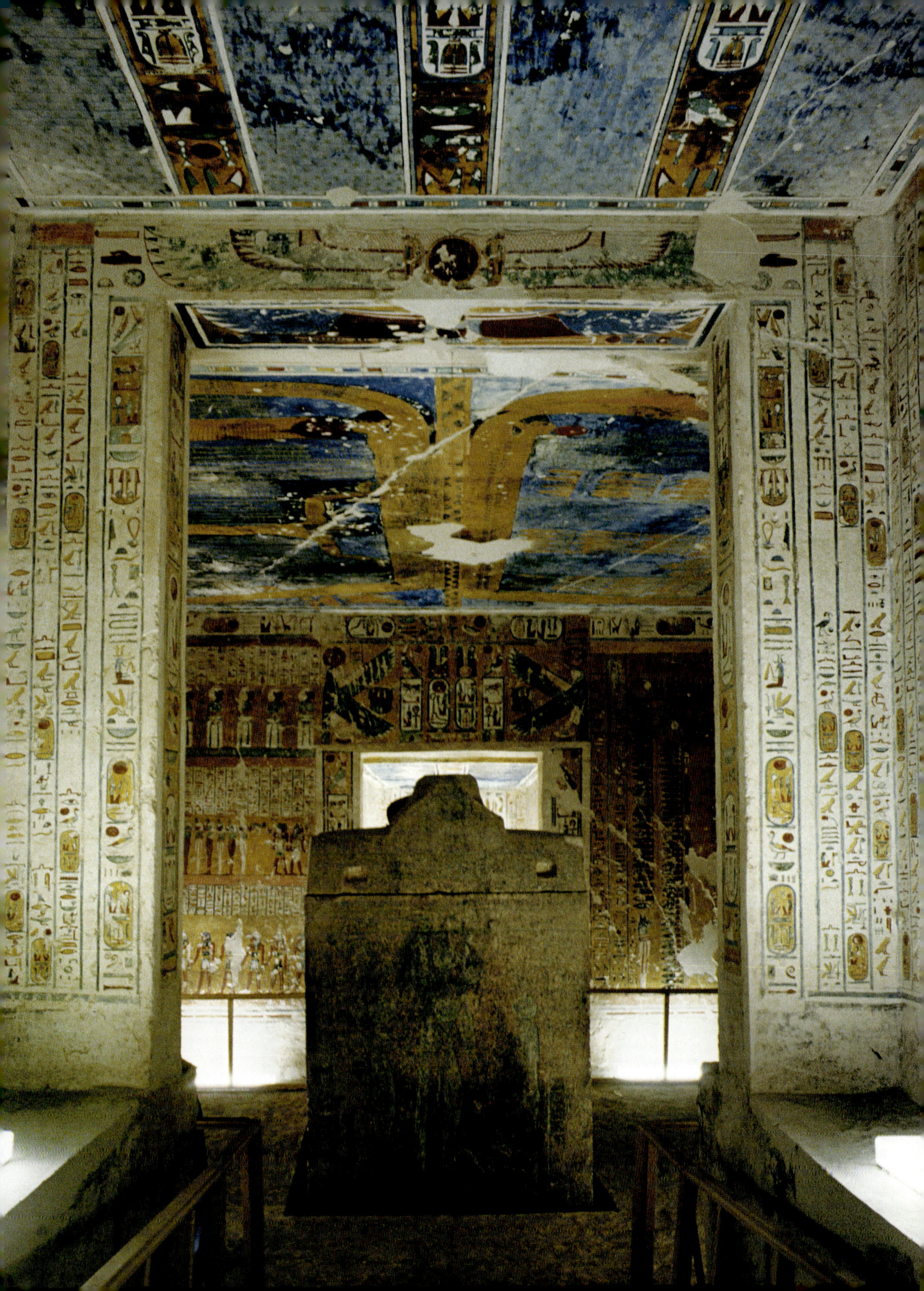

かっていた。王は、現世の寝室と同じような部屋で永遠の眠りにつくことができたのである。

　第1王朝初期には、王の遺骸が地下の埋葬室に降ろされると、屋根が覆われ、白く漆喰を塗った低い墳丘がその上に作られた。さらにその周りが別の墳丘によって囲まれ（墓は完全に隠され）、この墳丘が、王のホルス名を示すステラとともに、墓の場所を示す目印となった。この建築方法の場合、葬儀が終わるまで墓を完成することができない。しかし、デン王の時代から、下部構造へと導く階段が作られるようになり、葬祭の前に上部構造を完成することが可能となった。アビュドスで大々的に発掘を行なっているデイヴィッド・オコーナーは、小型のレンガ製の礼拝所が墳丘に繋がっているとしている。後の時代に、王の葬祭殿に発展する構造物だと思われる。葬祭殿は、神官が亡き王の魂に供物をあたえ、祈る場であった。

　墓と周壁の周辺には、副次的な埋葬が見られる。王の葬儀の歳に封印される小型の四角い墓群である。これらは、犠牲となった従者達の墓と思われる。宮廷人や召使いは、首を締められ、あるいは、喉を切り裂かれて殺害された。死後も王に使えることができるようにするためである。第1王朝の2人目の王ジェルは、326人の従者とともに埋葬されている。しかし、この慣習は王朝の終わりには、実質的に行なわれなくなり、第2王朝においては、カセケムイとともに埋葬されたと思われる3名を除いてまったく見られない。

　理由は明白でないが、近隣のメンフィスの重要性が増したこととも関連し、第2王朝のファラオたちは、アビュドスよりもサッカラに埋葬されることを好んだ。土地の岩盤の質の違いによって、サッカラの墓は異なる形をとることになる。ピットに沈められた日乾レンガの構造物ではなく、岩を切り出したトンネル状の墓となる。階段の底に、職人は北から南へと続く長い中央の地下のギャラリーを掘り、その両側に等間隔で倉庫を作った。時には倉庫の両側に、さらなる倉庫が作られ、地下の広大な迷路を作っていた。埋葬室は、ギャラリーの南の端にあり、異なる形と大きさのいくつかの部屋で形成されていた。その構造は王宮のプライベートな王の居住領域を模したもので、模型のトイレまで用意されていた。今までのところ、第2王朝の王墓はサッカラでは2つしか発見されていない。ヘテプセケムイとニネチェルのものと思われている。しかし、第3王朝のジェセル王の階段ピラミッドの付近に、この時代の未発掘の岩窟墓がある可能性がある。これらの墓の上部構造は完全に消え去っているが、アビュドスにおいては、完全に別々であった周壁と埋葬がひとつになり、地下の通路の上に周壁が作られていた可能性がある。また、埋葬されているファラオの名前を記したステラと墳丘が埋葬室の真上に位置していたとも考えられる。第2王朝最後の2人の王であるペルイブセンとカセケムイは再びアビュドスに王墓を作った。そして墓の様式も第1王朝初期のものになっている。ただし、カセケムイは非常に長い墓を作り、埋葬室は石灰岩で作っている。

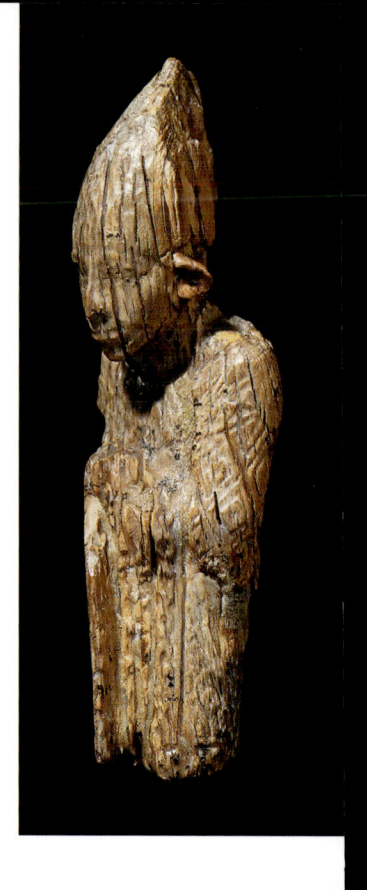

上：第2王朝のカセケムイの墓。アビュドス。多くの部屋が長い線上に並んでいる。

ピラミッド時代

　初期王朝時代の王墓建築の発展は、サッカラのジェセル王の階段ピラミッド（第3王朝）でピークに達した。歴史上初めての石造りの記念碑であり、世界の建築史における巨大な第一歩であった。後に神格化された階段ピラミッドの設計をしたイムヘテプは、それまでの伝統を組合せ、周壁と埋葬室を融合し、さらに独自の改革を加えた。埋葬の墳丘が、天へと昇る階段状のピラミッドとなり、同時代の他の建築物を圧倒した。ラーの信仰の中心地ヘリオポリスの大神官であったイムヘテプは、太陽の光線を具現化することを意図したのかもしれない。あるいは、王の魂が天へと昇って行く階段、または、ヌンの混沌とした水から出現した原初の丘を意図したのかもしれない。さらには、その3つを同時に意図していたとも考えられる。ピラミッドの真下には、岩盤にまっすぐ縦に、広く深いピットが掘られている。まるで巨大なエレベーターの穴のようである。その底の暗い空間の中心には石棺を納める部屋がある（埋葬室）。この全体の構造は、アビュドスの墓の大ピットと墳丘に影響を受けていると思われる。ピットの底には入口があり、そこから岩盤に掘られた迷路のような通路がある。そこには何千という方解石の大きな壺があり、ジェセル王の来世のための食物を魔法によって貯蔵することが意図されていた。第2王朝の王墓と結びついた広大な倉庫が進化したものである。しかしなかのひとつの入り口は、3つのパネルで装飾された通路へと続いていた。それぞれのパネルにはセド祭

前頁上：初期王朝時代の象牙製の小像。ファラオは上エジプトの白冠を被り、セド祭の衣を纏っている。

前頁下：サッカラのペルイブセンの墓の入口にあった対のステラのひとつ。花崗岩製。王の名前が、王宮を表わす長方形のセレクのなかに記されているのが見える。一般には、セレクの上にホルス神が止まっているが、ここではヤト神が彫られている。

の儀式を行なっているジェセル王が描かれている。パネルの周りには、凝った偽の入口があり、それぞれ初期王朝時代の埋葬に見られた葦のマットを模した青いファイアンス製のタイルで飾られている。扉のまぐさとわき柱には、王の名前と修辞が記されている。エジプト学者は、ジェセル王の埋葬のこの部分を「王の邸宅」と呼んでいる。王宮の居住区域を象徴していると考えているためである。

　このような革新的なデザイン（実際には、過去の伝統のアレンジ）は、ジェセルのピラミッド複合体のあらゆる場所で見られる。壁龕のある長方形の周壁で囲まれた広い空間は、永遠のセド祭を行なう場所であった。つまり、冥界においてジェセルの精霊が行なうセド祭である。イムヘテプは、石製の偽のパビリオンも立てている。実際のセド祭の時に神の彫像を納める、本来はいずれ朽ちてしまう素材で出来ている祠を模したものである。また、ピラミッドの南の広大な中庭には、王国の端を象徴するマーカーを置き、ジェセル王の精霊がエジプトに対する永遠の王権を誇示して、その周囲を走り回ることができるようにした。さらにめずらしい施設は、複合体の最南端にある、一般に南の墓と呼ばれるものである。深く岩盤に掘られた埋葬室であり、階段ピラミッドの真下に造られた埋葬室を模写したものである。ミニチュアの石棺室まである。この施設が何の目的で造られていたかは明らかでない。そしてこの墓に何が埋葬されていたかは、多くの論争の的となった。そこには、万が一王の遺骸が朽ちた時に、王の魂が宿ることのできる王の彫像が地下深く守られていた可能性がある。あるいはまた、ミイラとは別に、王の内臓が納められていたとも考えられる。どの説明が正解であるかは不明であるが、ジェセル王の後のピラミッドは、この伝統に従い、南に小さなピラミッドを有していた。

サッカラのジェセル王の階段ピラミッド。世界最古のピラミッドである。王墓の周壁内のスペースのほとんどは、永遠のセド祭のために使われている。

第7章　死におけるファラオ

　ジェセル王のピラミッドが、完成した唯一の階段ピラミッドである。彼の後継者は同じようなピラミッドを造営しようとしたが、いずれも未完成で終わっている。治世が短かったためと思われる。葬送建築におけるつぎの革新は、第4王朝の初めのスネフェル王によってもたらされた。スネフェルは全部で3つのピラミッドを造っている。2つはダハシュールに、そしてもうひとつはマイドゥームにある。この時代、ピラミッドの造営には、さまざまな実験が試みられた。スネフェルの建築家達は、ついに傾斜の角度を完璧なものとし、土台の大きさを決めることに成功した。彼らはまた、最初の真正ピラミッドの建造に成功した。これが将来のピラミッド複合体のモデルとなった。そしてギザのクフ王とカフラー王の巨大なピラミッドが、大きさにおいても、デザインにおいても、また様式においてもピラミッド建設の絶頂期となった。そしてクフ王のピラミッドは、大ピラミッドとして後世に知られている。このことに異存を唱える者はいないであろう。この時代、小さな畑に佇み、遠くからピラミッドを望んだ年老いた農夫は、この見る者を圧倒するピラミッドに、崇拝と恐れの気持ちを抱いたことであろう。何年も、何年も、彼はピラミッドがゆっくりと天に向かって高くなって行くのを見たにちがいない。石がひとつひとつ積まれ、職人の一団によって、一段一段高くなって行く。ピラミッド造営の労働にかり出された地元の村人は、次第に急になる斜路の上を、想像を越える重さの石灰岩のブロックを引きずった結果、背中に痛みを抱え、荒れて硬くなった手で、残酷な労働から帰還した。農夫が若かった頃は、何もない砂漠だった所に、今ではファラオが山を立てたのである。周辺何キロも先から見ることのできる、

ギザのピラミッド。クフの大ピラミッドが手前にある。カフラー王のピラミッドは遠く、メンカウラー王のピラミッドの後に見える。手前に見える2つの小さなピラミッドはクフの王妃のものである。

先端が天を貫くピラミッドは、化粧石が白く輝き、真昼の日の光を浴びてキラキラと輝いていたであろう。

　第4王朝になると、王の死の概念に変化が起きる。おそらく太陽信仰の重要性が増したことが原因と思われる。ピラミッド内部の部屋は王宮を模したものではなくなった。なかには残された要素もあるが、もう沢山の貯蔵庫は不要になった。王は太陽神の息子の役割をもつことで、来世の生活を確保した。そして天を移動する太陽の動きとみずからを強く結びつけ、毎朝、夜明けとともに再生・復活をした。この時代、ピラミッド複合体に、標準的な構造が定着した。（信仰的な役割はまだ不明であるが、ピラミッド複合体全体の入り口の役割を果たす）河岸神殿が、人工的な港と運河の横に建てられた。これによって船による資材の運搬が容易になった。そして河岸神殿から東へと伸びる長く細い参道ができた。その反対側、参道の頂上部には、王の魂を奉り、供物を奉納するための葬祭殿がピラミッドのすぐ東側に作られた。ピラミッドの入口は、北に造られていた。

　第5王朝になると、ピラミッド自体に重きは置かれなくなり、次第に小型化し、地下構造も単純化した。その代わりに、建築家たちは、ピラミッド周辺の建造物に重点を置くようになる。たとえば、葬祭殿はより広大なものとなる。アブ・シールの第5王朝のピラミッドで発見されたパピルスによると、古王国時代のピラミッド神殿の構造は王宮に似たものであったことが明らかである。毎日、王のカー（精霊）は、「朝の家」と呼ばれるピラミッドの埋葬室で眠りから目覚めた。そして葬祭殿の彫像に宿り、神官たちに迎えられた。神官らは、王に供物を捧げ、衣を纏わせ、清めのために香を炊いた。神官らとの日々の接触は、王の来世の生活の一部にすぎなかった。エジプト人はたったひとつの魂を信じたのではなく、人間は多くの要素で構成され、それが死後に分かれると信じられていた。古王国時代においては、王は、一般の人々とは異なり、カー精霊の他に、バー精霊をもつと考えられていた。バーは昼の間に墓を出て、好きな所を旅することができた。しかし夜になると遺体とともに休むために、墓に戻らなければならなかった。

　第5王朝のウニスのピラミッドの内壁に初めて記されたピラミッド・テキストを見ると、死後の世界が天、淵、ドゥアト（冥界）、そして地平線に分けられているのがわかる。そして王は多様な姿で存在した。周極星の間に身を置くと同時に、太陽神の船に乗り、天を航海した。王はまたバッタのように天に跳び上がる、あるいはまた、ハヤブサやガンのように空を舞うとされていた。その他にも多くの相矛盾する描写がある。王は神々の長であると同時に、神々に守られている。オリオン座の三ツ星（サフ）とともにいると思えば、死後一体となったオシリスとともにドゥアトにいる。ピラミッド・テキストによってあたえられた力によって、王のバーは、墓から起き上がり、ドゥアトを通り、地平線において、天における効力のある精霊（アク）とな

ペピ1世のピラミッドから出土したピラミッド・テキストを記した破片。これらの碑文は、サッカラの第5王朝のウニス王のピラミッドの内壁に記されているのが初めて発見された。碑文は、王が無事に来世に到着することを約束し、来世において何が起きるかが記されている。

第4および第5王朝のピラミッド装飾

　第5王朝の終わり、サッカラのウニス王のピラミッドの壁にピラミッド・テキストが記されるまで、王墓の内壁には装飾が施されていなかった。ジェセル王は、名前と形容辞をピラミッドの下の扉のまぐさとわき柱に残し、葦のマットを吊るした入り口を模した、青いファイアンス製のタイルの装飾を施した。また、儀式を行なう自分の姿を描いたレリーフのパネルを飾ったが、彼の後継者はその様式を真似ることがなかった。

　明らかに装飾は見あたらないが、第4、そして第5王朝のピラミッドの部屋に、ヘテプヘレス王妃のギザのシャフト墓に積まれていたような、装飾を吊るすための木製の枠組みがあった可能性がある。彼女の木製の枠組みは、その大きさが、大ピラミッドの東にある3人の王妃の埋葬室（GIa、b、c）にぴったりとあい、このうちの誰かのものとして製作された可能性がある。また、大ピラミッドの王の間の花崗岩製の天井の梁には、端に黒っぽい長方形のシミがある。木製の枠によって残された跡のように見える。木製の枠は、もともと、ささえの役割を果たしていた可能性があるが、そこに宗教的、あるいは装飾という二次的役割があったことも否めない。このような要素は、初期王朝時代のエジプトの最初の王たちの埋葬に遡る。当時の埋葬室は、墓のピットに納められた木製の厨子であり、王宮を象徴する葦のマットが吊り下げられていた。

　葦のマットのモチーフの重要性は、後の時代にも続き、ウニスのピラミッドや第6王朝の墓にも見られる。第6王朝の王の石棺を囲む壁は、葦のマットを吊るした大きな枠に見えるように、彫刻や彩色が施されていた。以上から、第4、5王朝の王の埋葬室の装飾のない壁は、伝統的なマットを吊るすことで彫刻や絵画が隠されてしまうために、敢えて無地のままであったと考えることが可能である。これらのマットは遠い過去の時代に盗掘されたか、あるいは朽ちてしまい、我々の目には飾りのない沈黙の石が残るのみであると考えられる。

サッカラのウニス王のピラミッドの石棺を囲む壁。彫刻が施され、葦のマットを模した豊かな色彩が施されている。第1王朝の王の埋葬室の壁に実際に並んで掛かっていた葦のマットを図式化にしている。

った。王のアクは、カーやバーとともに存在し、また双方が融合したものでもあった。

中王国時代

　第1中間期の王墓にかんしては、情報が少ない。イビという名の王が、サッカラのペピ2世のピラミッドの近くにピラミッドを建てたことが知られている。またヘラクレオポリスの王、おそらくメリカラーが、テティのピラミッドの近くに墓を建てている。第11王朝のアンテフ1世は、テーベのアル＝ターリフに岩窟墓を掘っている。今日ではサフ・アル＝ダワバとして知られている。大きな中庭に入口を示す礼拝所があり、その後に2列の列柱と3つの礼拝所がある。ひとつは王のもの、あとの2つは王妃のものと思われる。彼の後継者であるアンテフ2世と3世も同じような墓を同じアル＝ターリフに造営している。

　エジプトの2番目の偉大な統一者であるメンチュウヘテプ2世は、テーベのディール・アル＝バハリに墓を造営した。長い参道の先にある埋葬複合体には、斜路の先にあるT字型のテラスがある。上のレベルには回廊があり、四角い中央の建造物を囲んでいた。この建物がかつてピラミッドをささえていた可能性がある。回廊のうしろには、列柱のある中庭、その先には大列柱室、そして一番奥には石を切り出した壁龕があり、王の彫像が納められていた。その前には供物台が用意されていた。列柱のある中庭の下、埋葬室は長い岩に掘られ

次頁上：ウアフイブラー・ホル王のカー彫像。ダハシュールの竪坑墓のなかで厨子に入った状態で発見された。王の頭の上の両手を上げたヒエログリフは、カーを表わす文字である。もともと、金箔を貼った首飾りで飾られ、腰の周りには腰布か腹帯を巻いていた。

ディール・アル＝バハリのメンチュウヘテプ2世の葬祭殿の2階のテラスの部分。列柱で囲まれた四角い部分は、もともと、小型のピラミッドをささえていた可能性がある。手前には、500年ほど後に建てられたハトシェプスウトの葬祭殿が見える。

第7章　死におけるファラオ

たトンネルの先にあった。埋葬室には、壁に沿って造られた壁龕に日常生活の場面を描いた木製のモデルが納められていた。

　第12王朝の王たちは、偉大な古王国時代の支配者を真似て、ピラミッドを造営した。しかし、その建築技術においても、大きさにおいても祖先のものに劣っていた。そしてピラミッド・テキストで装飾されることはなかった。ピラミッドは、ダハシュールやサッカラなど、伝統的な場所に造営されたが、ファイユームにおいて新たに重要になったリシュト、ラフーン、ハワラなどの土地にも建造された。アメンエムハト1世は、リシュトに古王国時代後期の様式の石製ピラミッドを建造している。その後継者のセンウセレト1世も同様に、メンカウラー王のピラミッドとほぼ同じ大きさのピラミッドを建てている。その周辺には、9つの王妃のピラミッドがある。しかしアメンエムハト2世以降、ピラミッドは日乾レンガを積んで、その上を化粧石で覆って造られるようになる。そして保安上の理由から、入り口は伝統的な北側から別の位置に移された。センウセレト2世は、ピラミッドの近くの未使用の墓の下にピラミッドの入口を作っている。ピラミッド内の通路もより複雑なものとなり、引き戸のような石のブロックで部屋が隠されている。これも保安のためである。中王国時代の王たちは、明らかに彼らの永遠の安全を願い、彼らの遺体や宝物が荒らされることがないように考慮した。このことから、古王国時代の墓が盗掘にあっていたことが示唆される。

変革期：第2中間期

　今のところ、第13王朝の王墓で明らかになっているのは、10基だけである。すべてがダハシュールで発見されている。発掘された6基のうちの5基はピラミッドである。もう1基のウアフイブラー・ホル王の墓は、シャフト墓である。この墓は未盗掘であった。前室には、カーの彫像があった。像は現在でもナオス（厨子）のなかに立っている。2つのステラ、杖を納めた箱、土器、木製の偽の容器などがあった。石棺のなかには、長方形の棺が入っており、そのなかには、45歳の男性の遺体が納められていた。まちがいなく王その人である。遺体の上には、2つのハヤブサの襟飾りと短剣が置かれていた。そして杖と2つの長い王笏、象嵌を施した殻竿、方解石の容器、木製の木槌が遺体の横に置かれていた。木製のカノポス箱には、4つの人頭のカノポス壺が納められていた。

　第13王朝中頃から第17王朝の初めまでの王墓は知られていない。しかし、この時代に属するピラミディオン（ピラミッドの先端に被せるキャップ・ストーン）は発見されている。そのなかには、デルタのファクースで発見された、第13王朝中期のメルネフェルラー・アイのものやテル・アル＝ダバアで発見された別のものがあ

下：ダハシュールのアメンエムハト3世のピラミッドのピラミディオン。あるいはキャップ・ストーン。現在はカイロ・エジプト博物館に所蔵されている。

る。この事実は、中央政権が崩れた時代の王たちが、自分たちが力を有していた地域にピラミッドを建てたことを示唆している。もうひとつの解釈は、ヒクソス（あるいは別の人たち）が、もともとピラミディオンがあった場所（おそらくダハシュール）から後の時代に移動した可能性がある。

　第17王朝の支配者は、テーベのドゥラ・アブ・アル＝ナガに、斜面の急な小型のピラミッドを作った。ピラミッドの前には、小さな礼拝所と2つのオベリスクのある前庭があった。埋葬室はその下に掘られていた。アボット・パピルスとして知られている第20王朝のテキストに記された、墓泥棒が語るセベクエムサフ2世の墓の描写から、この時代の王墓がどのような外見をしていたかを知ることが出来る。「われわれは、銅の道具を用意して、この王のピラミッドの一番内部へと進んで行った。地下の部屋を見つけ、蝋燭を灯して下へと進んで行った。そして彼が埋葬されている場所のうしろに神が横たわっているのを見つけた。王の妻のヌブカアス王妃の埋葬場所を彼の横に見つけた。プラスターで覆われ、砂利でそれは守られていた。」その後、石棺と棺を開けて、剣と宝石で飾られた王のミイラを発見した経緯が語られている。「この高貴なる王のミイラは、黄金で完全に覆われていた。棺は黄金、そして外もなかも銀で飾られ、さまざまな貴石で象嵌されていた。」古代において遺体から盗まれた品のひとつと思われるセベクエムサフ2世の黄金の台座のハート・スカラベ（心臓スカラベ）が、現在、大英博物館に所蔵されている。王によって使用された最古のハート・スカラベの例である。

　アボット・パピルスはまた、カーメス王の墓の視察にかんしても述べている。

　この墓は当時盗掘を受けていなかったようである。しかし、その後まもなく王のミイラは運び出され、ドゥラ・アブ・アル＝ナガのピットに隠された。そして1857年に飾りのない質素な棺に納められている王の遺体が発見されている。多様な副葬品が、朽ちてしまった遺体の上で発見されている。銀の柄と金の柄頭のある青銅製の短剣（125頁参照）や2頭のライオンの図柄の腕輪、鏡、スカラベ、そして護符などである。カーメスの甥で、エジプトを統一し第18王朝を創設したイアフメスは、アビュドスにエジプト最後の王のピラミッドを造営している。イアフメスがそこに埋葬されているかどうかは不明である。彼の最後の休息所はまだ未発見である可能性があり、テーベのドゥラ・アブ・アル＝ナガに埋葬されている可能性がある。

王家の谷

　新王国時代の王たちは、新しい埋葬地を選んだ。テーベのナイル川西岸にあるアル＝クルンの頂上下にある丘の間に隠れた場所である。これらの王墓の新しい点は、葬祭殿と墓を完全に分離したことである。墓は王家の谷にひっそりと隠されていた。彼らは過去の過ちから学んでいた。先祖の偉大な墓が盗掘に

ミイラ作りの際に遺体からとり除かれる、他の臓器とは異なり、心臓は体のなかに残された。そして裁判の間において、オシリスによってマアトの羽根とともに天秤ばかりにかけられた。心臓がなければ、来世に入る希望は断たれる。そこでミイラを包む布の上にハート・スカラベが置かれ、安全が願われた。黄金と緑の碧玉のセベクエムサフ2世のハート・スカラベは、王のために作られた最古の例である。

あったのを目撃していたのである。新王国時代の谷の下の平原に建てられた葬祭殿は、エジプト学者によって「記念神殿」と呼ばれている。これらの神殿は、単に死者となった王の精霊を崇拝し供物をあたえるための場ではなく、3つの信仰の中心地となっていた。（アメンと融合した）王に対する信仰、神殿によって異なるアメンの特定の姿（神殿の信仰の中心）、そして太陽神ラー、妻ムウトと彼らの子どもであるコンス神もまた奉られていた。さらに王の父（あるいは先祖）と他の神々の信仰の場でもあった。

　王家の谷の墓は、テーベに長く伝わる葬祭の伝統に従って、山の岩肌から掘り出されていた。墓の上にピラミッドが立つことはなかったが、ピラミッドの形の頂上をもつ自然の山アル＝クルンが人造の建造物の代わりとなっていたのかもしれない。トトメス1世の墓の製作を委託された作業の監督官イネニは、つぎのように記録している。「私は陛下の岩窟墓の掘り出しを監督した。誰の目にも触れず、誰の耳にも届かぬように。」この碑文から、トトメス1世が王家の谷に埋葬された最初の王であるとされている。しかし、前任者のアメンヘテプ1世が、新しい王墓の方向性を最初に紹介したとも考えられる。アメンヘテプの墓は、未だ完全に同定されていないが、彼は、王家の谷の墓を切り出し、装飾を施した職人たちの村であるディール・アル＝マディーナで神として崇められている。王家の谷との関係もないのに、村人がアメンヘテプを神格化しているのは不自然に思われる。

　この時代の後半になるまで、埋葬室を除いて、第18王朝の墓は一般に装飾が施されていなかった。通路が崖の面まで急な傾斜で降りていくように設計され、埋葬室に到達するまでのあいだに、90度の角度で1回あるいは2回曲

テーベのラメセス2世の葬祭殿（記念神殿）ラメセウムの中庭。王墓と葬祭殿が並んでいた古王国時代や中王国時代とは異なり、新王国時代になると2つの施設はそれぞれ独立した存在となる。

っていた。この複雑な構造は、エジプト人が想像した入り組んだ冥界の様子に影響を受けていたのかもしれない。同じような構造が中王国時代のピラミッドの下部構造にも見られる。しかし、明確な太陽信仰との結びつきをもったピラミッドとは異なり、新王国時代の墓は、王とオシリス、そしてラーとの関係を強調している。いずれもエジプト人が考えた神の墓のイメージを写している。

　埋葬室はまた、宇宙を写したものであった。石棺が原初の丘、上には星空、壁には『冥界にあるものの書』として知られている『アムドゥアトの書』が飾られていた。冥界（ドゥアト）を旅する夜の12時間の太陽の航行を描いたものである。太陽神と（死後はオシリスと同化した）死者となった王の運命は互いに絡みあっていた。いずれも冥界における暗黒の時間の危険に晒されていた。2人は、夜の真ん中で互いに融合した後、若さをとり戻す（これは埋葬室で起きる象徴的な出来事である）。そして夜明けとともに再生復活する。旅のあいだに、2人は、多様な冥界の住人と出会う。助けてくれるものもあれば、凶暴なものもある。彼らの大敵は蛇アポピスである。アポピスは毎夜退治される。アムドゥアトの書の碑文は、死者となった王が危険な領域を無事に旅するために必要な魔法の力と知識をあたえた。アムドゥアトの書で飾られたブロックがハトシェプスウトの墓で発見されているが、最古の現存する書は、トトメス3世の埋葬室の壁に記されている。簡素な棒状の人物図と草書体のヒエログリフで記された線画であり、解いたパピルスの巻物を模した様式をもつ。アメンヘテプ2世のアムドゥアトも同様にシンプルなものであるが、職人たちは、埋葬室の柱に完成度の高い場面を描いている。

王家の谷のトトメス3世の埋葬室。壁にはアムドゥアトの書（あるいは、冥界にあるものの書）が飾られている。まるで長いパピルスの巻物を解いていったような装飾が壁面を飾っている。

第19王朝になると、彫刻に彩色を施した装飾が墓全体に施されるようになる。そして直角に曲がる通路ではなく、崖の面にまっすぐに長く降りている通路が好まれるようになる。また、部屋や副室が全体として増えた。その結果、壁面が増し、『ラーの讃歌』や『門の書』など、さらなる書を装飾に加えることが可能となった。いずれもの書も基本的にはアムドゥアトと同様に太陽の進行を図式化している。そして非常に効果的に、墓の最初の部分が太陽の動きと結びつき、残りの部分がオシリス神と結びついた。主軸が直線になったのも、太陽の動きと対応しているようである。墓の長く直線的な下降は、（現実の方角とは異なるが）象徴的に東から西へと天を航行する太陽を表わしている。

　一般的に、王家の谷の墓は標準的な構造に従って造られていたが、大きな墓では、いくつかの要素が繰り返し現われ、また特別な意味をもつ部分があった。たとえば、最初の通路は、「太陽の通り道の最初の神の通路」と呼ばれている。これに「２番目の神の通路」が続くこともあった。「３番目の神の通路」には、壁龕が並んでいた。右側のものは「東の神が休む聖域」であり、左のものは西の神のものであった。さらなる「神の通路」には、「門番の部屋」と呼ばれる壁龕があった。トトメス３世の治世からは、つぎの間は深い井戸状のシャフトであり、「待ち合いの広間」と呼ばれていた。この興味深い部屋の要素がもつ意味は明確ではない。これはテーベ地域を時折襲う豪雨による洪水を集めるためとも考えられる。あるいはまた、将来の墓泥棒を予防するための工夫とも思われる。元来は機能的な要素であった井戸も、時代とともにソカリス神の埋葬場所と見られるようになり、冥界の入口と考えられるようになった。ラメセス３世の治世から、井戸は掘られなくなったが、部屋は残され、その

トトメス３世の墓に描かれた、アムドゥアトの第４時（夜の４時）。この時間、太陽の船は、ソカリスの領域を航行している。ちょうど蛇の形をした「炎の道」を引かれているところである。

セティ１世の第19王朝の墓は、長くまっすぐな軸に沿って掘られている。王の葬送の前に完成していれば、墓全体が彩色を施されたレリーフで飾られたた王家の谷で最初の墓になっていたはずである。

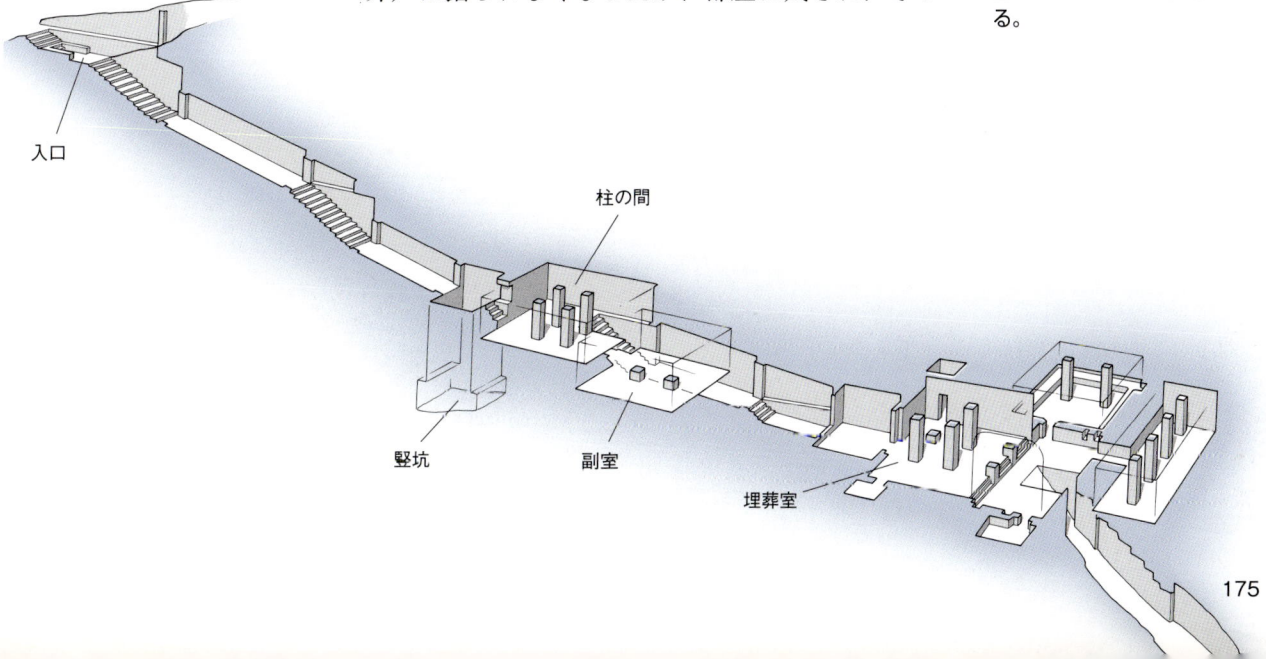

入口
柱の間
竪坑
副室
埋葬室

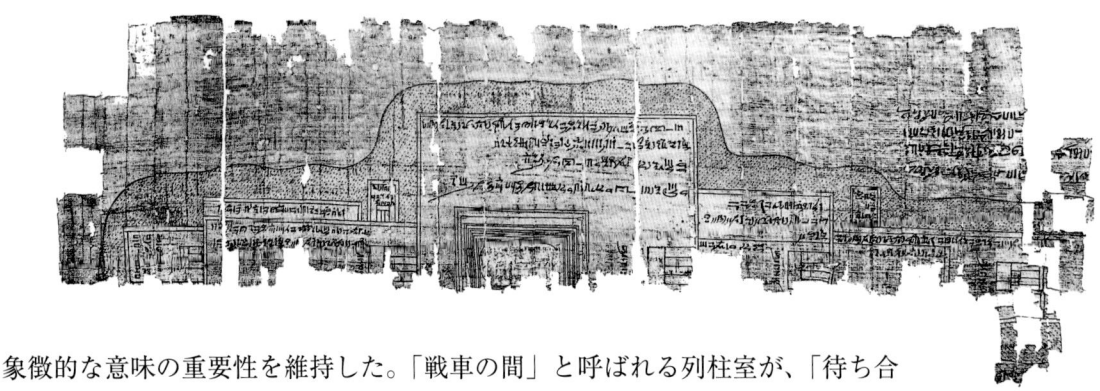

象徴的な意味の重要性を維持した。「戦車の間」と呼ばれる列柱室が、「待ち合いの広間」のつぎに続いた。そして「黄金の家（休憩所）」と呼ばれる埋葬室が続いた。この名前は、永久に輝きを失わない黄金、あるいは、黄金でできている神々の肌の色を指すと思われるが、ここに宝物が保管されていた可能性もある。トリノに保管されているパピルスには、ラメセス4世墓の他の部分の名前が記録されている。そのなかには、埋葬室の後にある「シャブティの場である神の通路」や2つの「宝物庫」がある。

ラメセス4世の墓の平面図を描いたパピルス。現在トリノ・エジプト博物館にある。部屋の詳細、通路の大きさ、装飾などがヒエラティックで記されている。墓の扉がすべて「封印されていた」と記されていることから、図面が描かれた当時、墓は完成していたはずである。

新王国時代以降

　新王国時代以降に、王家の谷が使用されなくなり、特定の埋葬地が好まれることがなくなった。第3中間期から末期王朝の終わりまでの間、王たちは、主にデルタを中心にさまざまな場所に埋葬されている。ファラオは祖先の地、あるいは、政治の中心地の主要な神殿の敷地内、周壁近くに小さな墓を掘って埋葬された。竪坑から入る墓地の上には小さな礼拝所が上部構造として置かれていた。第21と22王朝の王たちは、主にタニスに埋葬された。ただし、洪水のために放棄されるまでは、ブバスティスも短いあいだではあるが、王たちのお気に入りの埋葬場所であった。タニスの町と同様に、王墓を建設するための石材の多くはピ・ラメセスから運ばれてきた。墓の建造のために積まれたブロックは、新王国時代の王の冥界の書の典型的な場面によって装飾された。この時代のすべての王墓がタニスで発見されている訳ではないので、学者のなかには、今後タニスでさらなる発見があると考える者もいる。また、まったく異なる埋葬地の可能性も否めない。他の候補地としてはメンフィスやイフナシヤ・アル＝マディーナなどがある。

　第23王朝のハルシエスは、テーベを支配し、オソルコン2世の治世と同時に異なる王家の系譜を創設した王である。彼はマディーナト・ハブの周壁のなかの階段で降りて行く簡素な埋葬室に葬られている。かつては礼拝所が上にあったはずである。第23王朝の王墓は、この他に知られていない。第3中間期には、多くの王の系譜が共存していたため、異なる王の埋葬地があったはずである。たとえば、カママという名の王妃の墓地がレオントポリス（テル・マク

第7章　死におけるファラオ

ダム）で発見されている。ただし、副葬品などは水害で破損している。地元のサイスから領地を支配していた第24王朝の王達は、サイスの町に埋葬されていると思われる。

　第25王朝の支配者はヌビアに作られた傾斜の急な小型のピラミッドの下に埋葬されていた。最初は、アル＝クッルに、そして後にはさらに下流のヌリに埋葬されている（いずれも現在のスーダンにある）。そのなかの最大のものは、タハルカ王のものであった。各ピラミッドには、東側に礼拝所があり、階段によって下部構造へと繋がっていた。そこには、埋葬室がひとつあり、その中央には岩を切り出して作ったベンチがあった。王はその上に横たわっていた。現在では、その跡が見られるだけであるが、シャバコ王の治世から、ヌビアの埋葬室には、王を描いた場面や、古代エジプトの王墓の様式で描かれた太陽円盤の図が描かれていた。

アクエンアテンの最後の休息所

　アマルナ時代、アクエンアテンは、彼が作った新しい町アケト・アテン（テル・アル＝アマルナ；150頁参照）の東にある、大きなワディ（乾いた川床）に沿った遠くの崖に、王墓を掘り、遺体を埋めるように命じていた。彼の埋葬室は、長く真っ直ぐな軸の先にある。主軸には、2つの副次的な通路があり、他の部屋に導くように北へと伸びている。おそらく、娘の王妃メケトアテンと母親ティイを含む、家族の埋葬室へと続いていたものと思われる。

　おそらく、予定通りに自分の墓に埋葬されたアクエンアテンであるが、アマルナに長く葬られることはなかった。宮廷が町を放棄した後、アクエンアテンの遺骸は、母ティイのものとともに、（おそらくツタンカーメンによって）テーベに戻され、王家の谷の墓に埋葬されたようである。アクエンアテンの墓は、1907年に発見された55号墓と言われている。この墓から多くの副葬品の破片が見つかっている。そのなかには、キヤという名の王妃の碑文が記されている4つの方解石のカノポス壺や、ティイ王妃の金箔を貼った木製の厨子がある。そして（現在復元されている）美しいが破損の大きかった木製の棺がある。名前は明らかに消されており、その金箔を施した顔の部分は削りとられている。開けられた時、棺には、頭蓋骨の周りに黄金のハゲワシの胸飾りが巻かれた骨となった遺体が納められていた。何年ものあいだ、これが誰のものであるかが論争されてきたが、DNA鑑定やCTスキャンなどの最近の科学捜査の結果、ほぼ間違いなく遺体はアクエンアテンのものであることがわかっている。王家の谷に最埋葬され、死後、再び先祖と結ばれた。

アクエンアテンのものと思われる遺体を納めていた豪華な棺。顔の部分は削りとられており、カルトゥーシュは消されている。これによって被葬者が冥界に入る機会が奪いとられている。

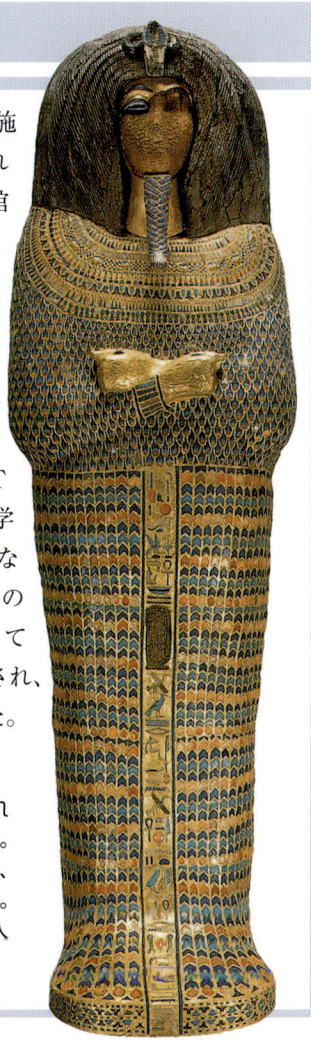

第26王朝の王達はサイスのネイト女神の神殿の周壁内に埋葬されたが、現在では何も残っていない。（現在ルーヴルにある）桃色花崗岩の破片に、プサメティコス2世の名前が記されており、サイスの彼の墓から出土したものとされている。表面には、アムドゥアトの書からとった場面が沈み彫りのレリーフで描かれている。墓に装飾があったことを示唆している。サイスを訪れたヘロドトスは、アプリエス王が「アテナ（ネイト）神殿の家族墓、神殿に入って聖堂に一番近い左側」に埋葬されていると語っている。そして王墓の描写をさらに続ける。「サイスの人々は、この地域出身の王たちをすべて、この神殿内に埋葬している。アマシス（イアフメス2世）の墓も…神殿の中庭にある。石造りの回廊のある大きな建物で、柱はヤシの木を模して彫られており、豪華な装飾が見られる。建物のなかには、二重の扉のある部屋があり、その扉の向こうに地下墓所がある」

　第27王朝の偉大なペルシアの支配者カンビュセスとダリウスは祖国に埋葬されている。あるいはペルセポリスの近くに埋葬されているが、第28王朝唯一の王、エジプトを解放した、サイスのアミルタイオスがどこに埋葬されているかは不明である。第29王朝の王墓は、デルタのメンデス（テル・アル＝ルバア）にあった。1992年にネフェリテス1世の墓が、メンデスのバネブジェド神殿の近く、現存する第3中間期や第26王朝の埋葬地の付近で発見されている。石灰岩製のマスタバ墳が埋葬室の上に設置されており、おそらくすでにあったブロックやステラを造営に再利用したと思われる。残っている部分を見ると、伝統的な様式で装飾されているのがわかる。そのなかには植物模様、そしてカルトゥーシュで飾った腰羽目、アムドゥアトの場面などが見られる。墓は、第30王朝のネクタネボ1世の治世とプトレマイオス王朝の間の時期に破壊されている。おそらく犯人は、第31ペルシア王朝であろう。古典作家の資

第25王朝のタハルカ王は、現在のスーダンのヌリのピラミッドの下に埋められている。第25王朝の他の王たちも近隣のアル＝クッルにある、急な斜面のピラミッドの下に埋葬されている。

料によると、メンデスの聖なる雄羊がペルシアのアルタクセルクセス3世によって殺されている。この時期、同王によってメンデスでさらなる破壊があったとしても不思議ではない。

　第30王朝の王墓がどこにあるかはわかっていないが、候補地としてあがっているのは、サマンヌード（セベンニュトス）、メンデス、（サマンヌードのすぐ北にある）ベフベイト・アル＝ハガル、そしてサッカラである。ヘロドトスによれば、この王朝は、元々サマンヌード出身であり、マネトンが記録しているように、第26王朝や第29王朝など、他の末期王朝の王たちが彼らの故郷に埋葬されていることから、この町のオヌリス・シュウ神殿の敷地内に埋葬を予定していた可能性が高い。実際に墓は見つかっておらず、発掘もまだであるが、古代において墓が盗掘を受け、その中味が各地に散った可能性がある。これらの王墓に属した品々が実際発見されており、（現在カイロ・エジプト博物館にある）ネクタネボ1世の石棺は破片で発見され、現代の建物に再利用されているのが見つかっている。さらにネクタネボ2世の石棺は、アレクサンドリアのモスクに再利用されていたものが、現在では大英博物館に移されている。両王のシャブティも知られている。しかしネクタネボ2世もその前任者であるテオスも亡くなる前にエジプトを逃亡しているため、彼らの墓に埋葬されなかった可能性も高い。

イランのナクシュ・エ・ルスタムにあるペルシアの王墓。一番右側の墓がダレイオス1世のものである。中央の墓は、クセルクセス1世のものと思われている。そして左の墓がアルタクセルクセス1世に属する。いずれも第27王朝のエジプトのファラオである。

ギザのカルの墓から出土したレリーフ。遺体が清められるイブウ（上段右）からミイラ作りが行なわれるウアベト（下段左）へと葬送の行列が続いている。

ミイラ製作と王の葬儀

　伝統的に王の死から葬儀までは70日間の間があった。この数字は、実質的な意味よりも儀式的な意味合いが濃い。これは毎年、シリウス星が視界から消える期間であった。シリウスの再来は、再生復活であると考えられ、葬送の儀と結びついた。実際には、ミイラ作りに必要な日数は一定ではなかった。たとえば、第4王朝のメリスアンク王妃は、死後273日後に埋葬されている。

　王が亡くなると、その遺体は、橇、あるいは儀礼用の船に乗せられ、亡くなった場所から河岸まで、行列を作って運ばれた。哀悼と悲嘆のなか、この行列のなかには、ミイラ作り師、朗誦神官（聖なる書を読む神官）、セム神官（葬儀を執り行なう神官）、そしてイシス女神とネフティス女神と結びついた大鳶と小鳶と呼ばれる2人の女性がいた。葬儀の参列者たちは、遺体を船に乗せ、儀礼として水路（主にナイル川）を西に向かって横切らせた。このようにして象徴的に死者は冥界へと入った。古王国時代においては、さらに運河をピラミッド複合体の河岸神殿まで船で上っていった。新王国時代においてはテーベのナイル川を西岸まで船で渡った。

　彼らが最初に止まったのは、セフ・ネチェル「聖なる小屋」（王族でない場合は、イブ・エン・ウアブ、あるいは、「清めのテント」）であった。ここでミイラ作りが始まった。まず、遺体は、炭酸ソーダ、重炭酸ナトリウム、塩、硫酸ナトリウムで構成された、自然界に存在する脱水剤ナトロンを使用して清めの儀式を受けた。「聖なる小屋」は、木材と葦のマットで作られた一種のテントのような仮小屋で、古王国時代においては河岸神殿の前に建てられ、新王国時代においては、王の葬祭殿の近くに建てられた。ミイラ製作はエジプト文明の初期の時代から試みられた。しかしこの時代のミイラはほとんど残っていない。英国のエジプト学者フリンダース・ピートリの発掘によって、アビュドスの第1王朝のジェル王の墓から、豪華な宝石をつけたミイラ化した腕が発見されている。ジェル王、あるいは彼の妃の1人に属したものと思われる。また、古王国時代のピラミッドからは、遺体の一部が

1881年に、イアフメス1世のミイラはディール・アル＝バハリの隠し場所で発見されている。しかしヒクソスをエジプトから追放し、国を再統一した王の墓の場所は、未だ発見されていない。

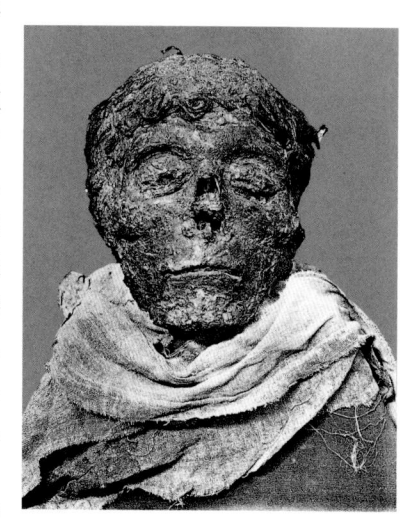

第7章　死におけるファラオ

発見されているが、それが本来ここに埋葬された王の遺体であるのか、あるいは後の時代に紛れ込んだものなのか不明である。南サッカラのファラオのピラミッドの王の石棺の近くで、時にメルエンラー王のものとされる保存状態の良いミイラが発見されている。また、ペピ1世の埋葬室にあったひとつのカノポス壺には、丁寧に包まれた王の内臓が入っていた。

　新王国時代の王のミイラの多くは現在でも残っている。テーベにおいては2つの隠し場所が見つかっている。ひとつはディール・アル＝バハリ（DB320）で、もうひとつはアメンヘテプ2世墓内にある。いずれも第21王朝のテーベの神官らによって、重要な王のミイラを守るための隠し場所として、最初の埋葬地から移動されたものである。その結果、ミイラが自分の墓で見つかったのは、ツタンカーメンとアメンヘテプ2世の2人だけである。新王国時代以降のミイラは知られていない。ただし、タニスにおいて、プスセンネス1世、アメンエムオペトとシェションク2世の骨が発見されている。デルタの湿気の多い天候のため、肉は完全に朽ちてしまっている。ダグラス・デリーによる遺体の調査によると、プスセンネス1世は亡くなった時、かなり老齢であり、脊椎骨のリュウマチや歯槽膿漏で悩んでいた。アメンエムオペトの遺体は特に状態が悪く、シェションク2世は、頭に受けた傷から感染を起こし亡くなっているようである。

　清めの儀式の後、王の遺体は、セフ・ネチェルからウアベト「清い場」あるいは、ペル・ネフェル「麗しき家」へと移された。（おそらく古王国時代のピラミッド複合体の河岸神殿と思われる）この建物では、「秘密の主人」と呼ばれる監督官の下、専門家の一団によって本格的なミイラ作りが行なわれた。遺体が再び清められ、体中の毛がそられた後、鼻孔から鉤状の道具を使って、脳みそがかき出された。その後、残留している物が洗い出された。次にミイラ作り師は、腹部の左側に斜めに、手が入る大きさの切り口を開け、そこに手を突っ込んで、胴体から内臓をとり出した。とり出した内臓はナトロンで洗われ、それぞれの内臓は松脂で覆われた。そしてカノポス箱の異なる部分、あるいはカノポス壺にそれぞれ納められた。しかし心臓は遺体に残された。心臓は「精神の宿る場所」と考えられ、オシリスの前で行なわれる来世の裁判にとって重要な臓器であった。マアトの羽根と心臓が秤にかけられ、心臓が羽根よりも重い場合は、死者は来世に入ることが許されなかった。腎臓も遺体に残ることが多かった。これは宗教的な理由ではなく、体の奥にある臓器であるため、とり出しにくかったと考えられる。松脂を施すことによって皮膚は保存された。

　つぎにミイラ作り師は、王の遺体にナトロンの袋を詰め、また、遺体の周りにもナトロンの袋を置いた。30日からから40日間、このように王の遺体はミイラ作りの台の上で過ごした。そして遺骸から徐々に水分が出て行った。この乾燥のプロセスの間、王の手足の指は、包帯や指サックで剥がれないように気が配られた。その後、ナトロンがとり除かれると、遺体には香油が塗られ、脳の穴には松脂が注がれた。時には亜麻布が詰められることもあった。つぎに遺

タニスで発見されたプスセンネス1世の墓から出土したカノポス壺には、王の胃が納められていた。蓋は、ホルスの4人の息子たちの1人、ジャッカルの頭の神ドゥアムウトエフの姿をしている。ミイラ作りのあいだに遺体からとり除かれ、それぞれの壺に納められる内臓を4人の神々がそれぞれ守っている。動物の頭のカノポス壺は第18王朝後期になって使用されるようになった。

体の内臓があった部分に布やおがくずなど、その他の詰め物が入れられた。新王国末期になると、ミイラ作り師は、生きているように見えるミイラを作ろうと努力した。たとえば、ラメセス3世は、人造の眼を持った最初の王のミイラであった。そして遺体を巻く作業が始まった。17日間かけて布を巻いては香油を塗る作業が繰り返された。この間、王の腕は、オシリスのように胸の上で交差され、王笏と殻竿がその手に握られた。手足が巻かれる間、さまざまな呪文が大きな声で唱えられた。王が受けた超自然的な保護はこれに留まらなかった。包帯の間に魔力のある宝石や護符が挟まれ、王の体を危害から守った。たとえば、ハート・スカラベ（172頁参照）が、本当の心臓を守るために胸の上に置かれた。これは来世において、心臓が被葬者を裏切って最後の審判で虚偽の証言をしないようにするためである。遺体が完全に布で巻かれると、王の黄金のマスクが頭の上に置かれた。これで王の埋葬の準備が整ったことになる。しかしウアベトを出る前に、「警戒の時間」という名前の儀式が行なわれた。これは夜の時間に、悪意のある力に満ちたセトが来るのを追い払う儀式である。

　葬儀の時が訪れると、神官等は、ウアベトを出て行く前に、王のミイラに供物を備えた。そして儀式用の船に乗せ、サイス、ブト、ヘリオポリス、アビュドスなどの古代からの聖なる都市に旅立った。時代が下ると、この旅はウアベトからネクロポリスまでの行列のなかで象徴的に行なわれるようになった。

　あるいは、墓における葬送の儀礼のなかで行なわれ、実際の旅は行なわれなくなった。新王国時代の私人の埋葬の場合は、ブトの古代の神々の再来とされるムウの踊り子が、儀礼のなかで重要な役割をもつようになり、墓の入口で踊りを踊った。（時代によって異なるが）ピラミッド、あるいは、テーベの西岸に戻った王の遺体は橇に乗って、2人の鳶やその他行列の参列者に伴われて旅を続けた。行列には王の副葬品を運ぶ者たちもいた。新王国時代においては、葬祭殿から王家の谷の王墓までの行列の道程において、多様な葬送の儀礼が行なわれた。男達はミルクを神酒のように道に撒き、香を炊いた。その間、泣き女や泣き男達が嘆き悲しみ、昔からの伝統に従った嘆きの仕草で頭を塵で覆った。悲しみの声は谷中に木霊したはずである。小さなキオスクが道端にいくつも建てられ、パン、肉、鶏肉、ビール、ワイン、水などの供物が用意された。そして死者の彫像の周辺で儀式が行なわれた。そ

プセンネス1世の墓は、タニスでほぼ未盗掘の状態で発見された。（上の）金の板が、ミイラ作り師が遺体から内臓をとり出すために開けた、王の下腹部の切り口の上に被せられていた。悪の力が体内に入り込むのを防いでいたと思われる。黄金のマスク（下）は、頭の上に置かれていた。

の後、食べ物や飲み物の供物と結びついたすべての土器は割られた。この時に葬儀の参列者の食事が行なわれたと考えられる。

　ツタンカーメンの埋葬室には、亡くなった王の葬列を12人の男性が先導する様子が描かれている。そのなかには2人の宰相（衣装によって判別可能）と高官たちがいる。いずれも白い亜麻布の衣を纏い、頭には白いハチマキをしている。彼らは王の遺体を乗せた橇を引いている。ただし、私人墓に見られる場面では、4頭の牛が橇を引いている。そしてそのすぐ後にカノポス箱を乗せた2番目の橇が続いている。ツタンカーメン墓の場面では、花飾りで装飾され、鎌首を擡げたウラエウスで飾られた背の高い厨子の天蓋の下、棺は橇の上にそのまま置かれている。しかし、王の棺は実際には、豪華に彩色を施された革製の葬送用テントで覆われ、人目に触れないようになっていた可能性がある。第21王朝のアセトエムケブ王妃のテントがディール・アル＝バハリのミイラの隠し場所で発見されており、現在、カイロ・エジプト博物館に所蔵されている。また、謎の物体テケヌウも死者のすぐ後を引かれて行った。これは亜麻布で包まれた遺体を表わしているものと思われるが、その意味はさまざまに論じられている。メルエンプタハの王墓に副葬品を運ぶ様子を描いたオストラコンによると、宝物の管理官や大家令も王の葬列に加わっていたようである。

　第18王朝後期になると、確定はできないが、王の葬儀は4日と3晩続いたと思われる。ツタンカーメン墓には、入れ子になった4つの厨子が発見されている。エジプト学者ホルスト・バインリヒは、このなかの一番小さなも

ツタンカーメンの葬送の様子。埋葬室の東の壁に描かれているもの。2人の宰相を含む、12人の高官が王の葬送の橇を引いている。橇の上には厨子の下に王のミイラが横たわっている。（上）

アセトエムケブ王妃の葬送のテント。彩色を施された革製である。このようなテントが葬儀のあいだ、人目に触れないように棺を覆っていたと思われる。（下）

副葬品

ほぼ完全なツタンカーメンの未盗掘の副葬品の他にも、王家の谷の王墓からは、数多くの副葬品の破片が出土している。これらの遺物から新王国時代の典型的な王墓の豪華な副葬品を想像することが可能である。

王のミイラは、入れ子になった棺と石棺の中に納められていた。さらに、棺自体がいくつかの金箔を張った木製の厨子で覆われていた。厨子には、冥界の書の場面や碑文で装飾が施されていた。ツタンカーメンの王墓で発見された厨子とよく似た破片が他の王墓でも発見されている。また、現在トリノにある（176頁参照）ラメセス4世の王墓の平面図を描いたパピルスには、厨子のあった位置が記されている。

王の肝臓、肺、胃、そして腸を納めたカノポス箱は、石棺の近くに置かれていた。この箱も入れ子になった厨子に納められ、それぞれが橇に載っていた。ツタンカーメンのカノポス箱は、4つの部分に仕切られ、それぞれの部分に、王の内臓を納めるための人頭の蓋を持つミニチュアの棺が入っていた。このような箱は第19王朝の終わりまで人気があった。その後、個別のカノポス壺が流行るようになる。

王墓には、多くの儀礼用の像が納められていた。そのなかには神々のものもあれば、いろいろな行為を行なっている王の姿を描いたものもある。セティ2世の墓の竪坑の部屋は、儀式の像が壁面に描かれている。また、トトメス3世、アメンヘテプ2世、トトメス4世、アメンヘテプ3世、ホルエムヘブ、ラメセス1世、セティ1世、そしてラメセス9世の墓からは、3次元の彫像の破片が見つかっている。そして完形のものがツタンカーメンの墓から出土している。以上を総合すると、これらの彫像は新王国時代の王墓の典型的な副葬品であったようである。ツタンカーメン王墓の彫像は、すべてそれぞれの厨子のなかに納められており、赤冠や白冠を被り、異なる姿勢をとった若い王が描かれている。像には亜麻布が巻かれ、木製の台座の上に載っている。ヒョウの上の乗るツタンカーメン。銛をもつ姿のツタンカーメンの像は2体ある。また、大股で歩くツタンカーメンの像もある。アトゥム、プタハ、ゲブ、イシスなど、多くの神々の像もある。シャブティとして知られる、来世において死者に代わって農耕作業をする、魔法の力で労働をする小像も墓のなかに納められている。ツタンカーメン墓では、全部で413体のシャブティが発見されている。いずれも王笏と殻竿を手にもち、王に似た姿をしている。それぞれ異なる頭巾や王冠を被り、また、ミニチュアの道具ももち、つぎの世界で労働に携わる用意ができている。

他にも来世で王が必要と思われる多くの品々が副葬された。なかには埋葬のために特別に作られたものもあれば、日常的に使用していた品々もある。ツタンカーメンの副葬品のなかには、戦車、船の模型、方解石のランプ、護衛の彫像、動物の頭の儀礼用ベッド、玉座、宝石箱、武器、衣類、ワイン、肉にパンがあった。この他にも家族に属する宝物や髪の毛まであった。儀式用の彫像と同様に、王家の谷の他の王墓からも、同じような品々の破片が発掘によって発見されており、ツタンカーメンの副葬品が特殊なものでないことを示唆している。また、多くの豪華絢爛な宝飾品も副葬されていた。貴石で描かれた有翼のスカラベやハヤブサで飾られた胸飾り、黄金のペンダントやビーズの襟飾り。ツタンカーメンの宝物の他にも、セティ2世の時代の王家の谷の装飾のない墓KV56では、銀の腕輪、指輪、銀製のサンダル、繊細な細工の金の耳飾りや銀製の手袋などが発見されている。これは、おそらく王子の墓であると考えら

ツタンカーメンの木製のシャブティ像。下エジプトの赤冠を被り、王笏と殻竿をもっている。時に多数のシャブティが墓に納められ、死者に代わって来世での労働を行なった。ツタンカーメンは、異なる材質や大きさの413のシャブティをもっていた。

次頁下：王は豪華な宝飾品とともに埋葬された。ここにあるのは、タニス出土のプスセンネス1世の墓から出土した腕輪（左）、ツタンカーメンの胸飾り（中央）、そして王家の谷の「黄金の墓」として知られるKV56で発見されたセティ2世の名前が記された耳飾りである。ここには、おそらくセティ2世の子どもとタウセレトが埋葬されていると思われる（右）。

王家の谷のセティ2世の王墓（KV15）の竪坑に見られるめずらしい壁画。神々や王の儀式用の彫像などが描かれている。ヒョウの上に乗る王の図などは、ツタンカーメン墓で発見された実際の彫像や、他の王墓で発見された破片のものによく似ている。王墓それぞれには標準的な副葬品の定番と言える目録があったようである。

れている。

　タニスの第3中間期のプスセンネス1世、アメンエムオペト、そしてシェションク2世のほぼ未盗掘の墓には、多くの息を呑むような副葬品が納められていた。ただし、革製品などの有機物質はデルタ地帯の湿気の多い環境のため、遥か昔に腐敗してしまっている。見事な黄金のマスク（182頁参照）と、宝飾品、そして手足に黄金の指サックをつけたプスセンネス1世の遺体は、銀のミイラ型棺に納められていた。この棺は、新王国時代の私人の埋葬に見られたミイラ型の黒色花崗岩の石棺に納められ、さらにメルエンプタハのものであった桃色花崗岩の石棺のなかに入っていた。

　プスセンネスの副葬品のなかには、2つの胸飾り、4つのスカラベ、36の指輪、腕輪、武器、王笏、黄金の円盤でできた3つの首飾り、シャブティ、サンダル、そして黄金の壺などがあった。息子のアメンエムオペトもやはり黄金のマスクを被っていたが、他の副葬品はあまり見られなかった。シェションク2世もまた、黄金のマスクで飾られ、めずらしいハヤブサの頭の銀製のミイラ型棺に納められていた。また、内臓を納めた4つのミニチュアの銀製の棺とともに埋葬されていた。しかしハヤブサの頭の大型の棺とは異なり、これらは人頭の飾りをもっていた。シェションク2世の副葬品には、胸飾り、黄金に貴石が象嵌された7つの優美な腕輪があった。いずれもシェションク1世のカルトゥーシュが見られた。

　オソルコン2世の副葬品もタニスで発見されている。しかし彼の墓は古代において盗掘を受けたため、僅かに残っているのは、ハヤブサの頭の棺の破片、シャブティ、方解石製の容器、そして息子のための石棺である。彼はまた、中王国時代のカノポス箱を再利用していた。

のが墓までの葬送の行列で使用され、その他のものは、おそらく葬祭殿における、多様な葬送の儀礼のなかで使用されたとしている。バインリヒの考えによると、厨子は、上のミイラが墓に納められる前の保護の役割を果たし、葬儀が行なわれた3晩のそれぞれに異なる厨子が使用され、そのなかに毎晩異なる儀礼用のベッドが置かれた。ツタンカーメンの墓からは、3つの儀式用ベッドが発見されている。ひとつはカバの頭、もうひとつはライオンの頭、そして最後のものは雌牛の頭で飾られていた。バインリヒによれば、最初の晩にカバが比喩的に王を喰らい、つぎの夜にライオンが王を若返らせ、最後の晩に雌牛が冥界へと王を生み出すのだそうである。

　古王国時代においては、最後の儀式はピラミッドのなかで行なわれた。新王国時代では、王家の谷の墓の入口で行なわれた。この時点で、行列は儀礼のムウの踊り子に迎えられた。香を炊き、神酒を撒き、衣服と食物の供物が捧げられた（古王国時代においてはピラミッド・テキストの朗唱があった）。ミイラは太陽の方に向かってまっすぐに立てられた。最も重要な儀式は「開口の儀式」である。セム神官が、他の儀礼用の道具のなかから特別な手斧を手に取り、ミイラの顔のマスク（あるいは死者を代表する彫像）に触れる。この儀式によって、死者は来世において、息をする、見る、聞く、食べる、話すなどができるようになる。この儀式を完璧に行なうと、全部で75のエピソードがある。私人の葬儀においては、セム神官の役割を死者の領地の後継者が務めた。王の葬儀においてもまた、王の後継者がセム神官の役割を果たした。ツタンカ

葬送のベッドにオシリスのミイラが横たわっている。左にネフティス、右にイシスがいる。いずれも鷹の姿をしている。王妃の谷のネフェルトイリの墓。

ーメンの墓においては、役人のアイがこの役割を果たしている。これによって王家の血筋の者でないにもかかわらず、アイはみずからの王位継承権を正統化したのである。「開口の儀式」の最後の段階は、母親の前で子牛を犠牲にする儀式である。そして血の滴る前足がミイラに捧げられた。

　王の石棺は、葬儀の間、すでに墓のなかに運び込まれていたはずである。たとえば、メルエンプタハの棺は、治世7年に墓に納められている。ツタンカーメンの3つの棺は、おそらく葬送の最後の儀礼の間、墓の入口近くのテント、あるいは前室に置かれていたと思われる。職人達が埋葬室に運び、石棺の中に納めた。棺は開いた状態で王のミイラの到着を待っていた。その間、他の副葬品も墓のなかに運ばれたと思われる。副葬品はそれぞれ儀礼上の意味をもち、丁寧に配置されたはずである。必要な道具や家具が運び入れられると、王のミイラを納めた、入れ子になった棺と石棺は封印がされ、葬送の厨子が立てられた。埋葬室は、急遽作られた壁によって、墓の他の部分から遮断された。永遠に封印されるようにと、人々は願ったはずである。職人達が壁にプラスターを塗り、高官達が封印を押せるように濡れた表面を残した。時にはこの作業が何度も繰り返された。そしてひとつずつ他の部屋が副葬品で満たされ、再び封印され、埋葬は完成し、葬儀の参列者たちは、階段を昇って太陽の光のなかに戻っていった。葬祭の儀は正式に閉会し、ファラオが暗闇に残る。

ツタンカーメンの埋葬室の北の壁。一番右にいるアイが、青冠を被り、ヒョウの毛皮を纏って、（オシリスの姿の）ツタンカーメンの「開口の儀式」を行なっている。これにより、アイは王位継承権を公認のものとしている。中央の場面では、ツタンカーメンはヌウト女神に迎えられている。左の場面では、カー精霊を伴うツタンカーメンがオシリスを抱きかかえている。

第8章

最後のファラオたち

　前332年にマケドニアのアレクサンドロス大王がエジプトに侵入した時、マネトンによって編成されたエジプトの王朝史は一時中断され、アレクサンドロス大王、大王の異母兄弟のフィリッポス・アリダイオス、そして息子のアレクサンドロス4世で構成される短いマケドニア王朝が歴史家によって挿入された。その後、長いプトレマイオス朝が続き、ついにはローマ支配時代が訪れる。この最後の2つの王朝を合わせて、しばしばギリシア・ローマ時代とよび、古代エジプト文明の最後の段階とされている。エジプトの伝統は、ギリシア・マケドニア政権と融合し、新しく創設されたアレクサンドリアを中心に独特の世界を生み出した。虚飾、華美、反逆、陰謀、殺人、プトレマイオス王朝はそのすべてを経験した。彼らの退廃的な王朝は、クレオパトラ7世の自殺で頂点を迎え、エジプトはローマ帝国へと吸収された。この時、何千年と続いたファラオの系譜は、ローマの皇帝の手に渡り、エジプト本土にはファラオが不在となってしまった。

アレクサンドロス大王と最初のプトレマイオス

　無血の侵入の後、アレクサンドロス大王は、わずか一冬しかエジプトには滞在しなかったが、ヘリオポリス、メンフィス、そしてサッカラの聖牛アピスの埋葬地であるセラペウムを訪問した。さらにシーワ・オアシスまで足を伸ばし、そこで有名なアメンの託宣を受けた。そして彼は神であるというお告げをもらった。歴史家アリアヌスは語る。「彼は託宣者に質問をし、彼の心が望む答えを得た。」この出来事はアレクサンドロスに大きな影響をあたえた。この時から王は、アメンの象徴である牡羊の角を身に付けた姿で描かれることが多い。砂漠から戻ったアレクサンドロスは、穀物で町の境界を明らかにし、地中海沿岸の地にアレクサンドリアの町を築いた、とアリアヌスは語っている。そして、紀元後2世紀に書かれた「アレクサンドロス・ロマンス」によると、その後、伝統的なファラオの様式にのっとってメンフィスで戴冠式を行ない、5つの称号をあたえられる。現在でもルクソール神殿など、聖なる場所に、カルトゥーシュに囲まれ、ヒエログリフで記されたアレクサンドロスの名前を見る

ローマ皇帝トラヤヌスがデンデラのハトホル女神に船を奉納している。皇帝は伝統的な下エジプトの赤冠を被り、額にウラエウス、そして腰布からは牡牛の尾が垂れ下がっている。そしてヒエログリフでトラヤヌスの名前を記した2つのカルトゥーシュの下に立っている。その出身にかかわらず、トラヤヌスは真のファラオとして描かれている。

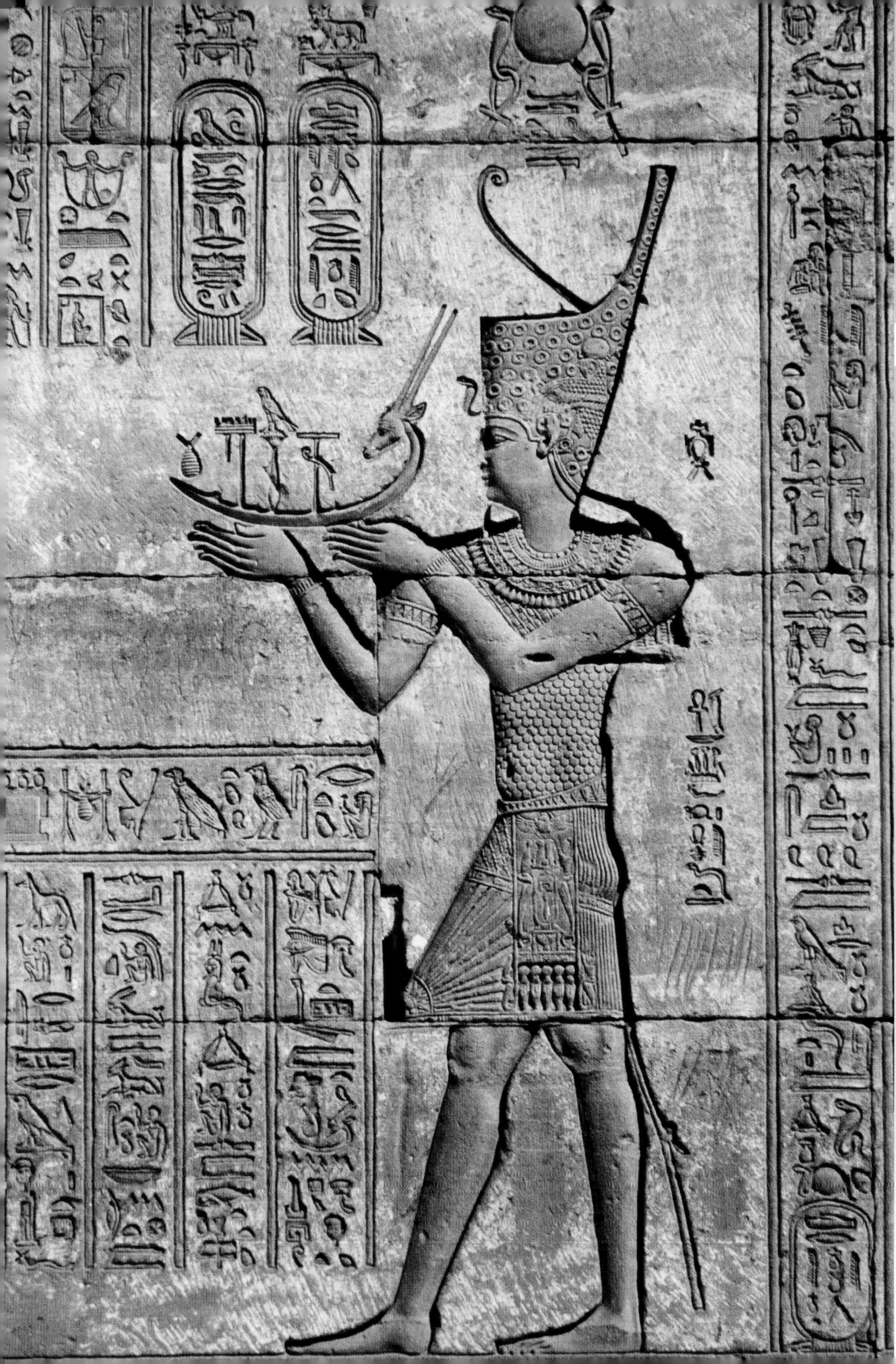

ことができる。また、古いエジプトの伝統に則り、冠をかぶり、額にウラエウスをつけて、エジプトの神々に供物を捧げるアレクサンドロスの姿が壁画に描かれている。王権の正統性をさらに強化するために、アレクサンドロスが、最後のエジプト人の王ネクタネボ2世の実子であるという噂が流れた。ネクタネボ2世はペルシアの侵入の時にエジプトから逃亡した王である。エジプトに対する深い愛情をもち、シーワ・オアシスに埋葬されたいという強い願いを持っていたアレクサンドロスであるが、前331年、帝国を広げるためにインドに向かって東方への遠征を続けた。彼に代わって、エジプトを統治するために、ドロアスピスという名前のエジプト人と、軍隊を統率する2人の軍人、さらに貢ぎ物を集めるための人物がエジプトに残された。

アレクサンドロスは、前323年にバビロンで死亡し、アレクサンドリアに遺体が移されるまでの間、メンフィスに埋葬された。帝国は、将軍たちによって分割されたが、実際には、異母兄弟のフィリッポス・アリダイオスと息子アレクサンドロス4世の権力の下、マケドニアに拠点を置いた三執政官によって統治されていた。しかし2人ともその後暗殺されてしまう。最初はアレクサンドロスの将軍の1人であるプトレマイオスがエジプトの総督として残り、一連の

アメン神の象徴である雄羊の角を被ったアレクサンドロス大王を描いた貨幣。アレクサンドロスは、シーワ・オアシスにおいて、神であるという託宣を受けた。

アレクサンドロス大王の図。青冠を被り、ルクソール神殿においてアメン・ミン神に供物を捧げている。アレクサンドロスは、エジプトでわずか一冬しか過ごさなかったが、その時の経験は彼の心に深い影響を残した。

アレクサンドロス大王の失われた墓

アレクサンドロスは、その波乱に満ちた来世において、3度異なる墓所に納められている。亡くなった王の豪華な葬送の馬車を強奪したプトレマイオス1世は、おそらくサッカラと思われるメンフィスのどこかに王の遺体を運び、葬送の儀礼の準備を行なった。葬儀は、前321年、マケドニアの伝統に従って行なわれた。しかしこの墓は、一時的なもので、プトレマイオスが豪華な霊廟をアレクサンドリアに建造するあいだ、王のミイラが休む仮の宿であった。

アレクサンドロス大王の遺体がいつ新しい墓に移されたかは不明である。また、アレクサンドリアのどこにあるかさえ知られていない。おそらく町の中心のアルファ地区にあると推測される（192頁参照）。壮大な墓所の建設のために多大な費用と時間が費やされたにもかかわらず、1世紀もしないあいだにアレクサンドロス大王の遺体はふたたび移される。プトレマイオス4世によって、アレクサンドロスの遺体と初期のプトレマイオスの王たちの遺体は、新しく造られたアレクサンドロスを初代の王とする王朝の霊廟に移されたのである。これが町の宮殿のある地域にある有名なセーマ（あるいはソーマ）である。現在では、おそらくシルシラ岬の海面下にあると思われる。

セーマの具体的な図や描写は存在しないが、資料を総合すると、列柱で満たされた円形の塔であったようである。そしてピラミッドと彫像を載せた円錐形の天井を持っていた。建築的類似点が多く、また、ハドリアヌスがアレクサンドロス大王を敬愛してやまなかったことから、ローマにあるハドリアヌスの霊廟、現在のサンタンジェロ城が、アレクサンドロスの霊廟の影響を受けている可能性がある。アレクサンドロスの埋葬室は、セーマの下の岩に切り出されていた。この場所で、時代の偉大な男たちが、死者となった王に敬意を表することができた。

しかしすべてが畏敬の念に満ちていたわけではない。ストラボンによると、プトレマイオス10世は、アレクサンドロス大王の最初の黄金の棺を溶かし、ガラス製のものと替えてしまったようである。さらにフラウィウス・ヨセフスによると、クレオパトラ7世も墓から黄金を盗んだらしい。また、カリギュラにいたっては、アレクサンドロス大王の胸当てをローマに持ち帰った上に、1度身につけている。噂によれば、セプテ

ローマのサンタンジェロ城にあるハドリアヌス帝の霊廟は、アレクサンドロス大王の最後の墓を模して造られた可能性がある。ハドリアヌスは、エジプト文明の崇拝者であり、紀元後130年から131年の間にエジプトを訪問している。

ィミウス・セウェルスは、墓を封じ、他の者が遺体を見ることができないようにした。カラカラが訪れた時には、自分の紫のマントとベルト、そして貴石の指輪を死者であるアレクサンドロス大王に敬意を表して残してきたが、ワインを飲むために、王のゴブレットを盗んでいった。アウグストゥスは、もう少し礼儀正しく、アレクサンドロスの遺体を奥の至聖所から運び出し、花と黄金の冠で飾った。

後4世紀になると、古典期の資料の中からアレクサンドロス大王にかんする記述が見られなくなる。この頃、反乱によってアレクサンドリアの町が大きく破壊される。さらに一連の地震が起き、セーマはまちがいなく破壊されたと思われる。そして石材は新しい建設のために再利用された。後の時代の評論家や旅行者によって、16世紀くらいまで、アレクサンドリアの廃墟の中でアレクサンドロスの墓を見たという報告がある。しかし、アレクサンドロスの遺体がどうなったかは謎のままである。現在まで彼の墓はいずれも特定されていない。

アレクサンドリア

　前331年4月7日に創設されたアレクサンドリアの町は、プルサのディオ・クリソストムによれば、「世界の交差点」である。また、ディオドロスの意見によれば、「文明世界の最初の都市」である。

　ローマ時代の初めにアレクサンドリアを訪れたストラボンは、「町には、みごとな公共の施設と王宮があり、町全体の4分の1、あるいは3分の1を占めている。すべての王が、そのみごとな景観に貢献したいと、公共の記念碑にさらなる飾りをくわえるため、既に立っている建物にくわえて、新しい住居を自らの費用で建てる。その結果、ホメロスを引用すれば、『建物につぐ建物が立ちならぶ。』」そして「いわゆるセーマは、王宮の一部である。そこには周壁がめぐらされ、その中に過去の王たちやアレクサンドロスの墓がある」とくわえている。

　町は5つの区域に分かれ、それぞれギリシア文字によって名前がつけられている。次第に人口密度の高くなった町には、活気あふれる市場、あらゆる工芸や商業のギルドがあった。そして文化的にはギリシア世界であったが、世界中から人々が集まり、住居をかまえた。町の遺跡のほとんどは、現在の町の下

アレクサンドリアの再現図。古代の都市のほとんどは、現在の町の下、あるいは、海面下に沈没している。

戦いで領土が拡張されたり、また縮小されたりした。しかしアレクサンドロスのもう1人の将軍であり、ギリシアからガザまでの地域を支配していたアンティゴノス（と彼の息子デメトリウス）が、エジプトの王であると宣言すると、それに対抗してプトレマイオスも同じように領土を主張した。そして前304年、彼は15代に亘るプトレマイオス王朝の初代プトレマイオス1世として戴冠の儀を行なった。さらに戦争が続き、アレクサンドロス大王が苦労して手にした帝国は、マケドニア王朝、セレウコス王朝、そしてプトレマイオス王朝の相争う勢力によって3つの領地に分断された。その後、ギリシアからの移民が流れ込んだことによって、アレクサンドリアは、地中海における重要な貿易港としての名声を成し、エジプトの第1都市となった。それはメンフィスが第2都

第8章　最後のファラオ達

に埋もれ、われわれが近づくことができないが、地盤沈下や地震活動によって海の下に埋もれた部分は、水中考古学の発展によって少しずつ、その姿を明らかにしている。

　アレクサンドリアは、プトレマイオス朝の王冠の宝石であった。それは王朝の富と絢爛さを見せつけ、世界に王朝の成功を顕示するものであった。観光客を惹き付けたのはアレクサンドロス大王の墓（191頁参照）ばかりではなく、プトレマイオス1世によって造られたと考えられる、アレクサンドリアの有名な図書館を持つムセイオンは、学問の中心地として、地中海世界の学者達を集めた。もう1つの魅力は、古代世界の七不思議の1つであるファロスの灯台である。この灯台の存在によって遠くの海から港まで、船を安全に導き、貿易の安定した流れを確保した。アレクサンドリアにはまた、王朝の栄誉を祝してプトレマイオス2世によって始められた4年に1度の独自のオリンピックがあった。祭礼や劇場もアレクサンドリアの生活の一部であった。しかし反面、アレクサンドリアは、住民の荒々しい気質でも有名であった。政治的に過激であった「アレクサンドリアの暴徒」は、プトレマイオスにとってプラスにも働けば、マイナスにもなった。群衆は、プトレマイオス5世の即位をうながした。また、プトレマイオス6世の殺害を煽動したが、これは実現しなかった。そしてローマ派のプトレマイオス7世に対して明らかな反感をみせた。

タポシリス・マグナの墓は、アレクサンドリアの有名なファロスの灯台を模して造られている。

市と考えられるほどの勢いであった。

　プトレマイオス王朝は、約300年間権力の座にいた。そしてエジプトとギリシア・マケドニアの伝統の融合の中に存在した。彼らの支配を確固たるものにするためには、人口の大半を満足させなければいけない。この事実を把握していたプトレマイオスは大きな神殿の後見者となり、神官たちに資金を援助して伝統的な宗教を支援した。彼らの前のアレクサンドロスと同様に、プトレマイオスのファラオたちの姿もエジプトの神殿の壁に描かれた。ラメセス2世やトトメス3世と同じように、永遠に若々しく、神々への務めを果たし、伝統的な王冠、ウラエウス、つけ髭、そして腰布を身につけ、ヒエログリフで記された称号の横に立っている。王の彫像もまた、伝統的な様式で作られた。筋肉質の

体、短い腰布に、肩にかかるネメス頭巾。ふつうの観察者からみれば、なにひとつ変わっていない。しかし財布をのぞくと、そこには士族の横顔を描いた銀や銅の硬貨がある。ギリシア様式のリアリズムで描かれたアレクサンドロスやゼウス・アメンは、巻き毛で見なれないダイアデム（輪状冠）をつけている。そして硬貨の裏には、稲妻に止まるプトレマイオスのワシの紋章が飾られている。

　エジプトの行政は、伝統的な方針で行なわれていた。国は従来のノモスに分けられ、全土は王の所有地であった。役所による詳細な記録は維持され、税金は効率的に徴収された。そしてプトレマイオス朝の贅沢な宮廷をまかなう資金が用意された。プトレマイオス朝の初めには、第30王朝の王族をふくむ、旧来のエジプトの貴族たちも活躍した。ネクタネボ2世の長男は、アレクサンドロス大王やプトレマイオスの治世にエジプトに戻り、彫像を注文し、自らの力と富をみせつけている。また、やはりネクタネボという名前のネクタネボ1世の甥の息子も東デルタのシレの市長を務め、プトレマイオス1世の将軍となっている。

　プトレマイオスによってエジプトの伝統は支援されたが、ギリシア・マケドニアの影響力は強かった。官僚になるためには、ギリシア語の読み書きが必要であった。プトレマイオス王朝初期の政府の高官は、ギリシアの貴族の中から選ばれた。エジプト名を持つ高官は、プトレマイオス2世の下では地方行政に従事した。エジプトの習慣に従ってメンフィスで戴冠式をしたのはプトレマイオス5世が最初のファラオであった。そしてエジプト語を話すことができたのは、クレオパトラ7世だけであった。さらに、真のファラオとしての肖像をもつと同時に、彼らはマケドニア王室の伝統に従う必要があった。正統なマケドニアの王（バシレウス）としてみられるために、プトレマイオス1世には軍隊の支援が必要であった。また、アレクサンドロスの血筋であるアエゲアドの一員でなければならなかった。この目的のためにプトレマイオス1世は、父親がラゴスではなく、アレクサンドロスの父親であるフィリッポス2世だという噂を広めた。また、各プトレマイオスは、ギリシアのポリスの理想的な市民であることを証明しなければならなかった。すなわち、人民の救世主、守護者、そして都市や神殿の寄進者、賢者であり、領土全域に学問を広めなければならなかった。もう1つのプトレマイオス王朝の不思議な特徴は、プトレマイオス2世とアルシノエ2世をはじめ、実の兄弟姉妹間で頻繁に婚姻が結ばれたことである。これは古代エジプトの慣習に影響を得たものといわれている。しかし、ファラオたちは実の妹と結婚することはなかった。異母兄弟や異母姉妹との婚姻が行なわれた。プトレマイオスの王たちは、この事実を十分に理解していなかったか、神話上のオシリスとイシスの結婚をそのまま模倣したのかもしれない。あるいはまた、プ

プトレマイオス1世の玄武岩の彫像。現在はロンドンの大英博物館に所蔵されている。ギリシア・マケドニアの王を、伝統的なファラオとして描いている。

プトレマイオス2世とアルシノエ2世の姿を描いた貨幣。プトレマイオス朝の貨幣には、エジプトの初期の時代にはみられなかった優れた肖像技術がみられる。ギリシアの様式の影響を受けたものである。

第8章　最後のファラオ達

トレマイオス2世の直系の先祖であるとされていたゼウスとヘラの婚姻を模していたのかもしれない。プトレマイオス王朝の王妃は、共同統治者として政治に参加した。権力をふるい、時には内戦を引き起こすこともあった。

プトレマイオス1世は、北アフリカをエジプトから西の端、そして北西にはパレスティナまで広がる大帝国を相続した。プトレマイオス王朝の軍事遠征や領土拡大は、ラメセス2世をも満足させたにちがいない。軍事力を顕示して、崇拝を受けることは、プトレマイオスの王たちにとって非常に重要なことであり、彼らは、最初から北レヴァントやエーゲ海の島々に領土を広げることに従事した。プトレマイオス1世はキプロスを占領し、マケドニアの戦いを支援した。プトレマイオス2世は、現在のトルコの一部に侵入し、エーゲ海の島のいくつかを占領した。プトレマイオス3世はシリアに領土を広げ、エーゲ海や北ヌビアにも侵入した。これらの遠征におけるプトレマイオスの軍事戦略はアレクサンドロスから継いだものであり、彼らは戦闘にアフリカ象を使った。そのなかでエジプトの戦闘集団は阻害されていた。プトレマイオス4世の治世に、アンティオクス3世がシリアの領地をふたたび侵略しようとした時に初めて、尊敬すべきエジプト人の戦士をプトレマイオスの王が軍隊に組み入れた。

プトレマイオスの滅亡

最初は、エジプトの統一を持続することに成功したプトレマイオス王朝であったが、前2世紀に入ると、内部分裂が起きた。王朝の内乱、エジプトの反乱、そしてローマからの影響力が増したことによって、王朝は滅亡への道を辿り始めた。贅を尽くし、祭りにおぼれ、政治義務をおこたり、権力ある助言者に翻弄された、プトレマイオス4世の時代に政治腐敗は定着した。しかし彼はまた、有能な外交官であるとともに、戦士でもあった。そして同盟国のこぜりあいを仲裁し、ラフィア（ガザの南、現在のラファ）の戦いで、セレウコス朝の王アンティオクス3世を倒すことに成功し、国の北東の国境を守った。プトレマイオス4世は前205年に、40歳で死亡した。その後まもなく妻のアルシノエ3世が、宮廷内のクーデターで殺害され、プトレマイオス王朝は血にまみれた転落の道を進むことになる。

プトレマイオス4世の後を継いだのは、当時6歳の長男のプトレマイオス5世であった。前196年3月26日、この子は、古代の伝統にのっとってメンフィスで戴冠式を行なった。混乱の時代、神官たちの賛同を得ることが目的であったと思われる。玉座のプトレマイオスは、彼のまわりで行なわれる古代の儀式に魅了され、好奇心と同時に畏敬の念を覚えたことであろう。彼の未来がどのようなものになるか、当時の王には想像もつかなかったはずである。古代からの儀式を再現した荘厳な祝祭、同じ言葉、同じ動き、時を越えたパフォーマンスは、神々の祝福を受けて彼の治世が永遠に続くものと思わせた。豊かで、力強く、成功に満ちた、先代のファラオたちの伝統を継承すると幼いプトレマイオスは感じたはずである。しかし、若年のあいだは影響力のある助言者にあやつられ、16歳の時に外交のために10歳のシリアの王妃と結婚した、プトレ

アルシノエ2世の彫像。実の兄弟（プトレマイオス2世）と結婚したプトレマイオス王朝最初の王妃。これによってプトレマイオス王朝の最後まで続いた兄と妹の婚姻の伝統が始まる。これは王の権力を少数の人々にかぎる目的があった。

マイオス5世の頭上には反乱の暗雲が覆っていた。

　前206年から、テーベには反乱の気運があった。ホルウンネフェルというファラオが最初の反乱の指導者であり、後にアンクウンネフェルが立ち上がった。いずれもヌビアの軍隊の支援を受けている。もう1つの反乱は、デルタで起き、前185年に終結している。反乱軍によると、プトレマイオス王朝は、エジプトの資源と人々を搾取し、マアトにのっとり支配することに失敗している。テーベは独立を維持し、影響力を北はアビュドスまでのばした。前186年、プトレマイオス政権は再び支配を確立し、メンフィスに反乱軍の指導者を連れて来て罰した。敵を倒して成功に酔ったプトレマイオス5世であったが、祝っている時間もなかった。前180年、30歳の誕生日を迎える前に彼は死亡する。おそらく毒殺されたものと思われる。

　次に王座は5歳か6歳のプトレマイオス6世に受け継がれた。彼は前176年に母が亡くなるまでは母親、次に姉で妻であるクレオパトラ2世、そして（太鼓腹というあだ名の）弟のプトレマイオス8世と、前169年から164年の間共同統治した。前170年になると、エジプトはセレウコス朝の王アンティオクス4世の侵入を受ける。前168年のさらなる侵攻の際には、アンティオクスは伝統的なエジプトの儀礼にのっとって戴冠し、彼の名前の下で支配する総督を任命する。同盟国であるプトレマイオス朝に対するこの仕業に怒ったローマ軍が介入した。ローマ軍はエジプトに侵入し、アンティオクスの退陣を迫った。アンティオクスはこれに従い、エジプトを離れ、2度と戻ることはなかった。この時代、ローマはエジプト国家の守護にあたっていたが、しだいに影響力を強めていくことになる。前163年、プトレマイオス8世がエジプトの唯一の支配者であることを宣言すると、ローマは内紛の仲裁に入り、プトレマイオス6世とクレオパトラ2世を政権に戻し、アレクサンドリアの暴徒によって追放されたプトレマイオス8世をリビアの支配者として派遣する。しかし、プトレマイオス8世は、6世が戦闘中に落馬し、5日後頭蓋骨骨折で亡くなった後、エジプトに戻り、前145年に即位する。結果は惨憺たるものであった。アレクサンドリアの市民はクレオパトラ2世を唯一の支配者とし、また、地方の人々はプトレマイオス8世を支援したため内戦が起こった。

　この機に乗じて、ハルシエスという名前の反乱軍のファラオが数カ月の間テーベを支配した。前130年に、アレクサンドリアの暴徒が宮殿に火を放ち、プトレマイオスは短期間キプロスに逃げた。そこで彼はクレオパトラ2世との間に出来たみずからの子どもを殺害した。そしてそのバラバラとなった遺骸を誕生日の贈り物としてクレオパトラに送りつけた。おそらくこの悲劇の若い王子がプトレマイオス7世にあたると思われる。この恐ろしい出来事や続く内戦にもかかわらず、前124年頃に戦闘状態にあった姉と弟は和解することとなる。プトレマイオス8世は、前116年65歳で死亡するまで圧政を続けた。

プトレマイオス5世、あるいは6世の方解石製の頭部。現在はベルリンにある。ギリシアの布製のダイアデム（帯状冠）を二重冠の下にかぶっている。これによって、伝統的なファラオであると同時に、正統なギリシア・マケドニアの王であることを強調している。

プトレマイオス8世。後にクレオパトラ2世と3世が続く。彼はこの2人と結婚していた。コム・オンボのセベク神殿の場面。3人の王たちは権力を分けあった。しかししだいに険悪な関係になっていく。

　さらなる王朝の闘争によって、息子であり後継者であるプトレマイオス9世の治世も混乱が続いた。彼は、母親であるクレオパトラ3世の殺害を企てたことで告発され、前107年にキプロスへ逃亡した。プトレマイオス8世の次男であるプトレマイオス10世が代わりに王座につく。伝説的な巨漢で、アレクサンドリアの市民に極端に嫌われていたプトレマイオス10世もまた、前88年にエジプトから追放され、キプロスへ逃亡する途中で、アレクサンドリアの提督カエレアスによって殺害されている。その後プトレマイオス9世がエジプトに戻り、前80年に死亡するまでエジプトを支配する。その後を継いだのは、人々に愛された彼の娘ベレニケ3世で、6カ月の間エジプトの女王となる。その最後の19日間、彼女は結婚したばかりの夫プトレマイオス11世と共同統治をしたが、その最後の日に夫によって彼女は殺害された。この悪質な行為の報復としてアレクサンドリアの暴徒は、プトレマイオスを宮殿から引きずり出し、競技場で処刑した。少しでも残っていたエジプトの王権の栄光はとうの昔にかすんでしまっていた。プトレマイオス王朝の暴力と無能力さによって堕落し、くもり、うちのめされていた。そしてエジプトの最古の記念碑の影の中で、朽ち果てていく定めとなってしまった。

　プトレマイオス9世の息子、プトレマイオス11世は前80年から王位についた。彼のあだ名は「笛吹き」であった。ストラボンによると、彼は楽器の練習

に励み、宮殿で笛の競技会を開いたほどであった。カッシウス・ディオの記録によると、彼は支援をこうために、ローマに賄賂を送り、そのためにエジプト人に税金を課した。さらにプトレマイオス1世の時からエジプトの領地であったキプロスをローマ軍が占領した時に、介入することを拒否した。その結果起きた反乱によって彼はエジプトを追放され、ローマへと逃亡する。その間、娘のベレニケ4世がその後を継ぐ。ローマにおいてプトレマイオスは権力の座に返り咲くことを企て、ローマの援助を受けようとする。しかしプトレマイオスの追放を喜んでいたエジプト人は、プトレマイオスの国外追放を確固たるものにするためにローマに使節団を送った。

ところが一筋縄ではいかないプトレマイオスの企てにより、イタリアまでたどり着いたエジプト人はごくわずかで、たどり着いた者もプトレマイオスに楯突く勇気を失ってしまった。最終的には、ローマ人もプトレマイオスを支援しない方向に票を投じたが、大将軍で執政官であったポンペイウスとアウルス・ガビニウス将軍はプトレマイオスを権力の座に戻す事に賛同する。彼らの支援を受けて、前55年にプトレマイオスはエジプトに帰還し、娘のベレニケを殺してしまう。そして前51年に死を迎えるまで、ガビニウスによってエジプトに残されたローマ軍の掩護を受けてエジプトを支配する。

プトレマイオス12世の残した遺言書にのっとり、王座はクレオパトラ7世と弟のプトレマイオス13世に移る。2人は、この家系の悪い伝統から逃れることなく、前49年に紛争状態に入る。その結果、クレオパトラはシリアに追放される。1年後、ローマで内戦が起こり、ファルサルスの戦いでユリウス・カエサルに負けたポンペイはエジプトに逃亡する。しかし逃亡先のエジプトでプトレマイオス13世に暗殺される。つぎにカエサル自身がエジプトに入る。クレオパトラと同盟を結んだカエサルは、王朝の闘争に終止符を打とうとする。

しかし戦争は続き、プトレマイオス13世は死亡し、クレオパトラが若いプトレマイオス14世とともにエジプトを統治することになる。その後まもなく恋人であるカエサルにともない、クレオパトラは2人のあいだにできたまだ幼い息子のプトレマイオス・カエサリオンとプトレマイオス14世と共にローマに行く。そして前44年にカエサルが暗殺されるまでローマに留まる。エジプトに帰還すると、プトレマイオス14世は暗殺され、カエサリオンが王座を奪う。そしてプトレマイオス15世となって戴冠する。

クレオパトラは、ローマの将軍で政治家のマルクス・アントニウスと前41年にエフェソスで出会い、恋に落ちる。2人は結婚し、アントニウスは遠征の時以外はアレクサンドリアに住むようになる。クレオパトラとアントニウスは、ユリウス・カエサルの甥の息子で、養子であった、ローマを代表するオクタウィアヌと同盟

関係を結んでいたが、両者のあいだに政治的紛争が起き、戦闘に発展する。前31年のアクティウムの戦闘で、アントニウスの船団は敗れる。炎につつまれてイオニア海の底深くに沈んだアントニウスの船とともに、ローマの支配から独立したエジプトの未来は断たれてしまう。アントニウスとクレオパトラはアレクサンドリアに逃げ帰るが、そこで2人は自害する。クレオパトラは前30年の8月12日に死亡し、その伝説は、古典作家の物語の中に永遠の輝きを残し、時代を越えて、詩や劇の題材となる。

その後まもなくオクタウィアヌスによってプトレマイオス15世は殺害される。アレクサンドリアにやって来たオクタウィアヌスは、なんの反対もなく、エジプトの新年、前30年8月31日にエジプト王となる。この時からエジプトはローマの一地方となってしまう。エジプトを出る前に、オクタウィアヌスは（前27年からはアウグストゥス・カエサル）は、アレクサンドロス大王の墓を訪れている。そして帝国を築いた大王の遺骸に触れ、プトレマイオス王朝の誕生、血にまみれた終焉、さらにエジプトの将来をその場で一瞬のうちに体験することとなる。そしてプトレマイオス朝に対する最後の侮辱として、近くにある王朝の墓を訪問することを拒む。

ローマ支配下のエジプト

ローマ人の到来がファラオ文明の終焉のようにみられているが、ファラオの役割がここで終わったわけではない。ファラオの役割は、ローマ皇帝によって受け継がれた。それは、皇帝がエジプトの地を踏むか踏まないかにまったく関係がなかった。エジプトは真にローマ皇帝の領地であり、皇帝の明確な許可なく元老院議員がエジプトに入国することは許されなかった。また、エジプト人も行政に加わることが許されなかった。エジプトは皇帝によって直接任命されたローマ人の知事によって監督され、連絡は直接皇帝に行なわれた。ローマの地域は一般に元老院の議員によって監督されたため、これは異例のことであった。知事の下には4人の地域の行政官が各ノモスの州知事を監督した。このように特別な監督を必要としたのは、エジプトの肥沃な土地がもつ重要性であった。この新しい管理体制によって、エジプトはたんなる穀物倉庫となってしまった。そしてローマ帝国の食料庫となり、軍隊の活力源となったのである。

しかし伝統的な神殿はあいかわらず建設され繁栄していた。コム・オンボ、エスナ、エドフ、デンデラ、フィラエなど、現在でも残っている神殿の多くはローマ支配時代に完成し、装飾されたものである。これらの神殿には、ローマの偉大な皇帝の姿が描かれ、真のファラオとして描写されている。エスナでは、トラヤヌスが外壁に大きく描かれている。何百という敵の髪の毛をつかみ、いまにも振り下ろそうと棍棒を頭の上に高く振り上げている。デンデラでは、アウグストゥス、ネロ、ティベリウス、クラウディウス、そしてトラヤヌスが神々に供物をあたえている。また、アウグストゥスからマルクス・アウレリウスまでのローマの皇帝たちのカルトゥーシュが、エドフ神殿の壁を飾っている。実際にこれらのレリーフをローマの皇帝たちが見ることはほとんどな

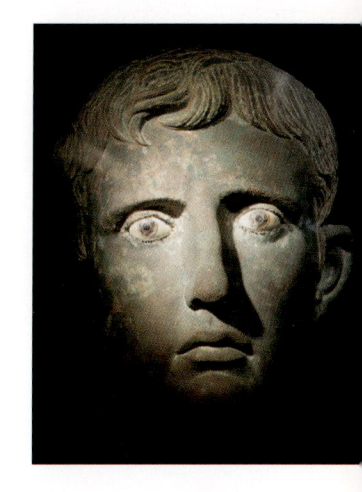

第8章　最後のファラオ達

アウグストゥスの巨像の頭部。スーダンのメロエ出土。現在はロンドンの大英博物館にある。アウグストゥスはファラオとしてエジプトを支配した最初のローマ皇帝としてエジプト史に新しい時代を築いた。

前頁：クレオパトラ7世の玄武岩の彫像。現在はロシア、サンクト・ペテルスブルクの国立エルミタージュ美術館所蔵。プトレマイオス王朝最後の時代、ファラオとして君臨した。ユリウス・カエサルやマルクス・アントニウスとの関係をめぐるクレオパトラの人生の物語は、彼女の自害から2000年経た今日でも多くの人々の想像力を刺激している。

く、また、その存在さえ気にとめていなかったかもしれない。しかし、エジプトの神官にとって、それはファラオの存在が続くことを意味した。ファラオは今では不在の王であったかもしれない。そしてカルトゥーシュには、単に「カエサル」と書いてあるだけであったかもしれない。しかし聖なる座は満たされていた。そしてエジプトに王が存在するかぎり、マアトを守る主人は存在したのである。

　アウグストゥスが去った後、エジプトを訪れた皇帝はわずか5人であった。その中で最初の皇帝はウェスパシアヌスであった。彼は、紀元69年、アレクサンドリアでひと冬を過ごした。まだ皇帝になっていなかったウェスパシアヌスの旅の主な目的は、自分のために資金を集め、ローマのために穀物を集めることであった。同時に、アレクサンドリアの知事の支援を受け、皇帝に任命されることであった。プロパガンダ活動は続き、そのなかで、彼はセラピスの具現化した者、アメンの息子ということになる。後に必要な支援を得てローマの穀物庫を確保したウェスパシアヌスは、ついにエジプトにおいて皇帝となり、次にローマの元老院において皇帝と認められる。面白いことに、カッシウス・ディオの記録によれば、アレクサンドリアにおいて、新しい皇帝は、超自然的な力を発揮する。彼は、ある男のなえた手を踏むことによって治癒し、別の男の目に唾を吐きかけることによって、その男の盲目の目を開かせた。治癒者として自らを宣伝したウェスパシアヌスであったが、アレクサンドリアの人々は

ローマ皇帝トラヤヌスがハトホルとイヒの前で供物を捧げているレリーフ。デンデラのハトホル神殿。

次頁：オシリスの姿のアンティヌスの大理石の彫像。ハドリアヌスの恋人であったアンティヌスは、皇帝がエジプトを訪問した際に、ナイル川で溺死している。皇帝は、悲劇の起きた地の近く、中部エジプトにアンティヌスを記念する町を起こした。もともと、ティヴォリのハドリアヌスの荘園にあった彫像であるが、現在はヴァティカンのグレゴリオ・エジプト博物館所蔵。

彼に対してデモを起こした。暴徒たちは、アレクサンドリアの力によって皇帝の座を得たにもかかわらず、約束した報酬をあたえなかったウェスパシアヌスを揶揄するスローガンを叫び続けた。しかし、彼らにあたえられた報酬は、さらなる容赦ない課税であり、彼らは今まで以上の金額を払い続けることになる。

　紀元130年から31年までハドリアヌスは、8カ月から10カ月エジプトに滞在した。その長い滞在にかかる費用はエジプトの地元民によって支払われた。国を周遊し、彼はポンペイ将軍に対して犠牲を捧げ、ナイル・デルタの西でライオン狩りをし、当時すでに古代の記念碑となっていたアメンヘテプ3世の葬祭殿の遺跡、テーベのメムノンの巨像を訪れている。彼はまた、エジプトで唯一の新しいローマの居住区を創設している。町は、ナイル川で溺死した恋人のアンティヌスの名前をとってアンティノポリスと名づけられた。この悲劇的な出来事にもかかわらず、ハドリアヌスはエジプトにひきつけられ、ローマ郊外のティヴォリの荘園にファラオ時代のエジプト芸術を集めた。そのなかにはナイルを描いた場面も多くあった。

　セプティミウスは、後199年から200年のあいだにエジプトを訪れ、行政組織や司法判断に改革を残して去る。彼が残したおもな遺産は、エジプトのノモスの首都に市議会の権限を与えることであった。これによって、すでにアレクサンドリアなど、エジプトのギリシア式ポリス（多機能都市）にあたえられていた権限が広がった。セプティミウス・セウェルスの息子のカラカラは、エジプトの生活に暗雲をあたえた。弟であり共同統治者であったゲタを殺害したという非難がアレクサンドリアであがり、それを耳にしたカルカラは、後215年復讐の機会をもった。セラピスの参拝と崇拝するアレクサンドロス大王の墓の訪問を口実にして、彼はエジプトを訪れる。

　これらの目的を果たした後、彼は真の目的の実現のために行動する。カッシウス・ディオによると、彼は町の中心的な人物たちに会い、夕食に招待した後、彼らを殺害してしまう。その後で、兵士を町に派遣し、何日にもわたって、市民を殺し、略奪行為をくりかえす。この間、カラカラ自身が略奪行為に参加し、みずから殺害を行なったとされている。それ以外の場合は、滞在していたセラピス神殿から指令を送っていた。外国人は、商人以外町から追放され、神殿も略奪を受けた。カッシウス・ディオの著述に対して、ヘロドトスの著述によると、カラカラの怒りは町の若者をターゲットとした。彼らを広い平野に集め、そこに軍隊を送って大量殺戮を行なったと記している。

　エジプトを訪れた最後の皇帝は、後284年から後305年まで統治をしたディオクレティアヌスであった。彼はローマの地域を再編成したことで知られている。ローマ帝国全土の地域を細分化する際、エジプトも改革の対象となった。ギリシアの貴族が優遇される、新しい課税制度が導入され、地域の境界線が変更された。その結果、古くから伝わるノモスの制度が崩壊した。また、ローマの貨幣とは異なるエジプト独自の貨幣制度をもつ権利も取り消されて

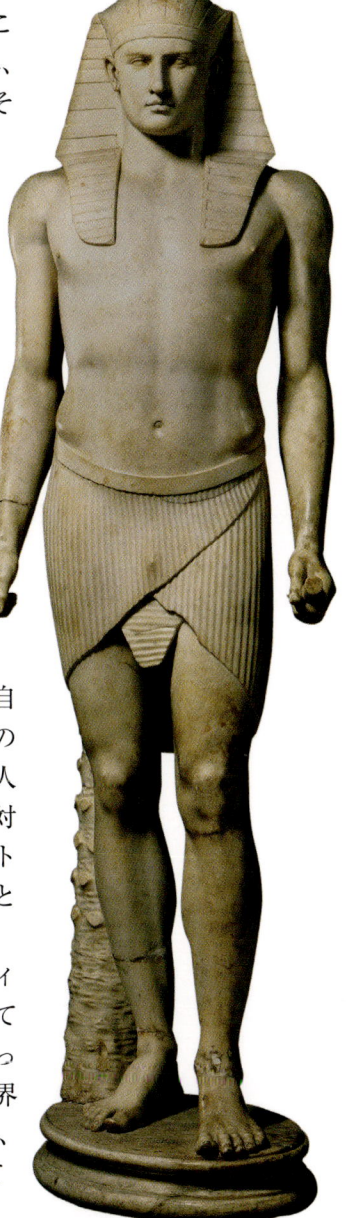

しまった。エジプト人はこれらの改革に反発し、各地で反乱が起きた。その結果、コプトスとブシリスが完全に崩壊、この混乱のなかでディオクレティアヌスがみずからエジプトに入国し、アレクサンドリアを包囲した。8カ月の後、後298年にアレクサンドリアの市民は降伏した。アレクサンドリア包囲成功の記念に、「ポンペイの柱」が町に建てられた。柱は、かつては馬に座した皇帝の彫像を載せていた。この後、ディオクレティアヌスは、南に旅をして、上エジプトからヌビアの侵略者を追放した。そしてアスワンの南、フィラエ島に伝統にのっとった南の境界線を引くことに決めた。後302年に皇帝はエジプトに戻り、アレクサンドリアの市民にパンを分配し、マニ教の信仰を批判した。後303年に、彼は、キリスト教徒に対する「大迫害」を行ない、エジプト全土で何千という人々が殺害された。

ディオクレティアヌス─最後のファラオ？

　ディオクレティアヌスは、後303年に退位しているが、ファラオの座は、死亡時に初めて去ることになる。しかし、ディオクレティアヌスの場合は、歴史のいたずらによって状況がさらに異なる。彼は、後313年に死去し、スプリットのクロアチア沿岸の宮殿の霊廟に埋葬されているが、エジプト人にとって彼の治世は決して終わらなかった。皇帝がキリスト教徒に改宗し、異教徒の神殿や信仰行事を禁じたため、エジプトの神殿の多くはキリスト教の教会に変えられてしまった。しかし、とくに南の地域では多くの古い慣習が残った。そこで、エジプトの神官による暦においては、キリスト教徒の皇帝とは無関係に、ディオクレティアヌスの治世が永遠に続いた。

　現存する最後の王のカルトゥーシュは、後340年「ディオクレティアヌスの治世57年」（死後27年後に相当する）にアルマントで彫られたステラである。碑文には、ディオクレティアヌスが上下エジプト、二国の王、ラーの息子、王冠の主、カエサルと記されている。すなわち、完全な称号をもつ真のファラオとして描かれている。（後の時代のエジプト語の草書体）デモティックで記されたフィラエ島のイシス神殿の碑文には、「ディオクレティアヌスの治世90年」という記述がある。また、やはりフィラエ島で発見された、現在知られている最後のヒエログリフに碑文には、「ディオクレティアヌスの治世110年」に行

アレクサンドリアの「ポンペイの柱」は、8カ月のエジプト包囲を記念してディオクレティアヌスによって建てられたものである。

第8章　最後のファラオ達

なわれたオシリスの誕生祭の記録が残されている。これが紀元394年の8月24日である。デモティックの碑文はさらに続く。フィラエ島のデモティックのグラフィートには、「ディオクレティアヌスの治世124年」という記述がある（紀元407/408年）。そしてもう1つのグラフィートは治世152年（紀元435年）である。最後のデモティックの碑文もまたフィラエ島にあり、紀元452年12月11日に記されている。これがディオクレティアヌスの治世169年にあたる。

　しかしこれがディオクレティアヌスの永遠の治世の終わりではない。キリスト教徒を迫害したディオクレティアヌスであったが、初期のコプト・キリスト教徒が使用した暦は、彼の治世年数を使用している。また、一般の書物にもこの年代が使用されている。すでに断末魔を迎えていた伝統的なエジプトの神々、その彼らの信奉者によって使用されていた、異教徒による「ディオクレティアヌスの年代」はこのように生き残った。紀元14世紀まで、「ディオクレティアヌスの年代」はコプト語やギリシア語の文献に現われる（治世1055年）。ヌビアでは、同じ年代制度が8世紀以降、「殉教者の年代」として知られるようになる。これはコプト教徒たちが、迫害者ディオクレティアヌスその人よりも、ディオクレティアヌスに迫害された犠牲者との結びつきを重んじたためである。時代とともに、コプト教徒は、この後者の制度を使用するようになり、しばらくのあいだは、2つの制度が共存していたが、しだいに古い制度は消えていった。しかし、ディオクレティアヌスの治世年は引き続き数えられ、現在でもコプト教徒の暦の中に残っている。

　このように、ディオクレティアヌスは最後のファラオとみることができる。少なくともエジプトの神官達はそう考えていたようである。彼は、伝統的なエジプトの年代制度のなかで最後のファラオとして記述され、完全なファラオの称号をもつ最後の王であった。そしてエジプトに足を踏み入れた最後の支配者でもあった。そしてまた、その権威を用いて国に大きな変革をもたらした。ある意味では、3000年の人間の歴史を越え、死者の精霊の時代を越え、さらに半神や神々の時代を越え、時の始まりにいたる、エジプトの偉大な王権も、後313年のディオクレティアヌスの死とともに、最後を迎えたことになる。エジプトの灯火は、ディオクレティアヌスの最後の息とともに消えた。しかし別の見方をすば、れディオクレティアヌスの治世は決して終わることがなかった。現在でも彼の治世は続き、その永遠の職を永遠に確保している。

ディオクレティアヌスの胸像。現在はフランスのヴォー・ル・ヴィコント城にある。エジプト人はディオクレティアヌスの死後も彼の治世を数えつづけた。また、彼の名前は、王のカルトゥーシュに刻まれた最後の名前である。

カセケム（イ） 　　　　　　　　　ジェセル 　　　　　　　　　　　　クフ

ファラオ王名リスト

　以下の王名リストと年代表はドドゥソン＆ヒルトン著「The Complete Royal Families of Ancient Egypt (2004)」をもとにしている。それぞれの王の名前は、最もよく知られている名前を採用している。多くの場合、誕生名である。年代が確定した前664年までは、年代は推定である。これ以前は、ある程度確定している場合だけ年代を入れている。いずれにしても推定の域を出ない。

先王朝時代
バダリ文化（前5000〜前4000年頃）
ナカダⅠ期文化（前4000〜前3500年頃）
ナカダⅡ期文化（前3500〜前3150年頃）
ナカダⅢ期文化（前3150〜前3000年頃）

初期王朝時代
第1王朝（前3100年頃〜）
ホル・アハ
　「戦士ホルス」という意味のホル・アハは、古典古代の作家によって最初のファラオとされるティニスのメネスとおそらく同一人物であると思われる。彼の前任者で0王朝のナルメルがメネスである可能性もある。ホル・アハはアビュドスに埋葬されている。
ジェル
ジェト
デン
アジュイブ
セメルケト
カア

第2王朝
ヘテプセケムイ
ネブラー
ニネチェル
ウネグ
セネド
ペルイブセン
カセケム（イ）（前2611〜前2584年頃）
　ヒエラコンポリスのカセケム（イ）の2つの王像に刻まれた碑文には、47,209名の北の敵が死亡したという記述が残っている。大きな戦闘があったことを示唆している。また、カセケム（イ）は、治世の後半において「力の出現」を意味するホルス・カセケムから、「2つの力の出現」を意味するホルス・セト・カセケムイに名前を変えている。アビュドスに埋葬されている。

古王国時代
第3王朝
ジェセル（前2584〜前2565年頃）
　ジェセル（ホルス・ネチェルケト）は、建築家のイムヘテプとともに、最初の階段ピラミッドを造営した。これは石材を使った最初の建築でもある。このような業績を持つが、サッカラの葬送複合体を除いて、ジェセル王に関する情報は少ない。ヒエラコンポリスに造営を行なったことと、準宝石の採掘のためにシナイ半島に人材を派遣したことが知られている。
サナクト（前2565〜前2556年頃）
セケムケト（前2556〜前2550年頃）
カバ（前2550〜前2544年頃）
フニ（前2544〜前2520年頃）

第4王朝
スネフェル（前2520〜前2470年頃）
　フニの息子、スネフェルは、表面の滑らかな最初の「真正」ピラミッドを含む、3つのピラミッドを建てた。また、リビアとヌビアに軍事遠征を行ない、シナイ半島にトルコ石の採掘のための遠征隊を送った。また、彼の治世に船40隻分の杉材がレバノンから到着したと言われている。スネフェルは、おそらくダハシュールの赤ピラミッドに埋葬されているか、あるいはその付近の屈折ピラミッドに埋葬されている可能性もあると言われている。
クフ（前2470〜前2447年頃）
　ギザの大ピラミッドを建造した王であるクフは、アブ・シンベルの北西の閃緑岩の採掘場とシナイ半島の採石場に遠征隊を送っている。僅かに1つだけクフの小像が残っている。アビュドスで発掘された小型の象牙製像である。

メンカウラー 　　　　　　　　ウセルカフ 　　　　　　　　　ペピ1世

ジェドエフラー（前2447〜前2439年頃）
セト？カー（前2439〜前2437年頃）
カフラー（前2437〜前2414年頃）
　ギザの第2ピラミッドと大スフィンクスの造営者。
メンカウラー（前2414〜前2396年頃）
シェプセスカフ（前2396〜前2392年頃）

第5王朝
ウセルカフ（前2392〜前2385年頃）
サフラー（前2385〜前2373年頃）
　サフラーの下、紅海沿岸のどこかにあるプントの地への最初の記録に残る遠征が行なわれ、大量のミルラがエジプトに持ち帰られた。シナイ半島のトルコ石や閃緑岩の採掘も行なわれた。サフラー王、ギザの南、アブ・シールにピラミッドを建設した最初の王である。
ネフェルイルカラー（前2373〜前2363年頃）
シェプセスカラー（前2363〜前2362年頃）
ネフェルエフラー（前2363〜前2359年頃）
ニウセルラー（前2359〜前2348年頃）
メンカウホル（前2348〜前2340年頃）
ジェドカラー（前2340〜前2312年頃）
ウニス（前2312〜前2282年頃）
　ウニスはサッカラのピラミッドの部屋の壁にピラミッド・テキストを記した最初の王である。

第6王朝
テティ（前2282〜前2270年頃）
　テティは行政改革を行ない、マネトンによると自分の護衛に暗殺されている。彼のピラミッドはサッカラにある。
ウセルカラー（前2270〜前2265年頃）
　多くの王名リストに名前が載せられていない。学者の中には簒奪者であったと考える者もいる。ウセルカラーの治世は短かった。第5王朝の王と関係があったと思われる。
ペピ1世（前2265〜前2219年頃）
　テティの息子ペピ1世は、アビュドスやヒエラコンポリスなど、主要な都市において大規模な造営を行なった。ヒエラコンポリスでは2体の王の銅像が発見されている。彼もまた、ヌビアや南パレスティナに遠征している。彼はまた、失敗に終わったハーレムの陰謀の標的であった。彼のピラミッドは、サッカラにある。
メルエンラー（前2219〜前2212年頃）
ペピ2世（前2212〜前2118年頃）
　最も治世の長かったファラオである。ペピ2世は若い頃に王座に就いた。治世が長かったために、彼の後継者の多くは彼よりも先に逝去してしまった。その結果、後継者問題が起き、それが古王国時代の崩壊に拍車をかけた。彼のピラミッドはサッカラにある。
メルエンラー？（前2118〜前2117年頃）

第1中間期
第7＆8王朝
ネチェルカラーン
メンカラー
ネフェルカラー
ネフェルカラー・ネビ
ジェドカラー
ネフェルカラー・ケンドゥ
メルエンホル
ニカラー
ネフェルカラー・テレルウ
ネフェルカホル
ネフェルカラー・ペピセネブ
ネフェルカミン
カカラー
イビ
ネフェルカウラー
ネフェルカウホル
ネフェルイルカラー

第9＆10王朝
アクトイ1世
ネフェルカラー
アクトイ2世
セネン[…]
アクトイ3世
アクトイ4世
（他多数）
メリハトホル
アクトイ5世
メリカラー
？（〜前2040年頃）

第11王朝
メンチュウヘテプ1世（前2160年〜）
アンテフ1世（〜前2123年頃）

メンチュウヘテプ2世 　　　　　　アメンエムハト3世 　　　　　　　ウアフイブラー・ホル

アンテフ2世（前2123〜前2074年頃）
アンテフ3世（前2074〜前2066年頃）

中王国時代
第11王朝（続き）
メンチュウヘテプ2世（前2066〜前2014年頃）

　メンチュウヘテプはテーベの王であった。国を統一し、第1中間期に終止符を打ち、中王国時代が始まった。国を統一した後、彼は国境を確定し、記念碑の造営に着手した。その中にはテーベのディール・アル＝バハリの自分の墓もある。

メンチュウヘテプ3世（前2014〜前2001年頃）
メンチュウヘテプ4世（前2001〜前1994年頃）

第12王朝
アメンエムハト1世（前1994〜前1964年頃）

　おそらくメンチュウヘテプ4世の宰相であったアメンエムハトがどのように権力の地位に就いたかは不明である。彼はファイユームの北にアメンエムハト・イチ・タウイを創設した。宮廷の陰謀に巻き込まれて殺害された可能性がある。彼が新しく作った首都の近くのリシュトのピラミッドに埋葬された。

センウセレト1世（前1974〜前1929年頃）
アメンエムハト2世（前1932〜前1896年頃）
センウセレト2世（前1900〜前1880年頃）
センウセレト3世（前1881〜前1840年頃）

　センウセレト3世の時代、中央政権の力が増し、地方が弱体化した。かれはまた、ヌビアに対するエジプトの抑制力を広げ、南の国境をセムナに置いた。41年の治世の後、ダハシュールのピラミッドの下に埋葬されたが、アビュドスにも葬送のセノタフの複合体を建てている。

アメンエムハト3世（前1842〜前1794年頃）
アメンエムハト4世（前1798〜前1785年頃）
セベクネフェルウ（前1785〜前1781年頃）

第2中間期
第13王朝
セベクヘテプ1世（前1781年〜）
セケムカラー
ネリカラー
アメンエムハト5世
セヘテプイブラー
アメンエムハト6世
スメンカラー
イウフエンイ
ヘテプイブラー
スウアジュカラー
ネジェムイブラー
セベクヘテプ2世
レニセネブ
ウアフイブラー・ホル
アメンエムハト7世
ウグエフ
ケンジェル
スメンカラー
アンテフ4世
メリイブラー
セベクヘテプ3世
ネフェルヘテプ1世
サハトホル
セベクヘテプ4世
セベクヘテプ5世
セベクヘテプ6世
ウアフイブラー・イアイブ
メルネフェルラー・アイ
イニ1世
スアンクエンラー
メルセケムラー
ホリ
セベクヘテプ7世
イニ2世
ネフェルヘテプ2世
[5名の名前が不明の王]
メル[…]ラー
メルケペルラー
メルカラー
?
メンチュウヘテプ5世
[…]メスラー?
イビ2世
[…]ウブエンラー
セ[…]カラー
Seheqaenre
セカエンラー
セウアフエンラー（〜前1650年）

第14王朝
　一連の王、治世の順序は不明である。

セベクエムサフ1世 　　　　　アンテフ7世 　　　　　　　　トトメス3世

第15王朝
セムケン（前1650年～）
アペル・アナティ
ソカルヘル
キヤン
アポピス（アペピ）（前1585～前1545年頃）

　テーベの王カーメスの攻撃を受けたヒクソスの支配者。アポピスの治世は40年ほどであった。書記のパレットに記された碑文によると、アポピスはヒエログリフを読む事ができたようである。「外国の支配者」の中にエジプト化が起きていたことの証拠である。
カムディ（前1545～前1535年頃）

第16王朝
？（前1650年～）
ジェフウティ
セベクヘテプ8世
ネフェルヘテプ3世
メンチュウヘテピ
ネブイルイアウ1世
ネブイルイアウ2世
セメンラー
ベビアンク
セケムラー・シェドウアセト
デドゥメス1世
デドゥメス2世
メンチュウエムサフ
メンチュウヘテプ6世
センウセレト4世（～前1590年）

第17王朝
ラーヘテプ（前1585年～）
セベクエムサフ1世

アンテフ5世
アンテフ6世
アンテフ7世
セベクエムサフ2世
セナクトエンラー・タア1世（～前1558年）
セケネンラー・タア2世（前1558～前1553年頃）

　「勇者」と呼ばれていたこの王は、北エジプトを占領していたヒクソスと戦った。彼は残忍な最後を遂げている。おそらく、暗殺されたか、敵との戦闘中に最後を遂げたか、あるいはまた、戦争に負けた後に処刑されている。テーベに埋葬されている。
カーメス（前1553～前1549年頃）

　ヒクソスに対して行なった遠征以外、カーメスのことはあまり知られていない。カーメスは、ヒクソスの首都アヴァリス、現在のテル・アル＝ダバアまで行っている。彼の治世は短かった。おそらく4年である。彼のミイラはテーベのドゥラ・アブ・アル＝ナガのピット墓の木製の棺の中で発見されている。残念なことに調査が行なわれる前に、粉々に塵に化してしまった。

新王国時代
第18王朝
イアフメス（前1549～前1524年頃）

　戴冠した時にはまだ幼い子供であったと思われる。イアフメスは後にヒクソスの占領からエジプトを解放し、新王国時代を築いた。その後、国中に多くの造営を行なった。また、ヌビアに遠征を行ない、中王国時代の崩壊とともに失われた領地を取り戻している。彼の墓はまだ未発見であるが、アビュドスにセノタフを建立している。エジプト最後のピラミッドである。
アメンヘテプ1世（前1524～前1503年頃）
トトメス1世（前1503～前1491年頃）
トトメス2世（前1491～前1479年頃）
トトメス3世（前1479～前1424年頃）

　トトメスは子供の時に即位し、最初は伯母のハトシェプスウトとともに共同統治をしていた。彼女の死後、レヴァントに対するエジプトの支配を強化した。治世23年から42年までの間に、この地域に17回の遠征を行なっている。最も重要な戦争は治世23年に起きている。この時にメギドの町でアジア人との連立が実現している。カルナクのアメン神殿にこの出来事が詳細に記されている。レヴァントとの戦闘に対して、当時既に併合されていたヌビアでは紛争が起こることも稀であった。トトメスはカルナクで大規模な造営を行ない、アメン神の聖域の近くにアク・メヌウという神殿を建てている。また、テーベのディール・アル＝バハリのハトシェプスウトの葬祭殿の横に自分の葬祭殿を建設している。また、治世の後半においては、ヌビアや地方に神殿を築き、改修を行なっている。トトメス3世は治世54年に亡くなり、王家の谷のKV34に埋葬されている。
ハトシェプスウト（前1472～前1457年頃）

ハトシェプスウト

アクエンアテン

ツタンカーメン

夫であるトトメス2世の死後、ハトシェプスウト女王は、甥であるトトメス3世が幼い間、自らが王の称号を得るまで、完全なる共同統治者として死を迎えるまでエジプトを支配した。彼女はプントとの交易を再開したことで知られている。紅海沿岸のどこかにある異国の地である。テーベのディール・アル＝バハリのハトシェプスウトの葬祭殿の壁には、プントへの遠征とエジプトにプントから持ち帰った品々の図が描かれている。トトメス3世の治世の後半とアメンヘテプ2世の治世においては、彼女の名前と記念碑が攻撃の対象となった。彼女は王家の谷のKV20に埋葬されている。

アメンヘテプ2世（前1424～前1398年頃）
トトメス4世（前1398～前1388年頃）
アメンヘテプ3世（前1388～前1348年頃）
アメンヘテプ4世／アクエンアテン（前1360～前1343年頃）

アクエンアテン（最初はアメンヘテプ4世）は、太陽円盤（「アテン」）の信仰の中心地として、アケト・アテンに王都を建設した。役所や王宮のある都市には、また、王墓や貴族の墓もあった。アクエンアテンはアメン神の名前をエジプト中から削るように命じ、後には全ての伝統的な神々に対する信仰を禁止した。この宗教的な混乱の一部として、芸術における改革も行なわれた。人物は細長い華奢な足を持ち、頭は長く、太鼓腹をした姿で描かれるようになった。そして新しい国家神であるアテンは、天高く浮いている円盤として描かれ、その表面からは太陽光線が地上に降りており、その先端には小さな手がついている。アクエンアテンは、王の治世17年後に死亡しており、アマルナの王墓に埋葬された。

スメンクカラー（前1346年頃）
ネフェルネフェルウアテン（前1346～前1343年頃）
ツタンカーメン（前1343～前1333年頃）

アクエンアテンと第2夫人の間に生まれたツタンカーメンは、若い少年として王座に就いた。アケト・アテンにいた当時はトゥトアンクアテンと呼ばれていたが、メンフィスに移ってトゥトアンクアメンと改名した。混乱のアマルナ時代の後、エジプトは伝統的な宗教に戻っていた。この再生を記念するために現在「復興ステラ」として知られている巨大な碑文が、カルナク神殿の大列柱室にツタンカーメンの名前で建立されている。伝統の中心地であるカルナクやメンフィスにおいて造営が再び始まり、アケト・アテンは放棄された。ツタンカーメンは10代後半で死去している。最近の研究により、ツタンカーメンが深刻なマラリアと無血管性骨壊死を患っていたことがわかっている。おそらく歩行が困難であったと思われる。2つの疾患が合わさり、若死にをしたと思われる。ほとんど未盗掘の墓が、王家の谷（KV62）でハワード・カーターによって1922年に発見されている。

アイ（前1333～前1328年頃）
ホルエムヘブ（前1328～前1298年頃）

ファイユーム・オアシスの南のヘネス（コム・アル＝アハマル・サワリス）でおそらく生まれている。ホルエムヘブは、ツタンカーメンに仕え、その人生の大半を軍隊の将軍として過ごした。サッカラに自分の墓を用意している。第18王朝の王の系譜が途絶え、ホルエムヘブは権力の地位に就いた。そして伝統復古を実施し、続くラメセス朝に彼の計画は引き継がれた。アケト・アテンを破壊し、カルナクで大規模な造営を行なった。塔門と大列柱室の最初の段階は彼によるものである。また、王家の谷に自分の墓を築いた（KV57）。しかし彼が死亡した時に墓は未完成であった。

第19王朝

ラメセス1世（前1298～前1296年頃）
セティ1世（前1296～前1279年頃）

セティ1世は、父の治世の時に軍隊を率いている。そして自分の治世1年の時にシリアに遠征を行なっている。また、後にヌビアで起きた反乱を鎮圧している。アビュドスに見事なセノタフを建てているが、埋葬は王家の谷で行なわれている（KV17）。

ラメセス2世（前1279～前1212年頃）

ラメセスは67年間エジプトを統治した。その間、多くの造営を行ない、遠征を行なっている。彼の最も有名な戦闘は、ヒッタイトと戦ったカデシュの戦いである。この戦いの様子は、エジプト全土とヌビアの神殿の壁に描かれ、描写されている。ヒッタイトとの

ラメセス2世 　　　　　　　　　メルエンプタハ 　　　　　　　　ラメセス6世

条約が締結された後、ラメセスの治世を通して平和は続き、さらに次の世代へと続いた。彼はまた、ラメセス朝の重要な王の都市ピ・ラメセスの発展に尽くした。ラメセスは多くの妻を持っていたが、その中でネフェルトイリほど有名な女性はいない。王妃の谷にあるネフェルトイリの墓（QV66）は、エジプトで最も美しい墓と言われている。ラメセス自身は王家の谷のKV7に埋葬されている。

メルエンプタハ（前1212〜前1201年頃）

メルエンプタハは、ラメセス2世の13番目の息子である。彼はヌビアとパレスティナに遠征を送っている。治世5年には、リビアと海の民による大きな襲撃を受けている。彼はまた、飢饉の際に、ヒッタイトに穀物を送っている。王家の谷のKV8に埋葬されている。

セティ2世（前1201〜前1195年頃）
アメンメセス（前1200〜前1196年頃）
シプタハ（前1195〜前1189年頃）

シプタハは、少年の時に即位している。この時実権は、バイという名前の高官に援助されたタウセレト王妃の手に握られていた。シプタハは、バイより長生きしている。そしてバイはシプタハの治世5年に処刑されている。しかし唯一の支配者としてシプタハの後継者となったタウセレトは処刑を免れている。シプタハは王家の谷のKV47に埋葬されている。

タウセレト（前1189〜前1187年頃）

第20王朝
セトナクト（前1187〜前1185年頃）
ラメセス3世（前1185〜前1153年頃）

ラメセス3世はリビアからの2度の襲撃を経験し、海の民の襲来も経験している。彼はマディーナト・ハブの巨大な葬祭殿の壁に、これらの敵に対する勝利の記録を残している。ラメセス3世は、ハーレム内の陰謀によって暗殺された可能性がある。彼は王家の谷のKV11に埋葬されている。

ラメセス4世（前1153〜前1146年頃）
ラメセス5世（前1146〜前1141年頃）
ラメセス6世（前1141〜前1133年頃）
ラメセス7世（前1133〜前1125年頃）
ラメセス8世（前1125〜前1123年頃）
ラメセス9世（前1123〜前1104年頃）
ラメセス10世（前1104〜前1094年頃）
ラメセス11世（前1094〜前1064年頃）
ヘリホル（前1075〜前1069年頃）

第3中間期
第21王朝
スメンデス（前1064〜前1038年頃）
アメンエムネスウ（前1038〜前1034年頃）
パネジェム1世（前1049〜前1026年頃）
プスセンネス1世（前1034〜前981年頃）

プスセンネス1世は、タニスの港町を王家の町へと発展させた。近隣のピ・ラメセスから巨大な石材を運び、町を完成させた。1940年、ピエール・モンテによって彼の墓はタニスで発見されている。墓には豪華な副葬品の数々が埋葬されていた。

アメンエムオペト（前984〜前974年頃）
大オソルコン（前974〜前968年頃）
シアメン（前968〜前948年頃）
プスセンネス2世（前945〜前940年頃）

第22王朝
シェションク1世（前948〜前927年頃）

リビア砂漠のファラオであるシェションク1世は、パレスティナに遠征を送っている。これはラメセス朝以来、初めての遠征である。そして、カルナク神殿の壁に攻撃した土地の名前のリストを記している。シェションクは、また、息子の1人をカルナクのアメン大司祭にしている。これによって、この重要な役職に対する王の影響力を確保している。シェションク1世がどこに埋葬されているかは不明である。タニス、ブバスティス、メンフィスなどが候補地としてあがっている。

オソルコン1世（前927〜前892年頃）
シェションク2世（前895〜前895年頃）
タケロト1世（前892〜前877年頃）
オソルコン2世（前877〜前838年頃）
シェションク3世（前838〜前798年頃）
シェションク4世（前798〜前786年頃）
ピマイ（前786〜前780年頃）

プスセンネス1世　　　　タハルカ　　　　　　　イアフメス2世

シェションク5世（前780〜前743年頃）
ペドゥバスト2世（前743〜前733年頃）
オソルコン4世（前733〜前715年頃）

第23王朝
ハルシエス（ホルサアセト）（前867〜前857年頃）
タケロト2世（前841〜前815年頃）
ペドゥバスト1世（前830〜前805年頃）
イウプト1世（前815〜前813年頃）
シェションク6世（前805〜前796年頃）
オソルコン3世（前796〜前769年頃）
タケロト3世（前774〜前759年頃）
ルドゥアメン（前759〜前739年頃）
イニ（前739〜前734年頃）
ペフチャウアウイバスト（前734〜前724年頃）

第24王朝
テフナクト（前735-727年）
バケンレンエフ（前727-721年）

第25王朝
ピイ（前752-721年）
シャバコ（前721-707年）
　兄のパイのエジプトへの襲撃に続いて、シャバコはヌビアの支配を強化し、後に国中に大掛かりな造営を行なった。シャバコは、現在のスーダン、アル＝クッルのピラミッド（K.15）の下に埋葬されている。
シャバタカ（前707〜前690年頃）

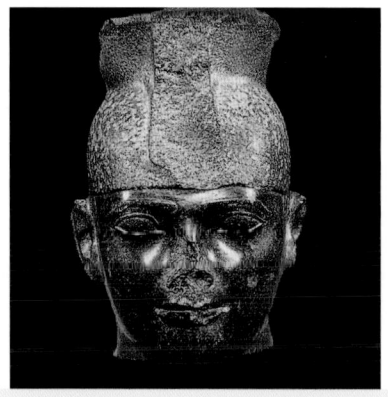

タハルカ（前690〜前664年頃）
タヌタマニ（前664〜前656年頃）

末期王朝時代
第26王朝
プサメティコス1世（前664〜前610年）
　アッシリアの宮廷で育ったプサメティコスは、アッシリアが第25王朝を打倒した後、アッシリアの名前で支配をするためにエジプトに帰還した。その経歴にもかかわらず、外国の傭兵の援助を得て、プサメティコスはデルタ地帯を把握し、治世9年には、上エジプトを支配した。このようにして第26王朝が始まる。再び、新しい統一の時代が訪れ、これが末期王朝となる。彼はサイスに埋葬されている。
ネコ2世（前610〜前595年）
プサメティコス2世（前595〜前589年）
アプリエス（前589〜前570年）
イアフメス2世（前570〜前526年）
　イアフメス2世は、人気のなかったアプリエス王を権力の座から引き下ろす軍事クーデターによって玉座に就いた。サイス、ブト、メンフィス、そしてアビュドスで造営計画を実現した。しかし残っている建物は少ない。彼はサイスに埋葬されている。
プサメティコス3世（前526〜前525年）

第27王朝
カンビュセス2世（前525〜前522年）
ダリウス1世（前521〜前486年）

クセルクセス1世（前486〜前465年）
アルタクセルセス1世（前465〜前424年）
クセルセス2世（前424年）
ダリウス2世（前423〜前405年）

第28王朝
アミルタイオス（前404〜前399年）
　アミルタイオスは、エジプトをペルシアから解放したが、ネフェリテス1世によって殺害されている。

第29王朝
ネフェリテス1世（前399〜前393年）
パシェリムウト（前393年）
ハコル（前393〜前380年）
ネフェリテス2世（前380年）

第30王朝
ネクタネボ1世（前380〜前362年）
テオス（ジェドホル）（前365〜前360年）
ネクタネボ2世（前360〜前342年）

第2次ペルシア支配時代
（第31王朝）
アルタクセルセス3世（前342〜前338年）
アルタクセルセス4世（アルセス）（前338〜前336年）
ダリウス3世（前335〜前332年）

マケドニア王朝
アレクサンドロス大王（前332〜前323年）
フィリップ3世・アルリダイオス（前

ネフェリテス1世 　　　プトレマイオス1世 　　　プトレマイオス4世または5世

323〜前317年）
アレクサンドロス4世（前317〜前310年）

プトレマイオス王朝
プトレマイオス1世（ソテル1世）（前310〜前282年）
プトレマイオス2世（フィラデルフス）（前285〜前246年）
プトレマイオス3世（エウエルゲテス1世）（前246〜前222年）
プトレマイオス4世（フィロパテル）（前222〜前205年）
プトレマイオス5世（エピファネス）（前205〜前180年）
プトレマイオス6世（フィロメトル）（前180〜前164年）
プトレマイオス8世（エウエルゲテス2世）（前170〜前163年）
プトレマイオス6世（再任）（前163〜前145年）
プトレマイオス8世（再任）（前145〜前116年）
プトレマイオス9世（ソテル2世）（前116〜前110年）
プトレマイオス10世（アレクサンドロス1世）（前110〜前109年）
プトレマイオス9世（再任）（前109〜前107年）
プトレマイオス10世（再任）（前107〜前88年）
プトレマイオス9世（再任）（前88〜前80年）
プトレマイオス11世（アレクサンドロス2世）（前80年）
ベレニケ3世（前80年）

プトレマイオス12世（ネオス・ディオニソス）（前80〜前58年）
ベレニケ4世（前56年）
プトレマイオス12世（前55〜前51年）
クレオパトラ7世ピフィロパテル（前51〜前30年）

　クレオパトラ7世は、プトレマイオス王朝最後のファラオである。マルクス・アントニウスと同盟関係を結び、彼女は下降するエジプトを救い、その支配を拡大するまでに至ったが、アクティウムの海戦に敗れ、アントニウスとクレオパトラは自害する。そしてエジプトはローマ帝国に吸収される。

プトレマイオス13世（前51〜前47年）
プトレマイオス14世（前47〜前44年）
プトレマイオス15世（前41〜前30年）

ローマ支配時代
アウグストゥス（前30年〜後14年）
ティベリウス（後14〜後37年）
ガイウス（カリギュラ）（後37〜後41年）
クラウディウス（後41〜後54年）
ネロ（後54〜後68年）
ガルバ（後68〜後69年）
オトー（後69年）
ヴェスパシアヌス（後69〜後79年）
タイタス（後79〜後81年）
ドミティアヌス（後81〜後96年）
ネルヴァ（後96〜後98年）
トラヤヌス（後98〜後117年）

ハドリアヌス（後117〜後138年）
アントニウス・ピウス（後138〜後161年）
マルクス・アントニウス（後161〜後180年）
ルシウス・ウィルス（後161〜後169年）
コモドゥス（後180〜後192年）
セプティミウス・セウェルス（後193〜後211年）
カラカラ（後198〜後217年）
ゲタ（後209〜後212年）
マクリヌス（後217〜後218年）
ディドゥメニアヌス（後218年）
セウェルス・アレクサンドロス（後222〜後235年）
ゴロディアヌス3世（後238〜後242年）
フィリッポス（後244〜後249年）
デシウス（後249〜後251年）
ガルス＆ウォルシアヌス（後251〜後253年）
ウァレリアヌス（後253〜後260年）
ガリエヌス（後253〜後268年）
マクリアヌス＆キエタス（後260〜後261年）
アウレリアヌス（後270〜後275年）
プロブス（後276〜後282年）
ディオクレティアヌス（後284〜305年（退位）、後313年死亡）

参考文献

古代エジプト――一般

Brewer, D. J. and E. Teeter, *Egypt and the Egyptians* (2nd ed.; Cambridge: Cambridge University Press, 2007).

Clayton, P. A., *Chronicle of the Pharaohs* (London and New York: Thames & Hudson, 1994).

Dodson, A. and D. Hilton, *The Complete Royal Families of Ancient Egypt* (London and New York: Thames & Hudson, 2004).

Ikram, S., *Ancient Egypt: An Introduction* (Cambridge: Cambridge University Press, 2009).

Kemp, B., *Ancient Egypt: Anatomy of a Civilisation* (2nd ed.; London: Routledge, 2006).

Redford, D. B. (ed.), *The Oxford Encyclopedia of Ancient Egypt* (3 vols; Oxford: Oxford University Press, 2001).

Shaw, I. and P. Nicholson, *The British Museum Dictionary of Ancient Egypt* (London: British Museum, 2008).

Shaw, I. (ed.), *The Oxford History of Ancient Egypt* (Oxford, 2000).

Trigger, B. G. et al. (eds), *Ancient Egypt: A Social History* (Cambridge: Cambridge University Press, 1983).

Wilkinson, T. A. H., *The Rise and Fall of Ancient Egypt* (London and New York: Bloomsbury, 2010).

王権――一般

Bonheme, M.-A. and A. Forgeau, *Pharaon – Les secrets du pouvoir* (Paris: Arman Colin, 1988).

Frankfort, H., *Kingship and the Gods: A Study of Ancient Near Eastern Religion as the Integration of Society and Nature* (Chicago: University of Chicago Press, 1948).

Morris, E. F., 'The Pharaoh and Pharaonic Office' in A. Lloyd, *A Companion to Ancient Egypt*, Vol. 1 (Chichester and Malden, Mass.: Wiley-Blackwell, 2010), 201–17.

O'Connor, D. and D. P. Silverman, (eds), *Ancient Egyptian Kingship* (Leiden: Brill, 1995).

Posener, G., *De la divinité du Pharaon* (Paris: Société Asiatique, 1960).

Shaw, G. J., 'Kingship' in I. Shaw and J. Allen (eds), *The Oxford Handbook of Egyptology* (Oxford, in press).

Shaw, G. J., *Royal Authority in Egypt's Eighteenth Dynasty* (Oxford: BAR International Series, 2008).

Ziegler, C., *The Pharaohs* (London: Thames & Hudson, 2002).

翻訳と資料

Breasted, J. H., *Ancient Records of Egypt* (5 vols; Chicago: University of Chicago Press, 1906–07).

Caminos, R., *Late-Egyptian Miscellanies* (London: Oxford University Press, 1954).

Cumming, B., *Egyptian Historical Records of the Later Eighteenth Dynasty* (Fascicles I–III; Warminster: Aris & Phillips, 1982–84).

Davies, B. G., *Egyptian Historical Records of the Later Eighteenth Dynasty* (Fascicles IV–VI; Warminster: Aris & Phillips, 1992–95).

Diodorus Siculus, *Library of History* (transl. by C. H. Oldfather; Book I; Cambridge, Mass.: Harvard University Press, 1933).

Frood, E., *Biographical Texts from Ramessid Egypt* (Leiden: Brill, 2007).

Helck, W., *Urkunden der 18. Dynastie* (Fascicles 17–22; Berlin, 1955–58).

Helck, W., *Historisch-biographische Texte der 2. Zwischenzeit und neue Texte der 18. Dynastie* (Wiesbaden: Harrassowitz, 1975).

Herodotus, *The Histories* (transl. by A. de Sélincourt; London: Penguin, 1996).

Kitchen, K. A., *Ramesside Inscriptions, Historical and Biographical* (8 vols; Oxford: Blackwell, 1969–90).

Kitchen, K. A., *Ramesside Inscriptions, Translated and Annotated* (Oxford: Blackwell, 1993–).

Lichtheim, M., *Ancient Egyptian Literature* (3 vols; Berkeley: University of California Press, 1975–80).

Lichtheim, M., *Ancient Egyptian Autobiographies Chiefly of the Middle Kingdom* (Freiburg, Schweiz: Universitätsverlag, 1988).

Moran, W. L., *The Amarna Letters* (Baltimore and London: Johns Hopkins University Press, 1992).

Parkinson, R., *Voices from Ancient Egypt: An Anthology of Middle Kingdom Writings* (London: British Museum; Norman: University of Oklahoma Press, 1991).

Peden, A. J., *Egyptian Historical Inscriptions of the Twentieth Dynasty* (Jonsered: P. Åström, 1994).

Ritner, R. K., *The Libyan Anarchy: Inscriptions from Egypt's Third Intermediate Period* (Atlanta: Society of Biblical Literature; Leiden: Brill 2009).

Sethe, K., *Urkunden der 18. Dynastie* (Fascicles 1–16; Leipzig, 1906–09).

Sethe, K., *Urkunden des Alten Reichs* (Leipzig, 1933).

Strudwick, N., *Texts from the Pyramid Age* (Leiden: Brill, 2005).

Simpson, W. K. et al., *The Literature of Ancient Egypt* (New Haven and London: Yale University Press, 2003).

Wente, Edward F., *Late Ramesside Letters* (Chicago: University of Chicago Press, 1967).

第1章　ファラオの王権：進化とイデオロギー

Barta, W., *Untersuchungen zur Göttlichkeit des regierenden Königs* (Munich: Deutscher Kunstverlag, 1975).

Goebs, K., *Crowns in Egyptian Funerary Literature: Royalty, Rebirth, and Destruction* (Oxford: Griffith Institute, 2008).

Guilhou, N., 'Myth of the Heavenly Cow' in J. Dieleman and W. Wendrich (eds), *UCLA Encyclopedia of Egyptology* (Los Angeles, 2010), http://digital2.library.ucla.edu/viewItem.do?ark=21198/zz002311pm

Gundlach, R., '"Horus in the Palace": The Centre of State and Culture in Pharaonic Egypt' in R. Gundlach and J. Taylor (eds), *Egyptian Royal Residences, 4. Symposium zur ägyptischen Königsideologie; 4th Symposium on Egyptian Royal Ideology; London, June, 1–5 2004* (Wiesbaden: Harrassowitz, 2009), 45–67.

Hardwick, T., 'The Iconography of the Blue Crown in the New Kingdom', *The Journal of Egyptian Archaeology* 89 (2003), 117–41.

Hornung, E., *The Ancient Egyptian Books of the Afterlife* (transl. by D. Lorton; Ithaca, N.Y.: Cornell University Press, 1999).

Lorton, D., 'Review: Towards a Constitutional Approach to Ancient Egyptian Kingship', *The Journal of the American Oriental Society* 99 (1979), 460–65.

Redford, D., *Pharaonic King-Lists, Annals and Day-Books: a Contribution to the Study of the Egyptian Sense of History* (Mississauga: Benben, 1986).

Shaw, G. J., 'The Meaning of the Phrase m Hm n stp-sA', *The Journal of Egyptian Archaeology* 96 (2010), 175–90.

Wainwright, G. A., 'The Red Crown in Early Prehistoric Times', *The Journal of Egyptian Archaeology* 9 (1923), 26–33.

Wilkinson, T. A. H., *Early Dynastic Egypt* (London and New York: Routledge, 1999).

Wilkinson, T. A. H., 'What a King is This: Narmer and the Concept of the Ruler', *The Journal of Egyptian Archaeology* 86 (2000), 23–32.

Williams, B. et al. 'The Metropolitan Museum Knife Handle and Aspects of Pharaonic Imagery before Narmer', *The Journal of Near Eastern Studies* 46 (1987), 245–85.

第2章　二国の物語

Arnold, D., 'Amenemhat I and the Early Twelfth Dynasty at Thebes', *The Metropolitan Museum Journal* 26 (1991), 5–48.

Baines, J., 'Kingship Before Literature: the World of the King in the Old Kingdom' in R. Gundlach and C. Raedler (eds), *Selbstverständnis und Realität: Akten des Symposiums zur ägyptischen Königsideologie in Mainz, 15.-17.6.1995* (Wiesbaden: Harrassowitz, 1997), 125–74.

Barbotin, C., *Ahmosis et le début de la XVIIIe dynastie* (Paris: Pygmalion, 2008).

Baud, M., *Djéser et la IIIe Dynastie* (Paris: Pygmalion, 2002).

Bryan, B., *The Reign of Thutmose IV* (Baltimore: Johns Hopkins University Press, 1991).

Cline, E. H. and O'Connor, D., *Thutmose III: A New Biography* (Ann Arbor: University of Michigan Press, 2006).

Cline, Eric H. and O'Connor, D., *Amenhotep III: Perspectives on his Reign* (Ann Arbor: University of Michigan Press, 1998).

Favry, N., *Sésostris Ier et le début de la XIIe dynastie* (Paris: Pygmalion, 2009).

Gardiner, A. H., *Egypt of the Pharaohs* (Oxford: Clarendon Press, 1961).

Goedicke, H., *Die Stellung des Königs im Alten Reich* (Wiesbaden: Harrassowitz, 1960).

Grajetzki, W., *The Middle Kingdom of Ancient Egypt: History, Archaeology and Society* (London: Duckworth, 2006).

Hari, R., *Horemheb et la reine Moutnedjemet ou la fin d'une dynastie* (Geneva: Editions de Belles-Lettres, 1964).

Johnson, J. H., 'The Demotic Chronicle as a Statement of a Theory of Kingship', *The Journal of the Society for the Study of Egyptian Antiquities* 13 (1983), 61–72.

Kitchen, K. A., *The Third Intermediate Period in Egypt (1100–650 BC)* (2nd ed. with 2nd suppl.; Warminster: Aris & Phillips, 1996).

Leahy, A. B., 'The Libyan Period in Egypt: An Essay in Interpretation', *Libyan Studies* 16 (1985), 51–64.

Lloyd, A. B., 'The Inscription of Udjahorresnet, A Collaborator's Testament', *The Journal of Egyptian Archaeology* 68 (1982), 166–80.

Manetho, *Aegyptiaca* (transl. by W. G. Waddell; London: W. Heinemann; Cambridge, Mass.: Harvard University Press, 1940).

Manuelian, P. Der, *Studies in the Reign of Amenophis II* (Hildesheim: Gerstenberg, 1987).

Peden, A. J., *The Reign of Ramesses IV* (Warminster: Aris & Phillips, 1994).

Ratié, S., *La reine Hatchepsout: sources et problèmes* (Paris: Brill, 1979).

Redford, D. B., *Akhenaten. The Heretic King* (Princeton: Princeton University Press, 1984).

Redford, D. B., *Egypt, Canaan, and Israel in Ancient Times* (Princeton: Princeton University Press, 1992).

Simpson, W. K., 'A Statuette of King Nyneter', *The Journal of Egyptian Archaeology* 42 (1956), 45–49.

Spalinger, A. J., 'The Concept of the Monarchy During the Saite Epoch – An Essay of Synthesis', *Orientalia* 47 (1978), 12–36.

Spalinger, A. J., 'Sovereignty and Theology in New Kingdom Egypt: Some Cases of Tradition', *Saeculum* 47 (1996), 217–38.

Tallet, P., *Sésostris III et la fin de la XIIe Dynastie* (Paris: Pygmalion, 2005).

第3章　ファラオへの道

Barta, W., 'Thronbesteigung und Krönungsfeier als unterschiedliche Zeugnisse königlicher Herrschaftsübernahme', *Studien zur Altägyptischen Kultur* 8 (1980), 33–53.

Brunner, H., *Die Geburt der Gottkönigs: Studien zur Überlieferung eines altägyptischen Mythos* (Wiesbaden: Harrassowitz, 1986).

Desroches-Noblecourt, C., 'Une coutume égyptienne méconnue', *Bulletin de l'Institut Français d'Archéologie Orientale* 45 (1947), 185–232.

Feucht, E., 'The Xrdw n kAp Reconsidered' in S. Israelit-Groll (ed.), *Pharaonic Egypt, The Bible And Christianity* (Jerusalem: The Magnes Press, 1985), 38–47.

Gardiner, A. H., 'The Coronation of King Haremhab', *The Journal of Egyptian Archaeology* 39 (1953), 13–31.

Griffiths, J. G., 'The Costume and Insignia of the King in the Sed-Festival' in *The Journal of Egyptian Archaeology* 41 (1955), 127–28.

Janssen, R. M. and J. J. Janssen, *Growing Up in Ancient Egypt* (London: Rubicon, 1990).

Leprohon, R. J., 'Patterns of Royal Name-Giving' in E. Frood and W. Wendrich (eds), *UCLA Encyclopedia of Egyptology* (Los Angeles, 2010), http://digital2.library.ucla.edu/viewItem.do?ark=21198/zz001nx697

Leprohon, R. J., 'The Royal Titulary in the 18th Dynasty: Change and Continuity', *The Journal of Egyptian History* 4 (2010), 7–45.

Leprohon, R. J., 'The Programmatic Use of the Royal Titulary in the Twelfth Dynasty', *The Journal of the American Research Center in Egypt* 33 (1996), 165–71.

Murnane, W. J., *Ancient Egyptian Coregencies* (Chicago: Oriental Institute, 1977).

Robins, G., *Women in Ancient Egypt* (London: British Museum Press; Cambridge, Mass.: Harvard University Pres, 1993).

Robins, G., *Reflections of Women in the New Kingdom: Ancient Egyptian Art from the British Museum* (Atlanta: Michael C. Carlos Museum, 1995).

Roehrig, C., *The Eighteenth Dynasty Titles Royal Nurse (mn't nswt), Royal Tutor (mn' nswt), and Foster Brother/Sister of the Lord of the Two Lands (sn/snt mn' n nb t3wy)* (Unpublished PhD Dissertation; University of California at Berkeley, 1990).

Strouhal, E., *Life of the Ancient Egyptians* (Norman: University of Oklahoma Press, 1992).

第4章　ファラオであること

Bell, L., 'Luxor Temple and the Cult of the Royal Ka', *The Journal of Near Eastern Studies* 44 (1985), 251–94.

Blackman, A. M., 'The House of the Morning', *The Journal of Egyptian Archaeology* 5 (1918), 148–65.

Bleiberg, E., 'The King's Privy Purse During the New Kingdom: An Examination of inw', *The Journal of the American Research Center in Egypt* 21 (1984), 155–67.

Bleiberg, E., *The Official Gift in Ancient Egypt* (Norman: University of Oklahoma Press, 1996).

van den Boorn, G. P. F., *The Duties of the Vizier, Civil Administration in the Early New Kingdom* (London: Kegan Paul, 1988).

Crowfoot, G. M., and N. de Garis Davies, 'The Tunic of Tut'ankhamun', *The Journal of Egyptian Archaeology* 27 (1941),

113–30.

Davies, N. de Garis, 'The Place of Audience in the Palace', *Zeitschrift für ägyptische Sprache und Altertumskunde* 60 (1925), 50–56.

Decker, W., *Sport and Games of Ancient Egypt* (transl. by A. Guttmann; London and New Haven: Yale University Press, 1992).

Epigraphic Survey, *The Tomb of Kheruef, Theban Tomb 192* (Chicago: Oriental Institute, 1980).

Erman, A. and H. M. Tirard, *Life in Ancient Egypt* (New York: Dover Publications, 1971).

Fairman, H. W., 'The Kingship Rituals of Egypt' in S. H. Hooke (ed.), *Myth, Ritual and Kingship* (Oxford: Clarendon Press, 1958), 74–104.

Gardiner, A. H., 'The Mansion of Life and the Master of the King's Largess', *The Journal of Egyptian Archaeology* 24 (1938), 83–91.

Gnirs, A. M., 'In the King's House: Audiences and Receptions at Court' in R. Gundlach and J. Taylor (eds), *Egyptian Royal Residences, 4. Symposium zur ägyptischen Königsideologie; 4th Symposium on Egyptian Royal Ideology; London, June 1–5 2004* (Wiesbaden: Harrassowitz, 2009), 13–43.

Goedicke, H., 'A Special Toast' in P. Der Manuelian (ed.), *Studies in Honor of Wiliam Kelly Simpson*, Vol. I (Boston: Museum of Fine Arts, 1996), 353–59.

Harris, J. E. and E. F. Wente, *An X-Ray Atlas of the Royal Mummies* (Chicago: University of Chicago Press, 1980).

Hayes, W. C., *Glazed Tiles from a Palace of Ramesses II at Kantir* (New York: Metropolitan Museum of Art, 1937).

Janssen, R. M., and J. J. Janssen, *Egyptian Household Animals* (Aylesbury: Shire, 1989).

Kruchten, J.-M., *Le décret d'Horemheb traduction, commentaire épigraphique, philologique et institutionnel* (Brussels: Éditions de l'Université de Bruxelles, 1981).

Kuhlmann, K. P., 'Throne' in W. Wendrich (ed.), UCLA Encyclopedia of Egyptology (Los Angeles, 2011), http://digital2.library.ucla.edu/viewItem.do?ark=21198/zz0026w9gt

Lorton, D., 'The King and the Law', *Varia Aegyptiaca* 2 (1986), 53–62.

McDowell, A. G., *Jurisdiction in the Workmen's Community of Deir el-Medina* (Leiden: Brill, 1990).

Menshawy, S. El-, 'The Protocol of the Ancient Egyptian Royal Palace' in Z. Hawass and L. Pinch Brock (eds), *Egyptology at the Dawn of the Twenty-First Century: Proceedings of the Eighth International Congress of Egyptologists*, Vol. II (Cairo: American University of Cairo Press, 2003), 400–06.

Peet, T. E., *The Great Tomb Robberies of the Twentieth Dynasty* (Oxford: Clarendon Press, 1930).

Quirke, S., *The Administration of Egypt in the Late Middle Kingdom: The Hieratic Documents* (New Malden: SIA, 1990).

Quirke, S., 'Visible and Invisible: The King in the Administrative Papyri of the Late Middle Kingdom' in R. Gundlach and W. Seipel (eds) *Das frühe ägyptische Königtum. Akten des 2. Symposiums zur ägyptischen Königsideologie in Wien 24.–26.9.1997* (Wiesbaden: Harrassowitz, 1999), 63–71.

Redford, S., *The Harem Conspiracy, the Murder of Ramesses III* (Dekalb: Northern Illinois University Press, 2002).

Simpson, W. K., 'A Protocol of Dress: The Royal and Private Fold of the Kilt', *The Journal of Egyptian Archaeology* 74 (1988), 203–04.

Smith, G. E., *Catalogue Général des Antiquités Égyptiennes du Musée du Caire, Nos 61051–61100, The Royal Mummies* (Cairo, 1912).

Tyldesley, J., *Judgement of the Pharaoh* (London: Weidenfeld & Nicolson, 2000).

Vernus, P., *Affairs and Scandals in Ancient Egypt* (Ithaca, N.Y.: Cornell University Press, 2003).

Vogelsang-Eastwood, G., *Pharaonic Egyptian Clothing* (Leiden: Brill, 1993).

Waseda University, *Studies on the Palace of Malqata* (Waseda University, 1993).

Weatherhead, F., 'Painted Pavements in the Great Palace at Amarna', *The Journal of Egyptian Archaeology* 78 (1992), 179–94.

Wilson, J. A., 'Ceremonial Games of the New Kingdom', *The Journal of Egyptian Archaeology* 17 (1931), 211–20.

第5章　遠征におけるファラオ

Dar, J. C. and C. Manassa, *Tutankhamun's Armies: Battle and Conquest During Egypt's Late 18th Dynasty* (Hoboken, N.J.: John Wiley, 2007).

Edgerton, W. F. and J. A. Wilson, *Historical Records of Ramses III, The Texts in Medinet Habu Volumes I and II, Translated with Explanatory Notes* (Chicago: University of Chicago Press, 1936).

Epigraphic Survey, *Earlier Historical Records of Ramses III* (Chicago: University of Chicago Press, 1930).

Epigraphic Survey, *Later Records of Ramses III* (Chicago: University of Chicago Press, 1932).

Epigraphic Survey, *The Battle Reliefs of King Sety I* (Chicago: University of Chicago Press, 1986).

Gnirs, A. M., *Militär und Gesellschaft. Ein Beitrag zur Sozialgeschichte des Neuen Reiches* (Heidelberg: Heidelberger Orientverlag, 1996).

Gnirs, A. M., 'Ancient Egypt' in K. Raaflaub and N. Rosenstein (eds), *War and Society in the Ancient and Medieval Worlds* (Cambridge Mass.: Harvard University, 1999), 71–104.

Heinz, S. C., *Die Feldzugsdarstellungen des Neuen Reiches: eine Bildanalyse* (Vienna: Österreichischen Akademie der Wissenschaften, 2001).

Iskander, S., *The Reign of Merenptah* (Unpublished PhD Thesis; New York University, 2002).

Partridge, B., *Fighting Pharaohs, Weapons and Warfare in Ancient Egypt* (Manchester: Peartree, 2002).

Redford, D. B., 'Egypt and Western Asia in the Old Kingdom', *The Journal of the American Research Center in Egypt* 23 (1986), 125–43.

Redford, D. B., *The Wars in Syria and Palestine of Thutmose III* (Leiden: Brill, 2003).

Ricke, H., G. R. Hughes and E. F. Wente, *The Beit el-Wali Temple of Ramesses II* (Chicago: University of Chicago Press, 1967).

Schulman, A. R., 'Chariots, Chariotry, and the Hyksos', *The Journal of the Society for the Study of Egyptian Antiquities* 10 (1970–80), 105–53.

Shaw, G. J., 'The Death of King Seqenenre Tao', *The Journal of the American Research Center in Egypt* 45 (2009), 159–76.

Shaw, I., *Egyptian Warfare and Weapons* (Aylesbury: Shire, 1991).

Spalinger, A. J., *Aspects of the Military Documents of the Ancient Egyptians* (New Haven and London: Yale University Press, 1982).

Spalinger, A. J., *War in Ancient Egypt* (Oxford: Blackwell, 2005).

Vandersleyen, C., *Les guerres d'Amosis; fondateur de la XVIIIe dynastie* (Brussels: Fondation Égyptologiqe Reine Élisabeth, 1971).

第6章　王の町

Badawy, A., 'The Civic Sense of Pharaoh and Urban Development in Ancient Egypt', *The Journal of the American Research Center in Egypt* 6 (1967), 103–09.

Baines, J. and J. Malek, *The Cultural Atlas of Ancient Egypt* (rev. ed.; New York: Checkmark Books, 2000).

Bard, K. A., *Encyclopedia of the Archaeology of Ancient Egypt* (London: Routledge, 1999).

Brissaud, P., 'Les principaux résultats des fouilles récentes à Tanis (1987–1997): L'émergence d'une vision nouvelle du site' in P. Brissaud (ed.) *Tanis. Travaux récentes sur le Tell Sân el-Hagar* (Paris: Agnès Vienot Éditions, 1998), 13–68.

Kitchen, K., *Pharaoh Triumphant, The Life and Times of Ramesses II* (Warminster: Aris & Phillips, 1982).

Kitchen, K., 'Towards a Reconstruction of Ramesside Memphis' in E. Bleiberg (ed.), *Fragments of a Shattered Visage; The Proceedings of the International Symposium on Ramesses the Great* (Memphis: University of Memphis, 1993), 87–104.

Lacovara, P., *The New Kingdom Royal City* (London and New York: Kegan Paul International, 1997).

Leclère, F., 'La Ville de Saïs à la Basse Époque', *Égypte Afrique et Orient* 28 (2003), 13–38.

Martin, G. T., 'Memphis: The Status of a Residence City in the Eighteenth Dynasty' in M. Bárta and J. Krejci (eds), *Abusir and Saqqara in the Year 2000* (Prague: Archiv Orientalni Suplementa 9, 2000), 99–120.

Naville, É., *Bubastis (1887–1889)* (London: Egypt Exploration Fund, 1891).

O'Connor, D. B., 'Cities and Towns' in *Egypt's Golden Age, The Art of Living in the New Kingdom* (Boston: Museum of Fine Arts, 1982), 17–25.

O'Connor, D. B., 'City and Palace in New Kingdom Egypt', *Cahiers de recherches de l'Institut de Papyrologie et d'Égyptologie de Lille* 11 (1989), 73–87.

O'Connor, D. B., 'Mirror of the Cosmos: The Palace of Merenptah', in Edward Bleiberg (ed.), *Fragments of a Shattered Visage; The Proceedings of the International Symposium on Ramesses the Great* (Memphis: University of Memphis, 1993), 167–98.

O'Connor, D. B., 'The City and the World: Worldview and Built Forms in the Reign of Amenhotep III', in D. O'Connor and E. H. Cline (eds) *Amenhotep III: Perspectives on his Reign* (Ann Arbor: University of Michigan Press, 1998), 125–72.

Shaw, G. J., 'Tanis' in R. Bagnall et al. (eds) *The Encyclopedia of Ancient History* (13 vols; Oxford Wiley, 2012).

Simpson, W. K., 'Studies in the Twelfth Egyptian Dynasty: I–II', *The Journal of the American Research Center in Egypt* 2 (1963), 53–63.

Strudwick, N. and H. Strudwick, *Thebes in Egypt* (London: British Museum Press, 1999).

Thompson, D. J., *Memphis under the Ptolemies* (Princeton: Princeton University Press, 1988).

Wilson, P., *The Survey of Sais (Sa el-Hagar), 1997–2002* (London: Egypt Exploration Society, 2006).

第7章　死におけるファラオ

Arnold, D. and H. E. Winlock, *Tutankhamun's Funeral* (New York: Metropolitan Museum of Art; New Haven: Yale University Press, 2010).

Beinlich, H., 'Zwischen Tod und Grab', *Studien zur altägyptischen Kultur* 34 (2006), 17–31.

Carter, H. and A. H. Gardiner, 'The Tomb of Ramesses IV and the Turin Plan of a Royal Tomb', *The Journal of Egyptian Archaeology* 4 (1917), 130–58.

Dodson, A., 'The Tombs of the Kings of the Thirteenth Dynasty in the Memphite Necropolis', *Zeitschrift für ägyptische Sprache und Altertumskunde* 114 (1987), 36–45.

Dodson, A. and S. Ikram, *The Tomb in Ancient Egypt* (London and New York: Thames & Hudson, 2008).

Eaton-Krauss, M., 'The Burial of Tutankhamen, Part Two', *KMT, A Modern Journal of Ancient Egypt* 21, 1 (2009), 18–36.

Ikram, S., *Death and Burial in Ancient Egypt* (Harlow: Longman, 2002).

Lehner, M., *The Complete Pyramids* (London and New York: Thames & Hudson, 1997).

Lehner, M., 'Niches, Slots, Grooves and Stains: Internal Frameworks in the Khufu Pyramid?' in H. Guksch and D. Polz (eds), *Stationen; Beiträge zur Kulturgeschichte Ägyptens; Rainer Stadelmann gewidmet* (Mainz: Philip von Zabern 1998), 101–13.

O'Connor, D., *Abydos. Egypt's First Pharaohs and the Cult of Osiris* (London and New York: Thames & Hudson, 2009).

Polz, D., 'The Royal and Private Necropolis of the Seventeenth and Early Eighteenth Dynasties at Dra' Abu el-Naga' in K. Daoud, S. Bedier and S. Abd el-Fatah (eds), *Studies in Honor of Ali Radwan*, Vol. II (Cairo: Publications du Conseil Suprême des Antiquités de l'Égypte, 2005), 233–45.

Redford, D. B., *Excavations at Mendes, Vol 1, The Royal Necropolis* (Leiden: Brill, 2004).

Reeves, N., *The Complete Tutankhamun* (London and New York: Thames & Hudson, 1990).

Reeves, N. and R. H. Wilkinson, *The Complete Valley of the Kings* (London and New York: Thames & Hudson, 1996).

Roth, A. M., 'Social Change in the Fourth Dynasty: The Spatial Organization of Pyramids, Tombs, and Cemeteries', *The Journal of the American Research Center in Egypt* 30 (1993), 33–55.

Sagrillo, T., 'The Geographical Origins of the "Bubastite" Dynasty and Possible Locations for the Royal Residence and Burial Place of Shoshenq I' in G. P. F. Broekman, R. J. Demarée and O. E. Kaper (eds), *The Libyan Period in Egypt, Historical and Cultural Studies into the 21st and 22nd Dynasties* (Leiden: Brill, 2009), 341–59.

Spencer, A. J., *Death in Ancient Egypt* (Harmondsworth: Penguin, 1982).

Spencer N. A., 'The Epigraphic Survey of Samanud', *The Journal of Egyptian Archaeology* 85 (1999), 55–83.

Taylor, J. H., *Death and the Afterlife in Ancient Egypt* (London: British Museum; Chicago: University of Chicago Press, 2001).

Wilson, J. A., 'Funeral Services of the Egyptian Old Kingdom', *The Journal of Near Eastern Studies* 3 (1944), 201–18.

第8章　最後のファラオたち

Anonymous, *The Greek Alexander Romance* (transl. by Richard Stoneman; Harmondsworth: Penguin, 1991).

Arrian, *The Life of Alexander the Great* (transl. by A. de Sélincourt; Harmondsworth: Penguin, 1958).

Ashton, S.-A., *Ptolemaic Royal Sculpture from Egypt: The Interaction between Greek and Egyptian Traditions* (Oxford: Archaeopress, 2001).

Bagnall, R. S. and K. A. Worp, *Chronological Systems of Byzantine Egypt* (2nd ed., Leiden: Brill, 2004).

Birley, A. R., *The African Emperor: Septimius Severus* (2nd ed.; London: Batsford, 1988).

Bowman, A. K., *Egypt after the Pharaohs* (Oxford: Oxford University Press; Berkeley: University of California Press, 1986).

Cassius Dio, *Roman History* (transl. by E. Cary; 9 vols; Cambridge, Mass.: Harvard University Press, 1914–27).
Herodian, *History of the Empire from the Time of Marcus Aurelius* (transl. by C. R. Whittaker; 2 vols; Cambridge, Mass.: Harvard University Press, 1969–70).
Hölbl, G., *A History of the Ptolemaic Empire* (transl. by T. Saavedra; London and New York: Routledge, 2001).

Lloyd, A. B., 'Nationalist Propaganda in Ptolemaic Egypt', *Historia: Zeitschrift für Alte Geschichte* 31 (1982), 33–55.
Ritner, R. K., 'Egypt Under Roman Rule: The Legacy of Ancient Egypt' in *The Cambridge History of Egypt*, Vol. 1 (Cambridge: Cambridge University Press, 1998), 1–33.
Saunders, N. J., *Alexander's Tomb: The Two Thousand Year Obsession to Find the Lost Conquerer* (New York: Basic Books, 2007).

引用出典

出典の詳細は、「参考文献」の関連分野を参照

第1章
19頁「ラーは、N王を生きている者たちの世に…」(R. Parkinson, *Voices from Ancient Egypt*, p.39)。22–23頁「生命をあたえる息であり、王が輝きを…」『ラメセス2世、アビュドス神殿碑文』(J. H. Breasted, *Ancient Records of Egypt* III, p.108,§265)

第2章
29頁「今までの王たちのなかで…」マネトン、『エジプト史(Aegyptiaca)』Fr. 28(b)(W.G.Waddell, pp.61–62)。34頁「シリウス星の弟子、セシャトの…」カルナク、『イアフメスの碑文』。(G. J. Shaw訳 K. Sethe, *Urkunden der 18. Dynastie*, 19, 13–20, 1)。34頁「書記より法律に…」カルナク、『トトメス3世の祝祭殿の碑文』。(G. J. Shaw訳 W. Helck, *Urkunden der 18. Dynastie*, 1271, 19)。34頁「先祖の時代…」『ベルリン・パピルス10487』(E. F. Wente, *Late Ramesside Letters*, p.53)。45頁「私は黄金の冠を…」『デモティック年代記』5/6–8; 5/9–10 (J. H. Johnson, 'The Demotic Chronicle as a Statement of a Theory of Kingship', p.63)。46頁「(わずか)数日が…」と「彼の父親の支配…」『デモティック年代記』、3/21, 4/12 (J. H. Johnson, 'The Demotic Chronicle as a Statement of a Theory of Kingship', p.66).

第3章
50頁「神は子宮に宿る者(王)に…」『ニアンクセクメト墓の碑文』(G. J. Shaw訳 Kurt Sethe, *Urkunden der Alten Reichs*, 39, 15)。50頁「彼(ホルアクティ神…)」『センウセレト1世の碑文』、ベルリン3029, R. Parkinson, *Voices from Ancient Egypt*, p.41)。50頁「彼の心は…」『セトナとミイラのロマンス』(R. K. Ritner訳 W. K. Simpson et al., *The Literature of Ancient Egypt*, p.455)。50頁「彼女(イシス)の手のなかに…」「14日間の清め…」『ウェストカー・パピルス』(M. Lichtheim, *Ancient Egyptian Literature*, I, pp. 220, 221)。52頁「まだ乳を…」『イアフメス・ペンネクベトの碑文』(G. J. Shaw訳 K. Sethe, *Urkunden der 18. Dynastie*, 34, 16–17)。52頁「王の賞賛の…」テーベ、『ウアジュメス王子の葬祭殿の碑文』(C. Roehrig, *The Eighteenth Dynasty Titles Royal Nurse (mn't nswt), Royal Tutor (mn' nswt), and Foster Brother/ Sister of the Lord of the Two Lands (sn/ snt mn' n nb t3wy)*, p.24 n.58)。52頁「王に仕える…」『センエンムウトの彫像』、Chicago 173800 (P. F. Dorman, *The Monuments of Senenmut*, London and New York, 1988, p.124)。53頁「秘密のカブの…」カルナク、『ハプの子アメンヘテプの彫像碑文』(E. Feucht, 'The Xrdw n kAp Reconsidered', p.39)。54頁「私は息子を…」『アマルナ書簡』EA 180 (D. Redford, *Egypt, Canaan and Israel*, p.198)。54頁「みずからの手で」『セネジェムイブ・インティの墓』(G. J. Shaw訳 K. Sethe, *Urkunden der Alten Reichs*, 60, 8)。54–55頁「みずからの2つの手で」『ウセルサテトの碑文』(G. J. Shaw訳 W. Helck, *Urkunden der 18. Dynastie*, 1343, 11)。55頁「演説にたけ、強くならなければ…」『メリカラー王への教訓』(V. Tobin訳 W. K. Simpson et al., *The Literature of Ancient Egypt*, pp.154–55)。55頁「少年の耳が…」『アナスタシ・パピルス』、R. Caminosの訳を採用 *Late-Egyptian Miscellanies*, p.83)。57頁「楽しい時…」ギザ、『スフィンクス神殿のブロック』(G. J. Shaw訳 K. Sethe, *Urkunden der 18. Dynastie*, 91, 14)。60頁「大いなる愛を受けた王妃に…」『ウニの碑文』(N. Strudwick, *Texts from the Pyramid Age*, p.353)。60頁「あなたの下にいるが…」『アメンエムハトの教訓』(V. Tobin訳 W. K. Simpson et al., *The Literature of Ancient Egypt*, p.168)。61頁「王を彼の父の玉座に…」(K. A. Kitchen, *Ramesside Inscriptions. Translated and Annotated*, IV, 364, 5 and 371, 8–9)。61頁「最大の敵…」『オストラコン IFAO 1864』(P. Grandet, 'L'execution du chancelier Bay O. IFAO 1864', *Bulletin de l'Institut Français d'Archéologie Orientale* 100 (2000), pp.339–45参照)。62頁「エジプト人は…」ヘロドトス、『歴史』巻II, 167 (A. de Sélincourt, p.196)。63頁「護衛、将軍…」『アンクシェションキの教訓』(R. K. Ritner訳 W. K. Simpson et al., *The Literature of Ancient Egypt*, p.501)。63頁「メンケペルラー…」『アメンエムヘブの教訓』(G. J. Shaw訳 K. Sethe, *Urkunden der 18. Dynastie*, 895, 17–896, 8)。65頁「彼は2つの…」『アメンヘテプ2世の大スフィンクス碑』(B. Cumming, *Egyptian Historical Records of the Later Eighteenth Dynasty*, I, p.20)。67頁「南の冠と北の冠の神官…」『若きセムティの碑』(M. Lichtheim, *Ancient Egyptian Autobiographies*, pp.96–97)。68頁「執事、…」『アメンヘテプの碑文』(A. H. Gardiner, 'The Coronation of King Haremhab', p.26)。69頁「何と幸福な日だ!…」『アメンナクトの文、オストラコンCGT 57001表、ラメセス4世治世』(A. McDowell, *Village Life in Ancient Egypt: Loundry Lists and Love Songs* (Oxford, 1999), p.159)

第4章
73頁「(それは)彼の…」『アンクシェションキの教訓』(R. K. Ritner訳 W. K. Simpson et al., *The Literature of Ancient Egypt*, p.501)。74頁「陛下の道具。…」(N. Reeves, *The Complete Tutankhamun*, p.159)。75頁「王の手足に近づける…」『メンチュヘテプの碑文』(J. H. Breasted, *Ancient Records of Egypt*, I, p.257, section 533)。78頁「神官…」サッカラ、ゲレフの偽扉(N. Strudwick, *Texts from the Pyramid Age*, p.273)。78–79頁「朝、目が覚めると…」「王には…」ディオドロス・シクルス、*Library of History*(『歴史叢書』)、I, p.70 (C. H. Oldfather, Vol. 1, pp. 243, 245)。80頁「私が唯一の…」『カイハプ・チェティの碑文』(N. Strudwick, *Texts from Pyramid Age*, p.287)。84頁「貢ぎ物を王の前に…」と「王の家の…」『パピルス・コラ』、『パピルス・トリノCとD』、『パピルス・トリノA裏』3, 9–10 (A. M. Gnirs, 'In the King's House: Audiences and Receptions at Court', pp.28–40)。84頁「ファラオは…」『アンクシェションキの教訓』(R. K. Ritner訳 W. K. Simpson et al., *The Literature of Ancient Egypt*, p.500)。84頁「私は裁判官で…」ヘシの墓(N. Strudwick, *Texts from the Pyramid Age*, pp.276–77)。84–85頁「陛下が…」『プタハシェプセスの墓』(N. Strudwick, Texts from the Pyramid Age, pp. 304–05)。85頁「セム神官の…」『ラーウルの墓の碑文』(N. Strudwick, *Texts from the*

Pyramid Age, pp. 305-06)。85頁「彼の手にある法」『宰相のつとめ』(G. P. F. van den Boorn, *The Duties of the Vizier*, p.147)。85頁「正しい法を…」カルナク、『トトメス3世祝祭殿碑文』(G. J. Shaw訳W. Helck, *Urkunden der 18. Dynastie*, 1269-1272)。85頁「法を確立する者…」『アメンヘテプ3世、ルクソール神殿中庭アーキトレーブ』(B. G. Davies, *Egyptian Historical Records of the Later Eighteenth Dynasty*, IV, p.16)。85頁「ラーのように知識の…」『ツタンカーメンの復興ステラ』(B. G. Davies, *Egyptian Historical Records of the Later Eighteenth Dynasty*, VI, p.33)。86頁「王は…」ディオドロス・シクルス、*Library of History*(『歴史叢書』)、I, 71 (C. H. Oldfather, Vol. 1, pp. 246-47)。87頁「彼らの主人、ファラオが…」『墓泥棒パピルス』(A. McDowell, *Jurisdiction in the Workmen's Community of Deir el-Medina*, p.242)。87頁「ファラオは王宮の扉の前に …」『アンクシェションキ教訓』(R. K. Ritner訳W. K. Simpson et al., *The Literature of Ancient Egypt*, p.503)。87頁「彼はファラオの前に…」*Community of Deir el-Medina*, p.243)。88頁「位のあるものの…」『メリカラー王への教訓』(G. J. Shaw訳W. Helck, *Die Lehre für Köng Merikare* (Wiesbaden, 1977) p.36)。89頁「王の勅令のすべてに…」『宰相のつとめ』(G. P. F. van den Boorn, *The Duties of the Vizier*, p.276)。89頁「「謁見の間」に入った時…」『プタハヘテプの教訓』(V. Tobin訳W. K. Simpson et al., *The Literature of Ancient Egypt*, p.136, 140)。90頁「彼が病を患っていた時…」『ギザに埋葬された名前のわからない人物の記録』(N. Strudwick, *Texts from the Pyramid Age*, pp. 322-23)。90頁「王が愛したものは…」『忠義者の教訓』(W. K. Simpson et al., *The Literature of Ancient Egypt*, p.174)。91頁「あなたの主人である王に…」『アマルナ書簡』EA99, 10-15 (A. R. Schulman, 'Diplomatic Marriage in the Egyptian New Kingdom', *Journal of Near Eastern Studies* 38 (1979), p.183)。92頁「記憶の果てにある時から…」『アマルナ書簡』EA 4 (W. L. Moran, *The Amarna Letters*, pp.8-9)。92頁「なぜなら、陛下は…」『カマアトの碑文』(N. Strudwick, *Texts from the Pyramid Age*, pp. 304)。94-95頁「上エジプトの…」、「ベヘデトの町で…」『トトメス4世のコノッソ・ステラ』(B. Cumming, *Egyptian Historical Records of the Later Eighteenth Dynasty*, III, p.252)。99頁「私は彼(アメン)の…」カルナク神殿、『ハトシェプスウトのオベリスク碑文』(M. Lichtheim, *Ancient Egyptian Literature*, II, p.27)。103頁「私は毎日陛下の…」『イネニの墓』(H. Goedicke, 'A Special Toast', p.357)。104頁「あなたが受けている祝福に…」『メリカラー王への教訓』(W. K. Simpson et al., *The Literature of Ancient Egypt*, p.156)。106頁「日々の王の楽しみ…」『アンククフの碑文』(N. Strudwick, *Texts from the Pyramid Age*, p.263)。107頁「ワインの盃を…」『パヘリの墓』(E. Strouhal, *Life of the Ancient Egyptians*, p.133)。108頁「彼は規則正しく…」ヘロドトス、『歴史』巻 II, 172-74 (A. de Selincourt, p.198)。110頁「オシリスは…」「タ・ミトの石棺」「オシリス…」(R. M. Janssen and J. J. Janssen; *Egyptian Household Animals*, p.17)。110頁「そして陛下は…」『ピイの勝利ステラ』(R. K. Ritner訳W. K. Simpson et al., *The Literature of Ancient Egypt*, p.376)。111頁「尻を酷く…」『セトナとシ・オシレ』(R. K. Ritner訳W. K. Simpson et al., *The Literature of Ancient Egypt*, p.481)。111頁「王が…」『州侯ケティの碑文』(W. Decker, *Sport and Play*, p.91)。113頁「一瞬のうちに7本の矢を…」『トトメス3世のアルマントのステラ』(B. Cumming, *Egyptian Historical Records of the Later Eighteenth Dynasty*, I, p.8)。114頁「気をつけなさい。…」『マディーナト・ハブの碑文』(J. A. Wilson, 'Ceremonial Games of the New Kingdom', p.213)。

第5章

118頁「大軍の敵を …」『シヌへの物語』(M. Lichtheim, *Ancient Egyptian Literature*, I, pp.225-26)。118頁「私は私の境界線を…」『センウセレト3世のセムナ・ステラ』(R. Parkinson, *Voices from Ancient Egypt*, pp.43-45)。118頁「見よ。私はお前の…」『カーメス碑』(W. Helck, *Histrisch-biographische Texte*, 93, 2, 4-5)。120-121頁「遠くから挑戦しろ…」『ピイの勝利ステラ』(M. Lichtheim, *Ancient Egyptian Literature*, III, p.69)。121頁「まるで水のなかを…」『プサメティコス2世の勝利ステラ』(M. Lichtheim, *Ancient Egyptian Literature*, III, p.85)。121頁「私の心は幸福を…」カルナク神殿、『セティ1世の碑文』(The Epigraphic Survey, *The Battle Reliefs of King Sety I*, p.21)。122頁「武器を集めよ…」マディーナト・ハブ神殿、『ラメセス3世の碑文』(W. F. Edgerton and J. A. Wilson, *Historical Records of Ramses III*, p.35)。126頁「彼(王)が勝利のなかで …」兵士アメンエムヘブ(G. J. Shaw訳K. Sethe, *Urkunden der 18. Dynastie*, 890, 12-13)。128頁「我が勝利に満ちた…」カルナク神殿、『トトメス3世年代記』(G. J. Shaw訳K. Sethe, *Urkunden der 18. Dynastie*, 649-51)。130頁「準備をせよ…」、「陛下は…」と「そして陛下は…」カルナク神殿、『トトメス3世年代記』(G. J. Shaw訳K. Sethe, *Urkunden der 18. Dynastie*, 655-56)。130頁「我が命により…」マディーナト・ハブ神殿、『ラメセス3世の碑文』(W. F. Edgerton and J. A. Wilson, *Historical Records of Ramses III*, pp.54-56)。130頁「弛まず前に進め…」『ピイの勝利ステラ』(M. Lichtheim, *Ancient Egyptian Literature*, III, p.76)。132頁「陛下がみずからの…」カルナク神殿、『セティ1世の碑文』(The Epigraphic Survey, *The Battle Reliefs of King Sety I*, p.38)。135頁「何と心の弱い…」、「しっかりと立て…」と「私はお前たちに…」『カデシュの詩』(M. Lichtheim, *Ancient Egyptian Literature*, II, p.67, p.68, pp.69-70)。136頁「われわれは、みずからの…」マディーナト・ハブ神殿、『ラメセス3世の碑文』(W. F. Edgerton and J. A. Wilson, *Historical Records of Ramses III*, p.84)。136頁「移民地で…」アマダ、『メルエンプタハの碑文』(K. A. Kitchen, *Ramesside Inscriptions. Translated and Annotated*, IV, p.2)。136頁「ロバを前にして…」カルナク神殿、『メルエンプタハの碑文』(K. A. Kitchen, *Ramesside Inscriptions. Translated and Annotated*, IV, p.6)。136頁「父(アメン)の心は喜びに…」アメンヘテプ2世のアマダ碑・エレファンティネ碑(G. J. Shaw訳W. Helck, *Urkunden der 18. Dynastie*, 1297-98, 2)。137頁「私は戦利品をもって…」『イバナの息子、イアフメスの自伝』(M. Lichtheim, *Ancient Egyptian Literature*, II, p.13)。

第6章

144頁「私は黄金で飾られた…」アメンエムハトの教訓(V. Tobin訳W. K. Simpson et al., *The Literature of Ancient Egypt*, pp.170)。144頁「陛下は、北へと…」『ピイ王の勝利ステラ』(R. K. Ritner訳W. K. Simpson et al., *The Literature of Ancient Egypt*, p.378)。145頁「プタハ神の…」『ハリス・パピルス500』(K.Kitchen, *Pharaoh Triumphant*, p.116)。145頁「陛下は …」『ピイの勝利ステラ』(M. Lichtheim, *Ancient Egyptian Literature*, III, p75)。145頁「メンフィスのような …」『サリエ・パピルスIV』(K.Kitchen, *Pharaoh Triumphant*, p.115)。149頁「テーベはどの都市よりも…」『ライデン・パピルスI』, 350, I: 13ff (K.Kitchen, *Pharaoh Triumphant*, p.119)。153頁「陛下は…」『パピルス・アナスタシII』(K. Kitchen, *Pharaoh Triumphant*, p.119)。153頁「誰もが…」『パピルス・アナスタシII』(R. Caminos, *Late Egyptian Miscellanies*, pp.37-38)。155頁「エジプトの王宮は…」『アンテフのステラ』(G. J. Shaw訳K. Sethe, *Urkunden der 18. Dynastie*, 975, 7-8)。155頁、カー墓出土の黄金のキュービット尺(B. Cumming, *Egyptian Historical Records of the Later Eighteenth Dynasty*, III, p.191)。155頁「陛下が到着…」『パピルス・アナスタシIII』(K.Kitchen, *Pharaoh Triumphant*, p.122)。158頁「私のこの墓の…」『デベヘンの碑文』(N. Strudwick, *Texts from the Pyramid Age*, p.271)。159頁「彼は過去の…」『ラメセス2世のアビュドス碑文』(K.Kitchen, *Pharaoh Triumphant*, p.45)。160頁「その作品によって…」『センウセレト1世の巻物』Berlin 3029 (M. Lichtheim, *Ancient Egyptian Literature*, I, p117)。

第7章

172頁「我々は銅の道具を…」(I. Peden, *Egyptian Historical*

Inscriptions o the Twentieth Dynasty, pp.245-257)。173頁「私は陛下の岩窟墓の…」『イネニの墓の碑文』(G. J. Shaw訳K. Sethe, *Urkunden der 18. Dynastie*, 57, 3-5)。178頁「神殿の家族墓…」ヘロドトス『歴史』巻Ⅱ, 169 (A. de Selincourt, p.196-97)。

第8章
188頁「彼は託宣者に…」('Arrian, Book 3, Arrian's Life of *Alexander the Great* (A. de Selincourt, p.94)。192頁「文明世界の交差点」『プルサのディオ・クリソストム, Oration, 32-36』(A. K. Bowman, *Egypt after the Pharaohs*, p.218)。192頁「最初の都市…」ディオドロス・シクルス、*Library of History*(『歴史叢書』)、17, 52 (C. H. Oldfather, Vol. 8, p. 269)。192頁「町には…」ストラボン『地理志』17, 1.8 (A. K. Bowman, *Egypt after the Pharaohs*, p.206)。

謝辞

激励の言葉とともに、この本の実現に大きく貢献したロバート・トゥイッガー氏に感謝の辞を述べたい。そしてわたしの夢を実現する機会を与えて下さったテムズ・アンド・ハドソンの編集、デザイン、製作のティームに心から感謝する。カンティールのセクションに関してコメントと情報を提供して下さったエドガー・プッシュ博士、初期の原稿に目を通して貴重なコメントやアドバイスを下さったキャンベル・プライス博士、そしてヘニング・フランツマイヤー氏に心より御礼を申し上げたい。また、わたしの研究のために快く図書館を開放して下さったカイロのドイツ考古学研究所（DAI）、そしてロンドンのエジプト探査協会に深く感謝している。わたしの家族はエジプト学に没頭するわたしを長い間支援してくれた。心からの深い感謝を妻のジュリー・パティノゥドに伝えたい。この本を可能なかぎり完全なものとするために、無我夢中で研究にのめり込んでいたわたしを忍耐強く見守り、この著作のすべての過程において、何度も原稿を読み、批評をしてくれた妻に本書を捧げる。

図版出典

a = 上, **b** = 下, **c** = 中央, **l** = 左, **r** = 右

1 Egyptian Museum, Cairo; **2–3** Collection Dagli Orti/Egyptian Museum, Cairo/The Art Archive; **4** Brooklyn Museum, Charles Edwin Wilbour Fund; **7** Photo Sandro Vannini; **8** Collection of George Ortiz, Vandoeuvres/Werner Forman Archive; **9** Photo Albert Shoucair; **10** Philip Winton/ML Design © Thames & Hudson Ltd, London; **11** Werner Forman Archive; **13** Collection Dagli Orti/Egyptian Museum, Cairo/The Art Archive; **14** Hirmer Fotoarchiv; **15** British Museum, London; **16a, b** DAI, Cairo; **17a** Ashmolean Museum, Oxford/Werner Forman Archive; **17b** Ashmolean Museum, Oxford; **18a** Photo Jürgen Liepe; **18b** Egyptian Museum, Cairo; **19** Musée du Louvre, Paris; **20al** Ägyptisches Museum, Staatliche Museen zu Berlin; **20ar** Metropolitan Museum of Art, New York. Rogers Fund and Edward S. Harkness Gift, 1914. Acc. no. 14.3.17. Metropolitan Museum of Art/Art Resource/Scala, Florence; **20b** Photo Jürgen Liepe; **21a, b** Photo Rob Koopman; **22** Egyptian Museum, Cairo; **23** Andrea Jemolo/akg-images; **25** Musée du Louvre, Paris; **26ar** British Museum, London; **26cr** British Museum, London; **26bl** Ashmolean Museum, Oxford/The Art Archive;
28, 30 Photo Jürgen Liepe; **31** © Roger Wood/Corbis; **32** Egyptian Museum, Cairo; **35** Heidi Grassley © Thames & Hudson Ltd, London; **36** Egyptian Museum, Cairo; **37** Trustees of the British Museum, London; **38** Erich Lessing/akg-images; **39** Courtesy Oriental Institute Museum, University of Chicago; **42** Musée du Louvre, Paris; **43** Egyptian Museum, Cairo; **44** Ägyptisches Museum, Staatliche Museen zu Berlin; **45** British Museum, London; **47** Aidan Dodson; **49** Egyptian Museum, Cairo; **50** From Naville, É., *The Temple of Deir el Bahari,* Vol. 2, pl. XLVII, 1896. Heidelberg University Library; **51** Erich Lessing/akg-images; **52** British Museum, London; **54** Photo Sandro Vannini; **56a** De Agostini Picture Library/akg-images; **56b** Werner Forman Archive; **57** Richard Mortel; **58** British Museum, London; **59** Photo Kenneth Garrett; **61** Francis Dzikowski © Theban Mapping Project; **62** Egyptian Museum, Cairo; **64a** Walters Art Museum, Baltimore; **64b** Courtesy Oriental Institute Museum, University of Chicago; **65** Photo Sandro Vannini; **66** Werner Forman Archive; **67a** Courtesy Oriental Institute Museum, University of Chicago; **67b** From Lepsius, K. R., *Denkmäler aus Ägypten and Äthopien*, Part III, vol. V, p. 37, pl. 36. 1849–59. Universitäts- und Landesbibliothek Sachsen-Anhalt, Halle (Saale); **68a** Gianni Dagli Orti/The Art Archive; **68b** Trustees of the British Museum, London; **69** Werner Forman Archive; **71** Photo Kenneth Garrett; **72a, c** Courtesy Institute of Egyptology, Waseda University; **72b** Robert Harding; **73** Egyptian Museum, Cairo/Werner Forman Archive; **74a** Metropolitan Museum of Art, New York. Rogers Fund, 1911 Acc. no. 11.215.451. Metropolitan Museum of Art/Art Resource/Scala, Florence; **74b** Egyptian Museum, Cairo; **75** Photo Sandro Vannini; **76a** Museum of Textile History, Borås; **76bl** World Museum, National Museums Liverpool; **76br** Museum of Textile History, Borås; **77a** Robert Harding Productions; **77b** © Andrew McConnell/Alamy; **78** Photo Sandro Vannini; **80** ML Design, after P. Lacovara, *The New Kingdom Royal City*, p. 116, fig. 23. KPI, 1997; **81** Photo Scala, Florence; **82a** Courtesy Oriental Institute Museum, University of Chicago; **82b** From Ziegler, C., *The Pharaohs*, p. 288, fig. 25. Thames & Hudson Ltd, London, 2002; **84** *The Metropolitan Museum of Art Bulletin*, vol. 21, no. 12, fig. 5, December, 1926; **87** World Museum, National Museums Liverpool; **88a** From Kitchen, K. A., *Pharaoh Triumphant*, p. 47, fig. 16. Aris & Phillips Ltd, 1982; **88b** Egyptian Museum, Cairo; **89** Gianni Dagli Orti/Musée du Louvre, Paris/The Art Archive; **91** Ägyptisches Museum, Staatliche Museen zu Berlin; **92** Metropolitan Museum of Art, New York. Rogers Fund 1941. Acc. no. 41.2.10. Metropolitan Museum of Art/Art Resource/Scala, Florence; **93a** Photo John Ross; **93b** British Museum, London; **94,**

95 Courtesy Oriental Institute Museum, University of Chicago; **96** Heidi Grassley © Thames & Hudson Ltd, London; **97a** Photo Albert Shoucair; **97b** British Museum, London; **99** Gianni Dagli Orti/Luxor Museum, Egypt/The Art Archive; **100** © Roger Wood/Corbis; **101** Egyptian Museum, Cairo/Werner Forman Archive; **103** Photo Sandro Vannini; **105** From Smith, G. E., *Catalogue of the Royal Mummies in the Museum of Cairo*, 1912; **106** Egyptian Museum, Turin; **107** British Museum, London/Werner Forman Archive; **108a** From Dodson, A. and Ikram, S., *The Tomb in Ancient Egypt*, p. 118, fig. 108. Thames & Hudson Ltd, London, 2008; **108b** Werner Forman Archive; **111** Philippe Maillard/akg-images; **113** Nick Jakins; **114** Courtesy Oriental Institute Museum, University of Chicago; **115a** Robert Harding; **115b** Gianni Dagli Orti/Egyptian Museum, Cairo/The Art Archive; **117** Egyptian Museum, Cairo; **119** Patrick Landmann/Getty Images; **120, 121, 122** Courtesy Oriental Institute Museum, University of Chicago; **123a** New York Public Library, USA/Bridgeman Art Library; **123bl** From Pusch, E. B., 'Pi-Ramesse-geliebt-von-Amun, Hauptquartier Deiner Streitwagentruppen', in: Eggebrecht, A. (ed.), *Pelizaeus-Museum Hildesheim, Die Ägyptische Sammlung*. Verlag Philip von Zabern, Mainz, 1993. Courtesy Dr. Edgar B. Pusch; **123br** Egyptian Museum, Cairo; **124a** New York Public Library, USA/Bridgeman Art Library; **124b** Courtesy Oriental Institute Museum, University of Chicago; **125al** Egyptian Museum, Cairo; **125ar** Photo A. J. Veldmeijer. Courtesy SCA/Egyptian Museum Authorities; **125b** Bibliothèque Royale, Brussels; **127a** Courtesy Oriental Institute Museum, University of Chicago; **127b, 129a** Ägyptisches Museum, Staatliche Museen zu Berlin; **129b** Peter Bull Art Studio © Thames & Hudson Ltd, London; **131** British Museum, London; **132l** Gianni Dagli Orti/The Art Archive; **132r** Courtesy Oriental Institute Museum, University of Chicago; **134–35** Red Lion Prints © Thames & Hudson Ltd, London; **136a** Egyptian Museum, Cairo; **136b** Photo Reno Raaijmakers/© Amsterdam City Walks; **137** Gianni Dagli Orti/The Art Archive; **139** Heidi Grassley © Thames & Hudson Ltd, London; **140a** Ägyptisches Museum, Staatliche Museen zu Berlin; **140b** DAI, Cairo; **141** Photo Kenneth Garrett; **142** Ivan Vdovin/age fotostock/Robert Harding; **143** Philip Winton © Thames & Hudson Ltd, London; **146** ML Design after Kitchen, K. 'Towards a Reconstruction of Ramesside Memphis' in Bleiberg, E. (ed.), *Fragments of a Shattered Visage; The Proceedings of the International Symposium on Ramesses the Great*, p. 100, fig. 2. Memphis, Tenn., 1993; **147** Trustees of the British Museum, London; **148a** From Manniche, L., *Lost Tombs*, pl. 8. Kegan Paul International Ltd, London, 1988; **148b** Werner Forman Archive; **149** Watercolour by Jean-Claude Golvin. Musée départemental Arles antique. © éditions errance; **150a** Egyptian Museum, Cairo; **150b** Courtesy The Amarna Trust; **151a** ML Design © Thames & Hudson Ltd, London; **151b** Eastwood Cook, Modelmakers, based on a design by Michael Mallinson; **152** British Museum, London; **154l, 154r** From Pusch, E. B., 'Pi-Ramesse-geliebt-von-Amun, Hauptquartier Deiner Streitwagentruppen', in: Eggebrecht, A. (ed.), *Pelizaeus-Museum Hildesheim, Die Ägyptische Sammlung*. Verlag Philip von Zabern, Mainz, 1993. Courtesy Dr. Edgar B. Pusch; **155** Courtesy Oriental Institute Museum, University of Chicago; **156l** Courtesy Sarah Parcak, University of Alabama, Birmingham; **156r** British Museum, London; **157** Penelope Wilson; **158** Salinas Regional Archaeological Museum, Palermo; **160** Jochen Schlenker/Robert Harding; **161** Werner Forman Archive; **163** James Morris/akg-images; **164a, b** British Museum, London; **165** Günter Dreyer/DAI, Cairo; **166** Bildarchiv Steffens/akg-images; **167** Photo Kenneth Garrett; **168** Petrie Museum of Egyptian Archaeology, University College London; **169** Photo Jon Bodsworth. Courtesy Vincent Brown, www.pyramidtextsonline.com; **170** Hervé Champollion/akg-images; **171a** Photo Jürgen Liepe; **171b** Egyptian Museum, Cairo; **172** British Museum, London; **173** Amanda Lewis/iStockphoto.com; **174** Alberto Siliotti/Geodia, Archivio Image Service; **175b** Philip Winton © Thames & Hudson Ltd, London; **176** Egyptian Museum, Turin; **177** Egyptian Museum, Cairo; **178** Giovanni Mereghetti/Marka/Robert Harding; **179** © Robert Harding/Robert Harding World Imagery/Corbis; **180a** From Lehner, M., *The Complete Pyramids*, pp. 26–27. Thames & Hudson Ltd, London, 1997; **180b** From Smith, G. E., *Catalogue of the Royal Mummies in the Museum of Cairo*, 1912; **181, 182a** Egyptian Museum, Cairo; **182b** Philippe Maillard/akg-images; **183a** Photo Sandro Vannini; **183b** Egyptian Museum, Cairo; **184** Photo Sandro Vannini; **185a** Francis Dzikowski © Theban Mapping Project; **185bl, bc** Photo Albert Shoucair; **185br** Egyptian Museum, Cairo; **186** Gianni Dagli Orti/The Art Archive; **187** Photo John Ross; **189** Collection Dagli Orti/The Art Archive; **190a** Numismatic Museum, Athens; **191** fotoVoyager/iStockphoto.com; **192** Watercolour by Jean-Claude Golvin. Musée départemental Arles antique. © éditions errance; **193** Jane Taylor/The Art Archive; **194a** British Museum, London; **194b** Gianni Dagli Orti/Collection Antonovich/The Art Archive; **195** Metropolitan Museum of Art, New York. Rogers Fund, 1920. Acc. no. 20.2.21. Metropolitan Museum of Art/Art Resource/Scala, Florence; **196** Ägyptisches Museum, Staatliche Museen zu Berlin; **197** Werner Forman Archive; **198** Hermitage Museum, St Petersburg; **199** British Museum, London/Werner Forman Archive; **200** Garry J. Shaw; **201** Photo Scala, Florence; **202** Gianni Dagli Orti/The Art Archive; **203** Château de Vaux-le-Vicomte, France; **204l** Ashmolean Museum, Oxford/The Art Archive; **204c, r** Egyptian Museum, Cairo; **205l** Museum of Fine Arts, Boston; **205c** Photo John Ross; **205r** Brooklyn Museum, Charles Edwin Wilbour Fund; **206l** Photo Jürgen Liepe; **206c** Egyptian Museum, Cairo; **206r** Photo Jürgen Liepe; **207l** British Museum, London; **207c** Trustees of the British Museum, London; **207r** Egyptian Museum, Cairo; **208l** Metropolitan Museum of Art, New York. Rogers Fund 1929. Inv. no. 29.3.2. Metropolitan Museum of Art/Art Resource/Scala, Florence; **208c, r** Egyptian Museum, Cairo; **209l** Egyptian Museum, Turin; **209c** Egyptian Museum, Cairo; **209r** British Museum, London; **210l, c** Egyptian Museum, Cairo; **210r** Ägyptisches Museum, Staatliche Museen zu Berlin; **211l** Musée du Louvre, Paris; **211c** British Museum, London; **211r** Yale University, Peabody Museum, Barringer Collection

索引

太字の数字は、図版のキャプションページを示す。

KV5　48
KV11　102, 209
KV13　61
KV15　185
KV47　61
KV55　177
KV56　184
　王家の谷も参照

アイ　37, 112, **152**, 171, **187**, 187, 208
アイシャドウ（コール）　74-75
哀悼（喪に服す）　8, 64, **64**, 74, 180
アヴァリス（テル・アル=ダバア）　32, 33, 153, 171, 207
アウグストゥス　191, 199, **199**, 200, 211
アウルス・ガビニウス　198
青冠　21, 41, 65, 66, 69, 95, 124, 129, 130, **150**, **187**, 190
アク（精霊）　170, 207
アクエンアテン　**22**, 35-37, **36**, 91, 208
　セド祭　36, 97
　テル・アル=アマルナ　9, 81, 150-52
　墓　
　棺　177, **177**
アクティウムの戦い　198
アクトイ1世　29, 205
アケト・アテン（テル・アル=アマルナ）　9, 36, 150-152, 177, 208
　アマルナも参照
朝の家　74, 168
アシュート　30
アスワン　15, 26, 41, 202
アセト　93
アセトエムケブ　183, **183**
アッカド語　131
アッシリア／アッシリア人　42-43, 210
アテナイ人　45, 62
アテフ冠　21, **23**, 66
アテン　36, 150-52, 208
アトゥム　66, **75**, **99**, 157, 184
アトリビス　42, 88
アヌビス　11
アハ　→ホル・アハ
アビス走行（セド祭の走行）　97, 112
アビュドス　86, 134, 158, 165, 172, 182, 196
　B墓　16, 162
　U墓　16
　U-j墓　16, **16**, 162
　王墓　**24**, 26, 27, 114, 162, 165, 179
　セティ1世の神殿　**14**, 159
　第1中間期　29, 30
アブ・グロープ　97
アブ・シール　86, 158, 160, 168, 205
アブ・シール・パピルス　86
アブ・シンベル　134, 204
アプリエス　44, 61-62, 123, 127, 146, 157, 178, 210
アボット・パピルス　172
アポピス／アペピ（王）　33, 118, 207
アポピス（ヘビ）　174
アマシス　→イアフメス2世
アマダ　136
アマルナ（テル・アル=アマルナ）　9, 73, 76, 114, 150-52, 155, 208
　アテンの大神殿　
　アテンの館（アテンの小神殿）　**150**, 151
　王の家　84, 143, **150**, 151, 155

王の道　150, 151, **151**, 152
　北の王宮　**151**
　北の河岸王宮　150, 152
　大王宮　81, **150**, 151
　マル・アテン　151
　アケト・アテンも参照
アマルナ時代　35, 36-37, 38, 177, 208
アマルナ書簡　54, 131, **131**
アミルタイオス　45, 46, 170
アムル　38
アムドゥアト　**162**, 174-75, **174**, **175**, 178
アメン／アメン・ラー　9, 69, **75**, 92, 95, 96, 100, 149, 153, 155, 158, 173, 188, 200, 207, 210
　王の聖なる誕生　48, **50**
　王名　68
　オペトの祭り　95, 96
　神官　40, 58, 155
　信仰の復興　37
　聖船の至聖所　130
　戦争　118, 119, 120, 122, 125, 136, 137, **137**
　戴冠式　23, 66, **66**, 67
　大司祭　40, 43, 54, 58, **88**, 90
　託宣　188, **190**
　部隊　134, 135
　ラーとの統合　35
　アメン神の妻、カルナク神殿も参照
アメンイルディス2世　43
アメンエムオペト（王）　181, 185, 209
アメンエムオペト（宰相）　52
アメンエムニスウ　40, 209
アメンエムハト1世　8, 11, 30-31, 144, 206
　暗殺　30, 60
　共同統治　59
　ピラミッド　171
アメンエムハト2世　31, 59, 67, 113, 171, 206
アメンエムハト3世　**8**, 9, **9**, 32, **32**, 171, 206
アメンエムハト4世　32, 206
アメンエムハト（トトメス3世の息子）　58
『アメンエムハトが息子センウセレトに与えた教訓』　60, 144
アメンエムヘブ　63, 113, 126
アメン神の妻　43, **43**, 90, 91, 110
アメンヘテプ1世　33, 52, 173, 207
アメンヘテプ2世　65, 90, 92, 93, 106-07, 110, 113, 122, 125, 131, 136, 208
　乳母　51
　遠征　33
　狩り　113
　健康　104, 105, 133
　識字力　55
　スフィンクス・ステラ　57
　スポーツ　56, 112, **114**
　即位　63
　墓　175, 181, 184
　役人　88
　養育係　51, 52
アメンヘテプ3世　**9**, **23**, 35, 81, 88, 150, **150**, 201, 208
　狩り　113
　記念スカラベ　86-87, **87**
　健康　104, 105
　聖なる誕生の物語　48
　セド祭　97, 98
　妻　91, **91**, 92
　名前　68
　法の制定者　85

メムノンの巨像　35, 201
　マルカタも参照
アメンヘテプ4世　35, 36, 208
　アクエンアテンも参照
アメンヘテプ（執事）　69
アメンヘテプ（ハブの息子）　53, 88, **89**
アメンメス　57, 58, 112
アメンメセス　38-39, 61, **200**
アメンヘテプ人　
アリアヌス　188
アルシノエ2世　194, **194**, 195
アルタクセルクセス1世　44, **179**, 210
アルタクセルクセス3世　46, **179**, 210
アルタクセルクセス4世（アルセス）　47, 210
アルマント　112, 113, 202
アレクサンドリア　11, 24, 188, 190, 191, 196-97, 199
　カラカラ　201
　ディオクレティアヌス　202
　図書館　193
　ファロスの灯台も参照
アレクサンドリアの暴徒　193, 196, 197, 198
アレクサンドロス大王　8, 47, 188, 190, **190**, 193, 194, 195, 211
　帝国の分割　192
　墓　191, 193, 199, 209
アレクサンドロス4世　188, 190, 211
『アレクサンドロス・ロマンス』　188
アンク　70, **72**, 76
アンクウンネフェル　196
アンクエスエンアメン　37, 92
アンクシェシォンキの教訓　63, 72, 84, 87
アンクティフィ、モアッラの　29
暗殺　30, 60-63, 118, 198, 207
アンティオクス3世　195
アンティオクス4世　196
アンティゴノス　190-192
アンティノス　**200**, 201
アンティノポリス　201
アンテフ1世　29, 170, 205
アンテフ2世　29, 30, 110, 170, 206
アンテフ3世　170, 206
アンテフ6世　21, **21**, 207
アンテフ（イクの息子）　29
アンテフ（執事）　80, 85, 154

イアフヘテプ1世　93, **136**
イアフメス　33, 93, 125, 133, 137, 172, 207
　ミイラ　104, 180
イアフメス2世　44, **44**, 61-62, 108, **127**, 178, 210
イアフメス・イバナの息子　136, 137
イアフメス・ネフェルトイリ　104
イアフメス・ペンネクベト　52
イェヘム　128
育児所の子ども　53-54
イケルネフェレト　118
医師　50, 68, 84, 104
イシス　**12**, 14, 14, 70, 91, 180, 184, 195
　出産　50
　神殿　202
　蔵　180, **186**
　イセシ　→ジェドカラー・イセシ
偉大なる王の妻　48, **50**, 90, 91, **91**, 93, 115
偉大なる讃歌　89
遺体保存　→ミイラ作り
イチ・タウイ　9, 30, 33, 144, 206
市場　11, 108, 140, **140**, 147, 157
イナルス　45

犬　110, 113, **115**, 125
イヌウ　→貢ぎ物
イネニ　103, 173
イヒ　**200**
イブ　180
イフナシャ・アル=マディーナ　176
イムヘテプ（建築家、神）　165, 166, **201**
イムヘテプ（養育係、宰相）　52
イリ・ホル　16, 162
医療の知識　50, 104-05
衣類　20, 75-78, 183, 184, 186
イルラフーン　→ラフーン

ウアジェト　20, 64
ウアシュプタハ　85, 90, 158
ウアフイブラー・ホル　170, 171, 206
ウアベト　180, 181, 182
ウエストカー・パピルス　50, 109
ウェスパシアヌス　200, 211
ウセルアメン　84, 85
ウセルカフ　27, 92, 205
ウセルカラー　28, 92, 205
ウセルサテト　54, 90, 107
宇宙　12, 19, 142, 174
美しい谷の祭り　149
ウニ　60, 116
ウニス　168, **169**, 169, 205
乳母　51
馬　57, 110-11, 122, **122**, 125, 126, **127**, 130, 135
海の民　38, **39**, **127**, 130, 131, 209
ウラエウス　19, **21**, 22, 26, 41, **42**, 66, **75**, 78, 183, 188, **188**, 193
運河　17, 156, 161, 168
ウンスウ　148
ウンム・アル=カーブ　114

エサルハドン　42
エスナ　199
エドフ　158, 199
エフェソス　198
エーベルス・パピルス　104
エレファンティネ　99, 121, 158

王位継承　32, 34, 37, 41, 46, 48, 59, 63, 205
王冠　19, 21, **22**, **75**, 83, 190, 191
　執事の役割　68
　セド祭　97
　戴冠式　23, 66
　プトレマイオス　193
　青冠、アテフ冠、帯状冠、赤冠、二重冠、ネメス頭巾、白冠、ヘルメット型の王冠も参照
王家の谷　11, 38, 48, 58, 61, **61**, 68, **124**, 149, 172-76, 177, 184, **185**, 207, 208
　王子　58
　葬送の儀礼　182, 186
　『動物墓』　110
王権、概念　8, 12-23, 44, 55, 93, 100
　進化　46
　黄金のホルス名　20, 68
王子　8, 27, 34, 37, 43, 48-63, 90, 93, 109, 184
　外国　54, 84
　皇太子　8, 48, 53, 55, 56, 59, 63, 68, 112, 122, 136
　戦車術　126
　戦争　128, 130, 131, 132
牡牛の尻尾　17, 22, **75**, **188**
王笏　133
王朝制度　8, 24

王の育児所（カプ）　53-56
王の神性　21, 22-23
王の図像　12, 15, 16, 17, 19-22, 26, 41, 62, 75, 78, 116, 124, 194
王の大家令　54, 88
　王冠、王の名前、殻号、称号、羊飼いの杖も参照
王の名前　20, **20**, 68, 70, 93
　黄金のホルス名、ネスウ・ビティ名、ホルス名も参照
「王の豊富な食事」の主人　103
王の輸送　138-41, 151, 152, 154
王名表　24, 30, 118, 144, 204, 205
王妃　48, 91-94, 194, **195**
王妃、外国の　91, 92, 195
王妃の谷　77, 91, 115, 186, 209
オクタウィアヌス　→アウグストゥス
オコーナー、デイヴィッド　146, 164
オシリス　48, 98, 110, **111**, **147**, 175, 182, **186**, **187**, **200**, 202
　アテフ冠　21
　オシリス神話　14-15, **14**, 91, 194
　裁判　172, 181
　死における王　12, 168, 174
オシリス・ヘマグ　157
オソルコン1世　209
オソルコン2世　97, 176, 185, 209
オソルコン3世　43, 210
オソルコン4世　210
踊り　50, 106, **106**, **107**, 152, 182, 186
帯状冠　21, **21**, 77, **77**, 196
オペトの大祭　95, **96**, 112, 149, 155
オヌリス・シュウ　179
オロンテス川　135
音楽／楽士　57, 85, 106, **107**

カー（王）　16, 162
カー（人名）　**56**, 154
カー（魂）　170
　像　**170**, 171
カーの精霊、王の　23, 66, 70, 95, 96, 149, 168, **187**
海軍　118, 126-27, 130, 153
外交　43, 53, 91, 131, 135, 195
外人　62, 80, 119, 131
「開口の儀式」　99, **187**, **187**
外国人　62, 80, 119, 131
外国の傭兵　127
階段ピラミッド　27, **96**, 98
カイハブ・チェティ　80
カエサリオン、プトレマイオス　198-99, 211
カエサル、ユリウス　198, **199**
カエムウアセト（ラメセス2世の息子）　57, 58, **58**
カエムウアセト（ラメセス3世の息子）　77
カエレアス　197
鏡　74, 75, 172
河岸神殿　12, 160, 168, 180, 181
カシュタ　41
カセケムイ　26, **26**, 27, 97, 164, **165**, 204
カダシュマン・エンリル　92
カーター、ハワード　208
鬘　74, 124
割礼　56, **56**, 104
カデシュ、戦い　38, 127, **128**, 130, 134-35, 208
カト頭巾　77
カノポス箱／壺　171, 177, 181, **181**, 183, 184, 185
カババシュ　47
カフラー　12, 27, 167, 205
カママ　176
カーメス（王）　33, 118, 119, 124, **125**, 172, 207
カーメス（役人）　54

カラカラ　191, 201, 211
殻竿　6, **6**, 21, **22**, 171, 182, 184, **184**
戴冠式　23, 67, **67**
最古の図　17
羊飼いの杖も参照
カリギュラ　191, 211
カル　**180**
カルトゥーシュ　11, 20, **20**, 68, 73, 76, 77, 123, 136, **177**, **188**, 200, 202, **203**
カルナク神殿　38, **38**, **43**, 58, 86, **113**, 131, 134, 137, 141, 149, 208, 209
赤の聖堂　59, 66, **66**
アクエンアテン　**22**, 36, **36**
美しき谷の祭り　149
王名　68
オペトの祭　95-97
拡大　34
権力　40
白の聖堂　31
聖船安置所　130
ムウト神殿　56
列柱室　67, 142
カンティール　→ピ・ラメセス
カンビュセス　68, 178, 210

着替えの間　73
飢饉　33, 38
ギザ　70, 90, 110, **180**, 204, 205
ピラミッド　27, 167-68, **167**, 169
ヘテプヘレスの墓　72, **73**, 169
大スフィンクスも参照
犠牲　11, 164
キッチン、ケネス　145
偽扉　90
キプロス　195, 197, 198
キヤ　177
キヤン　207
宮殿　9, 11, 70-74, 78, 80, 81, 98, 109, 128, 138, 143, 159, 162, 192
アプリエス　123, 146, 157
アレクサンドリア　191, 192
王家の女性　91, 92
玉座の間　79-83
宮殿を模した埋葬室　164, 166, 168, 169
記録　102, 127
子供部屋　53-54, 55
宰相　89
サイス　62, 157
セレク　24, 83, **165**
装飾　70, 72, **72**, 80-81, **81**
即位　63
食べ物　103, 106
テーベ　148, **148**, 149
ハーレム　92, 94, 150, 155
ピ・ラメセス　153
プトレマイオス朝　197, 198
メルエンプタハ　73, 80, **80**, 81, 83, 146
メンフィス　145, 146-47
朝食　73
衣類　76
乳母　51
臨時の王宮　154
アマルナ、マルカタも参照
宮殿の正面　16, **24**, 143
9本の弓　68, 81, 82
ギュゲス、リュディアの　43, 127
教育　8, 52-56
　養育係も参照
『虚偽による真実の目くらまし』　56
行政　9, 19, 28, 30-31, 32, 52-53, 55, 87-90, 194, 199
共同統治　8, 24, 59
行列　57, 80, **84**, 95, 98, 116, 120, 136, 138, 149, **149**, 152, 157
葬送の行列　180, **180**, 182, 186

玉座　12, 14, **14**, **82**, 83, 98, 129, **140**, 141, 144, **155**
基壇　81, **81**, 83, 98, 144
玉座の間　79-83, **80**
玉座名　→ネスウ・ビティ名
ギリシア　26, 43, 97, 127, 141, 192, 194, **196**, 201, 203
アテナイ人も参照
ギリシア・マケドニア　8, 11, 47, 188
マケドニアも参照
ギリシア・ローマ時代　47, 50, 188
ギルケバ　92

クサエ　33
楔形文字　38, 131, 135
クシュ　54, 55, 88, 89, 90, 107, 136
クシュの王子　→クシュの総督
クシュの総督　54, 88, 89, 90, 107
クストゥル　16
クセルクセス　179, 210
クッル、アル　**177**, 178, 210
クフ　46, 73, 109, 110, 167, 204
クラウディウス　199, 211
クルン、アル＝　172, 173
クレオパトラ2世　196, **197**
クレオパトラ7世　11, 93, 188, 191, 194, 198, **199**, **199**, 211
グンドルフ、ロルフ　23
軍のキャンプ　128-29, **128**

ケオプス　→クフ
化粧品　74-75
ゲタ　201, 211
結婚　34, 37, 48, 53, 91-92, 131, 194-95, **195**
ケティ　56
ケプレシュ　→青冠
ケフレン　→カフラー
ケペシュ刀　119, **120**, 122, 124, 126, 130, 132, **132**, 137
ゲベル・バルカル　94
ケミト　55
ケメト　24
ケルエフ、墓　**82**
ケルマ　32, 33
剣　→ケペシュ刀
ケンアメン　106, 122, 124, 125
健康、王の　104-05
ケンジェル　206
ケントカウエス　27
ケンベトゥ　58, 87

交易　9, 31, 38, 131, 138
更新祭　→セド祭
皇太子　→王子
香油／軟膏　64, 74, 75, 78, 181
護衛　60-61, 72, 112, 120, 127, 133
古王国時代　8, 27-29, 30, 104, 110, 113, 116, 127, 161, 168, 180, 204-05
朝食　73
衣類　76
王家の女性　91-92
王子　58, 59
交易　131
思想　32
称号　41
神殿　159
ピラミッド　112, 160, 165-70
文学物語　50
末期王朝の復古主義　44
メンフィス　145
養育係　52

輿　**84**, 90, 138
腰布　6, 22, **70**, 75, 76, 124, 126, **188**, 193
子ども　48, **48**, 50-56, **51**
コプトス　202
コプト暦　203
コブラ　6, 21, 22, 77, 83, 91, 124
ウラエウスも参照
コム・オンボ　197, 199
娯楽　9, 54, 106, 109, 114
コンス　96, 119, 149, 156, 173
混沌の概念　12, 15, 31, 62, **116**, 119, 137, 144, 159, 160
棍棒／棍棒（メイス）の頭　16, 17, **116**, **116**, 125, 137, 199
サソリ王　17, 160

サ・アル＝ハガル　→サイス
宰相　38, 47, 89, 128, 143, 146, 158, **183**
アメンエムハト　60, 206
王子たち　27, 58, 89
王の朝食　76
戦争　134, 136
中王国時代　30
つとめ　78, 89, 100, 101, 102, 154
特権　84, 89
ヘリホル　40
法　20, 85, 86
役職　88, 89, **89**
養育係　52
ラメセス1世　37
宰相のつとめ　89
サイス（サ・アル＝ハガル）　15, 42, **45**, 68, 157, **157**, 177, 178, 182, 210
宮殿　62
裁判官　9, 20, 85-87
財務　89
祭礼　9, 94-99, 103, 107, 112, 149, 155, **157**, **161**, **161**, 164, 166
美しい谷の祭り、オペトの大祭、セド祭も参照
酒酔い　22, 106-08
サソリ王　17, 160
棍棒（メイス）の頭　17
サッカラ　47, 56, 96, 129, 140, 179, 188, 191, 204, 205, 208
ウニスのピラミッド　168, **168**, 169, **169**
初期の王墓　27, 28, 162-65, **165**
セラペウム　58
墓の碑文　84
ピラミッド　170, 171, 181
階段ピラミッドも参照
サトラップ　46
ザナンザ、王子　37
サフラー　112
サマンヌード　179
サリエ・パピルスⅣ　145
サンダル　78, **78**, 185
三段櫂のガレー船　127
サンタンジェロ城　191, **191**

シェションク1世　41, 123, 185, 209
シェションク2世　62, 181, 185, 209
シェションク3世　41, 209
シェションク4世　209
シェションク5世　210
ジェセル　21, 27, **96**, 97, 165, 166, 169, 204
ピラミッドも参照
ジェト　**24**, 26, 204
ジェドエフラー　205
ジェドカーラー・イセシ　28
ジェド柱　98
ジェドヘルベス　47
シェプセスカフ　27, 86, 205

221

シェプセスカラー 84, 205
ジェル 164, 180, 204
シェルデンの戦士 123, 127, **127**
市長 101, 102, 158
執事 31, **61**, 68-89, 90
執事（王の） 54, 103, **103**
シナイ 26, 33, 34, 124, 204, 205
『シヌへの物語』 83, 118
「支配者の壁」 30, 131
シプタハ 39, 61, **61**, 104, 105, 209
シャス（ベドウィン） 121, 134
シャバコ 41, 42, 177, 210
シャバタカ 64, 210
シャブティ 179, 184, **184**, 185
シャプトゥナ 134, 135
シャルヘン 33, 137
州侯 9, 29, 30, 52, 111, 155
出産 50-51, **72**
狩猟 9, 57, 58, 76, 111, 113-15, **114**, **115**, **125**
『殉教者の年代』 204
称号 20, 29, 41, 44, 67, 68, 188, 193, 203
　王の名前も参照
条約 38, **38**, 91, 131, 135, 209
書記 18, 34, 61, 86, 88, 89, 136, 153
　王子 54-55
　軍隊の書記 127, 128
初期王朝時代 24, 26-27, 147, 156, 165, 169
　宰相 89
　戴冠式 64
　埋葬 166
『職業の風刺』 55
処刑 86, 87, 118, 136, 137, 207
女性神官 43, 98
ジョッパ 133
シリア／シリア人 76, **76**, 110, 119, 125, 153, 195, 198
　遠征 33, 53, 113, 195, 209
　隷属国の王 54
　パレスティナ、レヴァントも参照
シリウス 34, 180
シレ 134, 194
白い壁 64, 145, **146**
シーワ・オアシス 188, **190**
新王国時代 8, 20, 33-40, 61, 64, 79, 86, 113, **113**, 154, 207
　衣類 76
　王家の女性 91-92
　王子 58, 59
　王の埋葬 11, 12, 72, 180, 182, 186
　オペトの祭 95
　神殿 142-43, **143**, 159
　宰相 89
　聖なる誕生の伝説 50
　政府 90
　戦争 118, 119, 122, 126, 131, 137
　葬祭殿 73, 150, 155, 172-73
　託宣 100
　テーベ 11, 148
　墓 106, 172-76, 184
　文学 15, 51, 56
　ミイラ 74, 104-05, **105**, 181, **181**
　メンフィス 146-47, **146**
神官 24, 43, 54, 68, 78, 90, 91, 92, 140, 146, 165, 180, 186
　王子 8, 38, 55, 58
　権力 39
　出産 50
　神官としての王 19, 59, 94-95
　葬祭殿 159, 160, 164, 168
　葬送の儀礼 182
　戴冠式 65, 67

鎮壇の儀式 98
　アメン神官、セム神官、朗誦神官も参照
寝室 70, 72, 72, 73, 164
心臓 **172**, 181
　スカラベも参照
神殿建築 140-43
　管区 11
　建築 18, 29, 32, 98, 159-60
新年 64, 199
神話 12, 14, 15, 199
水泳 56, 111, 135
彗星 100
スカラベ **75**, 87, 91, 110, 172, 184, 185
　心臓スカラベ 172, **172**, 182
スサ 44
ストラボン 146, 191, 192, 197
スネフェル 27, **73**, 109, 167, 204
スパルタ人 62
スフィンクス 31, 32, **32**, 76, **96**, 141
スポーツ 9, 34, 57, 105, 111-14
『スポーツ王の物語』 113
スメンデス 40, 209
スメンクカラー 36, 208

聖牛アピス 58, 145, 188
聖なる誕生伝説 48, 50, 56
生命の家 61, 151
生命の館 78, 103, 104
ゼウス 194
アメン 194
赤冠 17, **20**, 21, **30**, 96, 98, 137, 184, **188**
　最古の図 16, **17**
セケンエンラー・タア（2世）33, 118, **119**, 133, 207
セケメト 124, 204
セシェド →帯状冠
セシャト 34, 67, 98
セソストリス →センウセレト
石棺 90, **101**, 166, 169, 171, 174, 179, 181, 184, 187, 191
　ネコの石棺 57, 110, **111**
　メルエンプタハの石棺 156, 185
　ラメセス4世 **162**
セティ1世 **19**, 87, 102, 146, 158, 184, 209
　健康 104
　後継 37-38
　戦争 58, 121-22, 132, **132**, 136, 137, **137**
　墓 175, 184
　ピ・ラメセス 153, 154
　ミイラ 105
セティ2世 38-39, **61**, 68, 184, **184**, **185**, 209
セティ・メルエンプタハ 39
セト 14-15, 153, 165, 182, 204
　戴冠式 65, **65**, 67
　託宣 65, 99-100, 108, 120, 188, **190**
セド祭 **26**, **26**, 36, 38, 88, **96**, 97-98, 112, 165, 166, **166**
　衣装 **30**, **97**
セトス →セティ
セトナクト 39, 209
「セトナとシ・オシレ」 110
『セトナとミイラのロマンス』50
セネト 58, 114, **115**
セプタフ 206, 207, 209
セプティミウス・セウェルス 191, 201, 211
セベク 158, **197**
セベクエムサフ2世 **172**, 207
セベクヘテプ4世 **89**, 206
セベクヘテプ8世 158, 207
セベクネフェルウ 32, **93**, **93**, 206

ヤベンネュトス 179
セーマ（ソーマ）191, 192
セム神官 58, 85, 180, 186
セムナ 118, 206
セメルケト 26, 204
セラピス 200, 201
セラペウム 58, 188
　サッカラ、聖牛アピスも参照
セレク 16, **24**, 83, **165**
0（ゼロ）王朝 16, 160, 162, 204
センウセレト1世 **20**, 31, **31**, 50, 99, 118, 159, 171, 206
　共同統治 59
　即位 60
センウセレト2世 31, 103, 160, 171, 206
センウセレト3世 **9**, 31, 118, 131, 206
センエムイアフ 74, 103
センエンムウト 52, **52**, 53
先王朝時代 6, 12
　王権の起源 15-19
　埋葬 15-16
戦車 79, 124, 126, **120**, 124, **125**, 126, **127**, 128, 130, **131**, **132**, 135, 136, 142, 153
　戦車の御者 126, **127**, 135
　戦車の間 176
　ツタンカーメン **115**, **125**, 184
　トトメス4世 57, 110
戦場のパレット 15
戦争 9, 31, 35, 116-37
センナケリブ 42
戦利品 136-37
象 113, 195
葬祭殿 **35**, **37**, **39**, 88, 113, 114, 119, 150, 155, 170, 173, 201, 208, 209
　王の葬送 180, 182, 186
　新王国時代 172-73
　ピラミッド 68
葬式 8, 180, 182-83, 183, 186-87
葬送の囲い 162, 164, 165, 166, **177**
ソカリス 175, **175**
即位 15, 27, 36-37, 39, 63-64, 98, 193
ソレブ 97, 113

第1中間期 8, 28, 29-30, 31, 32, 44, 54, 111, 116, 170, 205-06
第2中間期 8, 32-33, 62, 106, 118, 144, 171, 206
第3中間期 8, 40-43, 59, 62, 144, 145, 156, 158, 176-79, 185, 209
大オソルコン 210
戴冠式 23, 34, 45, 46, 63, 64-69, **64**, **65**, 67, 95, 155, 195-96
大スフィンクス 57, 99, **100**, 205
大臣 60, 79, 89, 90
台所 102
タウセレト 39, 61, 93, **184**, 209
託宣 65, 99-100, 108, 120, 188, **190**
ダチョウ 21, 113, **115**, 140
盾 122, 125, 126, **127**, 128, 132, 135, 153
タニス 40, **62**, 154, 156, 157, **157**, 176, **181**, **182**, 184, 185, 209, 209
タヌタマニ 43, 210
ダハシュール 27, 167, **170**, 171, 171, 204, 206
タハルカ 42, **42**, 64, 112, 178, **178**, 210
ダフネ 63
食べ物 38, 78, 101-03, 106, 129, 151, 153, 162, 182, 186
ダリウス1世 178, 210
ダリウス3世 47, 211
ターリフ、アル= 170

短剣 124-25, **125**
チャヌウニ 127-28
中王国時代 8, 30-32, 34, 74, 159, 161, 185, 206, 207
　衣類 76
　王子 58
　共同統治 59
　芸術と文化 31
　戦争 116, 118, 131
　テーベ 148
　文学物語／テキスト 22, 109, 113
　埋葬 170-71, 174
『忠義者の教訓』90
朝貢 127
徴税 26, 89, 101-02, **158**, 160, 194, 201
朝食 78, 103, 113
鎮壇の儀式 98
つけ髭 6, **6**, 21, **22**, 70, 193
ツタンカーメン 36-37, 74, 107, 112, 125, 129, 152, 177, 183, 187, 208
　衣類 **75**-78, **75**, **76**, 77, **77**, 78
　「開口の儀式」186-87, **187**
　狩り 113, **115**
　儀式用ベッド 186
　健康 104, 105
　死の原因 37, 105
　葬送 **183**, 183
　武器 125
　副葬品 184, **184**
　法の制定者 85
　ミイラ 181
　ミニチュア棺 **6**
　胸当て 123, **123**
　アンクエスエンアメンも参照
妻たち 48
釣り 112

ティイ（ハーレムの女主人）**92**
ティイ（アメンヘテプ3世の妻）37, **82**, 86, **91**, 92, 177
ティイ（ラメセス3世の妻）61
ディオ・クリソストム、プルサの 192
ディオクレティアヌス 201-03, **202**, **203**, 211
「ディオクレティアヌスの治世」203
ディオドロス・シクルス 41, 45, 47, 78-79, 85, 86, 87, 94, 192
ティト（イシスの結び目）70, **72**
ティニス 15, 52, 56, 112, 204
ティベリウス 199, 211
ディール・アル=バハリ **11**, 50, **93**, 170, **170**, 206, 208
　隠れ場所 180, 181, 193
ディール・アル=マディーナ 30, 51, 56, 89, 113, 161, 173
テオス 46, 62, 179, 210
テケヌウ 183
テティ 28, 60, 78, 84, 170, 205
テフナクト 41
テーベ 37, 52, 61, 77, 118, 137, 147-49, **149**, 152, 155, 156, 201
　王宮 33
　市長 52, 88
　神殿 **35**, 88, 95, 208
　戴冠式 64
　第2中間期 33
　第3中間期 40
　中王国時代 30
　テーベの確立 9, 29
　墓 30, 54, 82, 108, 136, 148, 170, 172, 173, **173**, 177, 180, 181, 206, 207
プトレマイオス朝 196, 197

末期王朝 43
王家の谷、王妃の谷、カルナク神殿、ディール・アル=バハリ、マルカタ、ルクソール、ルクソール神殿も参照
デベヘン 158
デブ 98
デメトリウス 192
デモティック 45, 46, 97, 107, 110, 202
デモティック年代記 45, 46
デリー、ダグラス 181
テル・アル=アマルナ →アマルナ
テル・アル=ダバア（アヴァリス） 32-33, 153, 171, 207
デルタ 8, 30, 36, 176, 196
　支配者 33, 40, 41, 42, 43
　都市 138, 153, 154, 156, 157
　バビロニア人 44
　ヒクソス 8, 62
　ペルシア人 46
　防御設備 45
　埋葬地 172, 176, 178, 181, 185
　要塞 38, 131
デン 26, **26**, 97, 112, 164, 204
デンデラ 188, 199, **200**
テント、王の 128-29, **129**
『天の牛の書』 12

ドゥアト（冥界） 12, 168, 174
ドゥアムトエフ **181**
トゥキュディデス 45
塔門 **96**, 138, 141, **141**, 142, 143, **143**, 159, 208
ドゥラ・アブ・アル=ナガ 172, 207
土地所有権 20, 40, 89, 101, 137
トト 34, 67, 85
トトメス1世 33, 48, 93, 110, 152, 207
　宮殿 146, 153, 159
　健康 104
　戦争 34, 119, 136
　墓 173
トトメス2世 93, 104, 105, 119, 120, 207
トトメス3世 8, 54, 92, 100, 110, 111, 112, 207-08
　狩り 113
　健康 104, 105
　戦争 34, 100, 122, 128, 130, 131, 133, 137
　戴冠式 **67**
　名前 68, **68**
　墓 174, 175, **175**, 184
　ハトシェプスウト **11**, 59, **93**
　法の制定者 85
トトメス3世の年代記 128, 130
トトメス4世 **20**, 34, 91, 94, 110, 119, 128, 208
　王子 **57**
　健康 104, 105
　墓 184
　夢ステラ 100, **100**
トトメス（彫刻師） 152
トトメス（アメンヘテプ3世の息子）**57**, 58, 110, 111
鷹 180
トラヤヌス **188**, 199, **200**, 211
トリノ：王名パピルス 144
　ラメセス4世墓の平面図を描いたパピルス 176, **176**
ドロアスピス 190

ナイル 9, 63, 130, 144, 154, 156, 157, 180, 201
　オシリス神話 14
　テーベ 148, 149, 172, 180
　氾濫 12, 101

ピ・ラメセス 153, 154
メンフィス 145, 147
ナカダ 15, 16
T墓 15
ナカダ時代 15-16, **17**, 204
ナクシュ・エ・ルスタム 179
ナトロン 74, 99, 106, 180, 181
ナルメル 16, 17, 26, 162, 204
　パレット 17-18, 116, **116**
『難破した船乗りの物語』 55, 80

ニウセルラー 97, 205
二重冠 21, **22**, 26, 65, **196**
『日誌』 127, 133
ニトイケレト 43
ニトクリス 93
ニネヴェ 42
妊娠 50
任命 79, 84, 85, 88

ヌウト 12, **162**, 187
ヌビア／ヌビア人 41-43, 46, 110, 114, 116, 119, 131, 158, 203, 204, 205, 206, 207, 208, 209, 210
　アクエンアテン 36
　エジプトによる支配 26, 31, 34, 54, 89, 119, 195
　エジプトの支配者 41, 42, 62
　遠征 27, 31, 33, 36, 38, 53, 116, 118, 119, 120, 121
　王 94, 110, 111
　王国 33
　ピラミッド 41, 177-78
　捕虜 78
　クシュの総督、ケルマ、ヌリも参照
ヌブカアス 172
ヌリ 87, 177, **178**
ヌン 165

ネイト 147, 157, 177
ネクタネボ1世 45, **45**, 179, 194, 210
ネクタネボ2世 46, 47, 62, 179, 190, 194, 210
ネクベト 9, 20, **64**, 70, **72**
ネケン（ヒエラコンポリス） 60, **64**, 65
　ヒエラコンポリスも参照
ネコ（動物） 57, 110, **111**, 156-57
ネコ1世、サイス 42-43
ネコ2世 44, 127, 210
ネスウ・ビティ（玉座）名 20, **20**, 26, **26**, 68, **68**
ネチェリケト →ジェセル
ネブアメン 107
ネブエヌエフ 88, 100
ネフェリテス1世 45, 46, 178, 210
ネフェリテス2世 45, 46, 210
ネフェルイルカラー 85, 160, 205
ネフェルウラー、王子 52, **52**
ネフェルティの予言 54, 79, 109
ネフェルトイリ 115, **186**, 209
ネフェルトイティ 36, 152, **152**
ネブカドネゼル 44
ネブセニ 54
ネフティス 50, 180, **186**
ネヘシ 32
ネメス頭巾 6, **6**, 21, **22**, 23, 66, 77, 193
ネロ 199, 211

ノモス 28, 29, 120, 122, 199, 201
　擬人化 **70**
　権力の上昇 28, 29

バイ（大臣） 39, 61, 209
バインリヒ、ホルスト 183, 186
ハエ、黄金の **136**, 137
墓泥棒 **75**, 172, 175
墓泥棒のパピルス 87
白冠 16, 17, **20**, 21, **26**, 68, **70**, 96, 98, **116**, **165**, 184
バケンレンエフ（ボッコリス） 41, 210
バゴアス 47
ハコル 45, 210
バスタ、テル →ブバスティス
バステト 109, 156-57, **157**
ハッティ 91, 131
ハットゥシリ3世 91
ハトシェプスウト **11**, 59, 74, 93, **93**, 99, 103, 207, 208
　乳母 51
　健康 104, 105
　称号 68
　聖なる誕生伝説 50
　葬祭殿 **170**
　戴冠式 65, **65**
　墓 174
　プントの遠征 100
　娘 52, **52**
ハトホル 54, **70**, 91, 147, **188**, **200**
ハドリアヌス 191, **191**, **200**, 201, 211
バネブジェド神殿 178
パピルス・アナスタシⅡ 153
パピルス・アニ 51
パピルス・ブーラク18 53, 101, 103
パピルス・ライデン 148
バビロニア 38, 44, 91-92
バビロン 62, 131, 190
パヘリ 52, 106
ハルシエス（王） 176, 209
ハルシエス（反逆者） 196
パレルモ・ストーン 24, 158, **158**
パレスティナ 26, 30, 33, 53, 54, 119, 128, 195, 205, 209
　シリア、レヴァントも参照
パレット 15, 17, 18, 54, **56**, 109, 116, 207
ハーレム 53, 91-94, **91**, **92**, 106, 115
　陰謀 28, 39, 60, 61, 205, 209
　宮殿 92, 94, 150, 154
ハワラ 171
パン 102, **102**, 106
パン工房（王の） 102, **102**, 106, 148
晩餐会 58, 63, 67, 99, 106-08, **106**, **107**, 108
盤上遊戯 58, 114, 115
ピイ 41, 110, 120, 121, 130, 144, 145, 210
　勝利ステラ 80, 94, 106, 110, 120, 130, 144, 145
ヒエラコンポリス 15, 17, **17**, **28**, 116, 204, 205
　棍棒 17
　ネケン 64, 65
　墓100 16
ヒエラティック 55, 176
ヒクソス 8, 33, 62, 118, 119, 153, 172, **180**, 207
羊飼いの杖 6, **6**, 21, **22**, 27, 67, 182, 184
　象牙 16
　戴冠式 23, 67
　殻竿も参照
ヒッタイト 37, 38, 92, 131, 134, 135, 209
ピートリ、W.M.F. 180
ビブロス 14
ヒバ、アル= 40

秘密の主人 181
病気 48, 104-05
ピラミディオン 94, 171, **171**
ピラミッド 11, 74, **96**, 97, 103, 113, 144, 145, 171, 172, 191, 204, 207
　王妃のピラミッド 91, **167**
　ギザ 27, 167-68, **167**, 169
　屈折 204
　建築 26
　古王国時代 27, 158, 160, 168, 204
　装飾 169
　葬送 180, 181, 182, 186
　大ピラミッド 167-68, **167**, 204
　ダハシュール 27, 167
　中王国時代 170-71, 174, 206
　ヌビア 41, 177, **178**, 210
　階段ピラミッドも参照
ピラミッド・テキスト 74, 168, **168**, 169, 171, 186, 205
ピラミッド都市 145, 160
ピ・ラメセス（カンティール） 9, 111, 122, 123, 123, 153-54, 156, 176, 209
　玉座の演壇 81-83, **82**
　セド祭 97
　葡萄畑 107
ビール 50, 103, 106-07
ビルカト・ハブ 98, 149
　マルカタも参照

ファイユーム・オアシス 30, 38, 61, 92, 112, 113, 144, 161, 171, 206, 208
ファラオの穀物倉庫 102
ファロスの灯台 193, **193**
フィラエ 199, 202, 203
フィリッポス・アリダイオス 188, 190, 211
武器 124, 125, 126, **154**, 184, 185
副葬品 156, 177, 184-85
プサメティコス1世 43, 127, 210
プサメティコス2世 121, 178, 210
プサメティコス3世 44, 45, 210
『不思議な物語』 →ウエストカー・パピルス
ブシリス 103, 201
プセンネス1世 40, 156, **181**, **182**, 184, 185, 209, 210
プセンネス2世 40, 210
プタハ 80, 85, 99, 134, **135**, 145, 146, 153, 184
　神殿 94
　大司祭 58, **58**
プタハヘテプ 55, 89-90
プタハシェプセス 53, 84, 92
プタハヘテプの教訓 55, 89
『2人の兄弟の物語』 51
2人の婦人の名前 20, 26
復興ステラ 85, 208
プトレマイエイア 161
プトレマイオス朝 **11**, 59, 73, 156, 157, 161, 178, 188, 190-99
　王権 194-95
プトレマイオス1世 24, 190, 191, 192, 193, 194, **194**, 195, 198, 211
プトレマイオス2世 24, 161, 193, 194, **194**, 195, 211
プトレマイオス3世 195, 211
プトレマイオス4世 191, 195, 211
プトレマイオス5世 193, 194, 195-96, **196**, 211
プトレマイオス6世 193, 196, **196**, 211
プトレマイオス7世 193, 196
プトレマイオス8世 196, 197, **197**, 211
プトレマイオス9世 197, 211
プトレマイオス10世 191, 197, 211
プトレマイオス11世 197, 211
プトレマイオス12世 198, 211

223

プトレマイオス13世　198, 211
プトレマイオス14世　198, 211
プトレマイオス15世　→カエサリオン
フニ　204
船　95, 96, 98, 130, 142, 175
ブバスティス　32, 41, 46, 98, 156-57, 176, 209
ブーヘン　31
フラウィウス・ヨセフス　191
プルタルコス　62
フルン　48
文学　55-56, 109-11
　個々の物語も参照
プント　30, 100, 131, 205, 208

ペ（ブト）　64, 65, 98
ベイト・アル=ワーリ　132, 137
ペクトラル（胸飾り）　9, 75, 177, 184, 184
ベス　50, 70, 72
ペット　6, 57, 110-11
ヘテプセケムイ　164, 204
ヘテプヘレス　72, 73, 169
ペルシウム　46
ペピ1世　28, 28, 116, 145, 181, 205
　セド祭　97
　ハーレムの陰謀　60
　ピラミッド・テキスト　168
ペピ2世　28, 109, 170, 205
『ペピ2世とサセネト将軍の物語』　109
ベフベイト・アル=ハガル　179
ヘム　20-21
ヘラクレオポリス・マグナ　29
ヘリオポリス　36, 45, 50, 58, 58, 165, 182, 188
ヘリホル　40, 209
ペル・アア（「偉大なる家」「宮殿」）　20, 143
ペルイブセン　26, 164, 165, 204
ペル・ウル　65, 68
ペルセアの木（イシェド）　67, 69
ペルシア／ペルシア人　44, 45, 46, 47, 62, 63, 68, 123, 146, 178, 179, 190, 211
ペルセポリス　178
ペル・ネフェル（「麗しき家」）　181
ペル・ネセル　65, 68
ペル・ネスウ（「王の家」、「宮殿」）　143
ヘルメット　21, 124, 124, 126, 132
ヘルメット型の王冠　41, 42
ベレニケ3世　197
ベレニケ4世　198
ヘロドトス　43, 44, 62, 63, 64, 93, 108, 127, 145, 156, 157, 178, 179, 201
ペンタウレト　61

方鉛鉱　74
棒術　114, 161, 161
法律　9, 46, 58, 85-87
ポズナー、ジョルジュ　22
舗装道路　168, 170
ホル　→ウアフイブラー・ホル
ホル・アハ　26, 116, 162, 204
ホルウンネフェル　195
ホルエムヘブ　34, 37, 99, 101, 146, 155, 208
　カルトゥーシュ　68
　戴冠式　64, 66
　墓　129, 184
　布告　86, 87
ホルス　11, 15, 17, 48, 67, 181
　王権　15, 23
　概念　14, 14, 91
　戴冠　65, 65
　ハヤブサ　26, 143
『ホルスとセトの争い』　14-15
「ホルスの後を追う」　155, 158

ホルスの4人の息子たち　181
ホルス名　20, 22, 24, 68, 86, 143, 164
ポンペイ　198, 201
「ポンペイの柱」　202, 202

マアト（女神）　18, 19, 19, 62, 70, 89, 118, 132, 147, 196, 200
　戴冠式　68
　来世の裁判　172, 181
マイドゥーム　167
枕　70, 72, 73
マケドニア　8, 11, 188, 191, 192, 193, 194, 210
　ギリシア・マケドニアも参照
マスタバ墳　27, 178
末期王朝時代　43-47, 61-63, 68, 89, 127, 146, 156, 157, 176, 179, 210
マット　143, 162, 166, 169
「マットの書記」　101
マディーナト・アル=グーラーブ　91, 92
マディーナト・ハブ　39, 84, 94, 95, 113, 114, 114, 122, 136, 155, 177, 209
　戦闘の場面　120, 120, 122, 124, 131, 132, 136, 136
マネトン　24, 27, 28, 29, 40, 60, 93, 179, 188, 205
魔法／魔法使い　19, 34, 61, 104, 109-10, 174, 182
マルカタ　35, 75, 81, 102, 106, 107, 122, 149
　玉座の間　80-81, 83
　寝室　72, 72, 73
　セド祭　98
マルクス・アウレリウス　199
マルクス・アントニウス　198, 211

ミイラ／ミイラ作り　33, 77, 118, 119, 166, 172, 180-82, 183, 184, 191, 207
　王の健康　104-05, 105
　開口の儀式　186-87
ミケリヌス　→メンカウラー
ミタンニ　34, 91, 92, 131
貢ぎ物　83-84, 101, 114
ミン（神）　92, 94, 95, 98, 155, 190
　祭　94, 94, 155
ミン（家庭教師）　52, 56, 112
ミンナクト　148

ムウ　56, 91, 95, 119, 135, 149, 156, 173
ムウの踊り子　182, 186
ムセイオン　193
ムワタリ2世　134, 135

冥界　12, 111, 174, 176, 184, 186
　ドゥアトも参照
『冥界の書』　→『アムドゥアトの書』
メイル　113
メガビゾス　45
メギド、戦い　128, 130, 207
メケトアテン　177
メダムード　112, 158
メネス　6, 12, 26, 85, 144, 204
メムノンの巨像　35, 201
『メリカラー王への教訓』　55, 88, 94, 104
メリスアンク　180
メリトアテン　36, 150
メルエンプタハ　38, 99, 122, 130, 136, 209
　王宮　73, 80, 80, 81, 83, 146
　健康　104, 105
　石棺　156, 185
　墓　186
メルエンラー　28, 158, 181, 205

メルネフェルラー・アイ　171, 206
メンカウラー　70, 108, 158, 160, 205
メンケペルラー　40
メンチュウ　116, 120, 130
メンチュウエムハト　43
メンチュヘテプ1世　29, 118, 205
メンチュヘテプ2世　30, 30, 68, 97, 113, 118, 170, 170, 206
メンチュヘテプ3世　30, 206
メンチュヘテプ4世　30, 60, 206
メンチュヘテプ　118
メンデス　45, 178, 179
メン・ネフェル　145
メンナ　135
メンフィス　9, 38, 58, 94, 102, 112, 123, 130, 144-47, 153, 164, 176, 190, 196, 209
　アッシリア　42, 43
　アプリエスの宮殿　123
　アレクサンドロス　188, 190, 190, 191
　首都　24, 122, 138
　初期王朝時代　24
　白い壁　64-65, 145
　セド祭　97
　戴冠式　41, 64-68, 194, 195
　ツタンカーメン　36, 152, 208
　トトメスの宮殿　155
　プトレマイオス朝　146
　ペルシア人　45, 46
　メルエンプタハの宮殿　73, 80, 80, 81, 83, 146
モメンフィスの戦い　61
モンテ、ピエール　156, 209
『門の書』　162, 175

矢　57, 67, 98, 112, 113, 113, 115, 125, 126
　アーチェリーも参照

『雄弁な農夫の物語』　55
ユーフラテス　34, 119
弓　125, 126, 132
弓の射手／アーチェリー　112-13, 113, 126
夢　100

養育係、王の　51, 52-53, 56
要塞　118, 132, 134, 154
浴室　73
鎧　122-24, 122, 123, 127

ラー　12, 19, 66, 85, 94, 134, 135, 173
　アメンとの融合　35
　王　12, 21, 174
　神殿　154, 157
　大神殿　58, 58
　ヘリオポリス　165
　ラーの息子の称号　20, 22, 29, 202
　アメンも参照
ライオン　15, 57, 110, 111, 113, 129, 201
　装飾　51, 72, 80, 82, 83, 98, 140, 140, 155, 172, 186
　来世の生活　11, 115, 162, 165, 168, 172, 181, 186
ライランズ・パピルスIX　87
ラーウル　85
『ラーの讃歌』　175
ラフィアの戦い　195
ラフーン　158, 171
ラー・ホルアクティ・アトゥム　99, 100
ラメセウム　37, 114, 131, 134, 173
ラメセウム演劇パピルス　63
ラメセス朝　37-40, 58, 84, 113, 127, 130, 144, 148, 153, 156, 208, 209

ラメセス1世　37, 58, 104, 105, 146, 184, 208
ラメセス2世　8, 34, 39, 58, 63, 69, 88, 97, 104, 110, 112, 123, 173, 208
　カデシュの戦い　127, 134-35
　クバン・ステラ　80
　健康　104, 105
　少年時代　48
　セド祭　97, 98
　戦場において　38, 58, 128, 132, 133, 137
　戴冠式　67
　妻たち　91, 92, 114, 115
　ピ・ラメセス　9, 81, 82, 97, 153, 154
　平和条約　131
ラメセス2世の子どもたち　48, 57
　旅行　158, 159
　ピ・ラメセス、ラメセウムも参照
ラメセス3世　39, 94, 95, 102, 110, 114, 124, 124, 150, 155, 175, 182, 209
　海の民　39, 127, 130, 131
　帯　76-77
　狩り　112-13, 114
　健康　104, 105
　戦争　119, 120, 122, 122, 127, 131, 132, 132
　戴冠式　64, 65
　墓　102, 102, 106, 124
　ハーレム内の陰謀　39, 61
　ミイラ　182
　マディーナト・ハブも参照
ラメセス4世　61, 68, 104, 105, 158, 162, 209
　王子の時代　57, 58
　墓　176, 176
ラメセス5世　104, 105, 209
ラメセス9世　184
ラメセス11世　40, 209

リシュト　30, 144, 171, 206
リビア／リビア人　110, 121, 127, 130, 132, 137, 196, 209, 210
　遠征　26, 43, 100, 118
　王朝　41, 62
　侵入　30, 38, 39-40, 130
　捕虜　39, 136
臨御の窓　79, 80, 88, 114, 137, 151, 152

ルクソール　148, 155
ルクソール神殿　23, 48, 96, 112, 134, 138, 160, 188, 190
　オペトの祭　95-97, 96, 149
　戴冠式　68

レヴァント　32, 34, 89
　遠征　36, 38, 41, 44, 58, 93, 133, 134, 195
　シリア、パレスティナも参照
レオントポリス　176
レクミラ、墓　101
レスリング　114, 161
列柱室　67, 69, 142, 142, 144, 176, 208
レバノン　14, 26, 27, 131, 204

朗誦神官　68, 109, 146, 180
ローマ／ローマ人　8, 11, 191, 195, 196, 198, 199, 200, 201

ワイン　103, 106, 107, 108, 118, 129, 157, 182, 184, 191
ワディ・ハンママート　30, 31, 158
ワディ・マガラ　124